初级会计电算化应用教程
金蝶KIS专业版

金蝶软件（中国）有限公司　主编
龚中华　何亮　编著

人民邮电出版社
北京

图书在版编目（CIP）数据

初级会计电算化应用教程：金蝶KIS专业版 / 金蝶软件（中国）有限公司主编；龚中华，何亮编著. -- 北京：人民邮电出版社，2009.12
ISBN 978-7-115-21623-6

Ⅰ. ①初… Ⅱ. ①金… ②龚… ③何… Ⅲ. ①计算机应用－会计－教材 Ⅳ. ①F232

中国版本图书馆CIP数据核字(2009)第187062号

内 容 提 要

本书以会计电算化考试大纲为主线，结合各种业务实例，从实际操作出发，对会计核算软件金蝶 KIS 专业版 V10.0 进行了详细讲解，包括会计电算化基础知识、会计核算软件的安装、初始化设置、凭证处理和账簿查询、固定资产管理、工资管理、往来管理、出纳管理、销售管理、生产管理、采购管理、库存管理、应收应付、存货核算和高级应用等。

本书试图实例教学模式，让读者全面掌握金蝶 KIS 专业版 V10.0 的使用方法。

本书适合财务人员学习参考，也适合有意学习会计电算化的读者自学使用。

初级会计电算化应用教程（金蝶 KIS 专业版）

- ◆ 主　　编　金蝶软件（中国）有限公司
    编　　著　龚中华　何亮
    责任编辑　刘　浩
- ◆ 人民邮电出版社出版发行　　北京市丰台区成寿寺路 11 号
    邮编　100164　电子邮件　315@ptpress.com.cn
    网址　http://www.ptpress.com.cn
    大厂回族自治县聚鑫印刷有限责任公司印刷
- ◆ 开本：787×1092　1/16
    印张：21　　　　　　　　　　　　　2009 年 12 月第 1 版
    字数：507 千字　　　　　　　　　　2024 年 7 月河北第 36 次印刷

ISBN 978-7-115-21623-6

定价：56.00 元（附光盘）

读者服务热线：(010)81055410　印装质量热线：(010)81055316
反盗版热线：(010)81055315

前言

1981 年提出"会计电算化"一词，距今已 28 年。随着信息化技术的不断发展，会计电算化已经成为财务工作中不可缺少的工具之一，它可以提高企业的财务核算水平和管理水平，使企业具备更强的市场竞争能力。

会计核算软件作为信息化软件之一，在我国企业管理软件市场取得了巨大的发展，会计核算软件的应用已经成为每一个财务人员的必修课程。

本书以"金蝶 KIS 专业版 10.0"为蓝本，详细讲述会计核算软件的安装、初始设置、日常单据处理和各种账簿报表查询方法。本书在讲述软件操作的同时还结合了会计电算化考试大纲，分章讲述会计电算化基础知识，财务模块应用方法和业务模块使用方法。

本书在编写上具有以下特点。

- 内容全面，包括会计电算化基本知识、财务模块和业务模块应用。财务模块包括账务处理、报表与分析、固定资产、工资管理和出纳管理系统的应用，业务模块包括销售管理、生产管理、采购管理、仓存管理、应收应付和存贷核算系统的应用。
- 内容新颖。
- 实用性强。本书模拟"成功飞越"公司的业务数据，详细讲述金蝶 KIS 专业版的安装、日常单据处理和各种报表查询等操作。通过实例练习，读者可以更好地理解企业部门部署和企业所涉及的业务单据内容，提高财务核算水平和管理水平。
- 上手容易。在模拟实例数据讲解时，步骤清晰，每一步骤都配以图片，读者可以快速掌握软件的使用方法。
- 版本新。本书通过最新的金蝶 KIS 专业版 10.0 进行讲解，符合中小型企业的需求。

本书光盘中附赠金蝶 KIS 专业版试用软件和案例账套，安装方法请参照"第 3 章"。

由于作者水平有限，书中难免存在不足，殷切希望读者批评指正（可发邮件至 book_better@sina.com）。

编者
2009 年 10 月

目录

第1章 会计电算化概论 ... 1

1.1 会计电算化概念 ... 1
- 1.1.1 会计电算化含义 ... 1
- 1.1.2 会计电算化的现实意义 ... 2
- 1.1.3 会计电算化与手工会计信息系统的区别 ... 2

1.2 会计电算化发展概况 ... 5
- 1.2.1 我国会计信息系统的发展 ... 5
- 1.2.2 国外会计信息系统的发展 ... 6
- 1.2.3 会计信息系统的发展趋势 ... 6

1.3 电算化会计信息系统 ... 7
- 1.3.1 会计信息系统 ... 7
- 1.3.2 电算化会计信息系统 ... 8

1.4 会计核算软件 ... 9
- 1.4.1 会计核算软件的概念与分类 ... 9
- 1.4.2 会计核算软件基本功能模块划分 ... 10
- 1.4.3 商品化会计软件的选择 ... 11
- 1.4.4 会计核算软件——金蝶 KIS 专业版 V10.0 简介 ... 12

1.5 习题 ... 13

第2章 企业实施会计电算化的组织与开展 ... 14

2.1 会计电算化的总体规划 ... 14
- 2.1.1 会计电算化的目标 ... 14
- 2.1.2 会计电算化的总体结构 ... 14
- 2.1.3 会计电算化工作的管理体制 ... 14

2.2 会计电算化的岗位分工 ... 15
- 2.2.1 岗位设置 ... 15
- 2.2.2 岗位职责 ... 15
- 2.2.3 会计电算化的日常维护制度 ... 17

2.3 习题 ... 17

第3章 会计软件的安装与核算账套管理 ... 18

3.1 会计软件的安装和登录 ... 18
- 3.1.1 会计软件安装环境要求 ... 18
- 3.1.2 会计软件安装 ... 19
- 3.1.3 会计软件登录 ... 22
- 3.1.4 会计软件的修改、修复和删除 ... 23

3.2 核算账套管理 ... 24
- 3.2.1 金蝶 KIS 专业版操作流程图 ... 24
- 3.2.2 核算账套的建立 ... 25
- 3.2.3 备份账套 ... 27
- 3.2.4 恢复账套 ... 28
- 3.2.5 删除账套 ... 29
- 3.2.6 常用功能介绍 ... 30

3.3	习题	31
3.4	上机实训	31

第4章 基础设置 32

4.1	基础设置准备工作	32
4.2	基础设置	35
4.2.1	系统参数	37
4.2.2	币别	49
4.2.3	凭证字	50
4.2.4	计量单位	51
4.2.5	结算方式	54
4.2.6	核算项目	54
4.2.7	会计科目设置	64
4.2.8	BOM	69
4.2.9	采购价格资料	74
4.2.10	销售价格资料	76
4.2.11	物料辅助属性	78
4.2.12	辅助资料	81
4.2.13	收支类别	81
4.2.14	单据设置	81
4.2.15	条形码规则	83
4.2.16	条形码关联	85
4.2.17	用户管理	86
4.2.18	上机日志	90
4.3	习题	90

第5章 初始化 91

5.1	初始化设置流程	91
5.2	业务系统初始化	92
5.2.1	存货初始数据	92
5.2.2	暂估入库单	95
5.2.3	录入启用期前的未核销销售出库单	96
5.3	财务系统初始化	96
5.3.1	应收应付初始数据	96
5.3.2	固定资产初始数据	100
5.3.3	科目初始数据	107
5.3.4	现金流量初始数据	109
5.3.5	出纳初始数据	109
5.4	启用系统	112
5.5	习题	112

第6章 账务处理 113

6.1	概述	113
6.2	凭证处理	114
6.2.1	凭证录入	115
6.2.2	凭证管理	128
6.2.3	凭证打印	132
6.2.4	凭证过账	137
6.3	账簿	138
6.3.1	总分类账	138
6.3.2	明细分类账	139
6.3.3	多栏式明细账	140
6.3.4	科目余额表	141
6.4	往来	142
6.4.1	往来核销	143
6.4.2	往来对账单	143
6.4.3	账龄分析表	144
6.5	期末处理	144
6.5.1	自动转账	145
6.5.2	期末调汇	146
6.5.3	结转损益	147
6.5.4	期末结账	148
6.6	习题	148

第7章 报表与分析 149

7.1	概述	149
7.2	报表处理	149
7.2.1	查看报表	149
7.2.2	打印报表	151
7.2.3	自定义报表	152
7.2.4	常用菜单	156
7.3	报表分析	158
7.3.1	报表分析	159
7.3.2	财务指标	164
7.4	现金流量表	164
7.4.1	现金流量项目指定	165
7.4.2	现金流量表查询	165

        7.4.3　T形账户…………………… 166
    7.5　习题……………………………… 167
第8章　固定资产管理……………… 168
    8.1　系统概述………………………… 168
    8.2　日常处理………………………… 169
        8.2.1　固定资产新增……………… 170
        8.2.2　固定资产清理……………… 172
        8.2.3　固定资产变动……………… 173
        8.2.4　批量清理、变动…………… 174
        8.2.5　固定资产卡片查看、
              编辑、删除…………………… 174
        8.2.6　固定资产审核……………… 175
        8.2.7　固定资产卡片打印………… 175
        8.2.8　凭证管理…………………… 176
        8.2.9　工作量管理………………… 179
        8.2.10　计提折旧…………………… 179
        8.2.11　与总账对账………………… 180
        8.2.12　期末结账…………………… 182
    8.3　报表……………………………… 182
        8.3.1　固定资产清单……………… 182
        8.3.2　固定资产变动情况表……… 183
        8.3.3　固定资产折旧明细表……… 184
    8.4　习题……………………………… 184
第9章　工资管理…………………… 185
    9.1　系统概述………………………… 185
    9.2　初始设置………………………… 186
        9.2.1　类别管理…………………… 186
        9.2.2　部门………………………… 187
        9.2.3　银行管理…………………… 188
        9.2.4　职员………………………… 189
        9.2.5　项目设置…………………… 189
        9.2.6　公式设置…………………… 190
    9.3　日常处理………………………… 192
        9.3.1　工资录入…………………… 192
        9.3.2　所得税计算………………… 195
        9.3.3　个人所得税导入工资表…… 197
        9.3.4　工资计算…………………… 198

        9.3.5　费用分配…………………… 198
        9.3.6　计件员工工资处理………… 200
        9.3.7　职员变动…………………… 200
        9.3.8　期末结账…………………… 201
    9.4　工资报表………………………… 201
        9.4.1　工资条……………………… 201
        9.4.2　工资配款表………………… 203
        9.4.3　人员结构分析……………… 204
    9.5　习题……………………………… 205
第10章　出纳管理…………………… 206
    10.1　系统概述………………………… 206
    10.2　日常处理………………………… 207
        10.2.1　现金日记账………………… 207
        10.2.2　现金盘点单………………… 211
        10.2.3　现金对账…………………… 213
        10.2.4　银行存款日记账…………… 213
        10.2.5　银行对账单………………… 215
        10.2.6　银行存款对账……………… 216
        10.2.7　银行存款与总账对账…… 218
        10.2.8　支票管理…………………… 219
        10.2.9　出纳结账…………………… 222
    10.3　报表……………………………… 222
        10.3.1　现金日报表………………… 222
        10.3.2　余额调节表………………… 223
    10.4　习题……………………………… 223
第11章　业务系统介绍……………… 224
    11.1　概述……………………………… 224
    11.2　通用介绍………………………… 225
        11.2.1　单据界面通用介绍………… 225
        11.2.2　业务单据操作介绍………… 229
        11.2.3　序时簿查询操作说明…… 232
    11.3　习题……………………………… 234
第12章　销售管理…………………… 235
    12.1　概述……………………………… 235
    12.2　日常业务处理…………………… 236

12.2.1 销售报价单……………237
12.2.2 销售订单………………238
12.2.3 销售出库单………………240
12.2.4 销售发票…………………242
12.2.5 钩稽与反钩稽……………243
12.3 销售账簿报表……………………246
12.3.1 销售订单统计表……………246
12.3.2 销售订单执行情况
明细表……………………247
12.3.3 销售收入明细表……………248
12.4 习题…………………………………248

第13章 采购管理…………………249

13.1 概述…………………………………249
13.2 日常业务处理……………………251
13.2.1 采购订单………………251
13.2.2 采购入库………………255
13.2.3 采购发票………………256
13.2.4 钩稽与反钩稽……………258
13.3 采购账簿报表……………………259
13.3.1 采购订单执行情况
明细表……………………259
13.3.2 采购发票明细表……………259
13.3.3 采购价格分析表……………260
13.4 习题…………………………………260

第14章 生产管理…………………161

14.1 概述…………………………………261
14.2 日常业务处理……………………263
14.2.1 生产任务单………………263
14.2.2 采购建议………………264
14.2.3 生产领料单………………268
14.2.4 产品入库单………………269
14.2.5 在产品产量录入……………270
14.2.6 费用分摊………………271
14.2.7 生产成本核算……………272
14.3 生产账簿报表……………………273
14.3.1 生产任务执行情况
明细表……………………273

14.3.2 生产任务领料差异
分析表……………………273
14.3.3 生产任务超期预警表……274
14.4 习题…………………………………274

第15章 仓存管理…………………275

15.1 概述…………………………………275
15.2 日常业务处理……………………277
15.2.1 外购入库、生产领料、
产品入库和销售出库……277
15.2.2 其他入库………………277
15.2.3 其他出库………………278
15.2.4 仓库调拨………………279
15.2.5 组装作业………………280
15.2.6 盘点………………………281
15.3 仓存报表分析……………………284
15.3.1 即时库存查询……………284
15.3.2 库存台账…………………285
15.3.3 安全库存预警分析表……286
15.4 习题…………………………………287

第16章 应收应付…………………288

16.1 概述…………………………………288
16.2 日常业务处理……………………289
16.2.1 收款单……………………290
16.2.2 付款单……………………292
16.2.3 往来核销…………………293
16.2.4 其他收款单、其他付
款单………………………295
16.2.5 生成凭证…………………297
16.3 应收应付报表分析……………………300
16.3.1 应收账款汇总表……………300
16.3.2 应收账款明细表……………301
16.3.3 应收账款预警表……………302
16.3.4 账龄分析…………………303
16.4 习题…………………………………303

第17章 存货核算…………………304

17.1 概述…………………………………304

17.2 初始设置……………………306
    17.2.1 期初成本调整…………306
    17.2.2 期初异常金额处理………307
17.3 日常业务处理…………………308
    17.3.1 估价入账核算…………308
    17.3.2 外购入库核算…………310
    17.3.3 其他入库核算…………312
    17.3.4 自制入库核算…………313
    17.3.5 组装核算………………313
    17.3.6 存货出库核算…………314
    17.3.7 无单价单据序时簿……315
    17.3.8 生成凭证………………316
    17.3.9 与总账对账……………317
    17.3.10 期末结账………………318
17.4 存货核算报表分析……………318
    17.4.1 存货明细表……………318
    17.4.2 采购成本明细表………318
    17.4.3 销售毛利润汇总表……319
17.5 习题……………………………319
附录 习题答案……………………………320

第1章 会计电算化概论

———— 学习重点 ————

通过本章的学习，理解会计电算化的含义，了解国内外会计电算化的发展历程。熟悉手工信息系统与会计电算化信息系统的联系与区别，并掌握会计电算化信息系统的总体结构，为学习会计电算化这门课程奠定理论基础。

1.1 会计电算化概念

1.1.1 会计电算化含义

"会计电算化"一词，是1981年中国会计学会在长春市召开的"财务、会计、成本应用电子计算机专题讨论会"上提出的，它是指将电子计算机技术应用到会计业务处理工作中，用计算机来辅助会计核算和管理，通过会计软件指挥计算机替代手工完成或手工很难完成的会计工作，即电子计算机在会计中应用的代名词。会计电算化是现代社会化大生产和新技术革命的必然产物，也是会计工作不断进步与发展的需要。现在所指的会计电算化含义上已有所拓展。会计电算化是指与电子计算机在会计工作应用中有关的所有工作。

随着世界经济的快速发展，会计电算化事业的发展也异常迅速，"会计电算化"的含义得到了进一步地引申和发展，与计算机技术在会计工作应用有关的所有工作都已成为会计电算化的内容。它包括：会计电算化人才培训、会计电算化制度、会计电算化的宏观管理、会计电算化档案管理和电算化审计等一系列活动。

目前，会计电算化已成为一门融会计学、管理学、电子计算机技术、信息技术为一体的边缘学科。人们把会计学这一新兴分支称为计算机会计学，它与成本会计学、管理会计学等相提并论，其主要任务是研究在会计事务中如何应用电子计算机及其对会计理论的影响，以便更好地发挥会计的积极作用。会计电算化的研究对象是如何利用电子计算机信息处理技术进行会计核算、会计管理、会计辅助决策及相关的所有工作。从会计电算化的研究对象和开展会计电算化的任务来看，会计电算化不仅研究如何通过电子计算机及相关技术获取会计信息的全过程，而且也研究如何按照管理的需要对现行会计工作进行改革。它的目的是通过核算手段的现代化，更好地发挥会计参与管理、参与决策的职能，为提高现代化管理水平和经济效益服务。

综上所述，"会计电算化"的含义有广义和狭义之分。从狭义上讲，会计电算化是指电子计算机技术在会计工作中的应用过程；从广义上讲，会计电算化是指与电子计算机在会计工作应用中有关的所有工作，可称为"会计电算化工作"或"会计电算化活动"。

1.1.2 会计电算化的现实意义

会计电算化是会计发展史上又一次重大的革命，它不仅是会计发展的需要，而且还是经济与科技发展对会计工作提出的要求。会计电算化并非简单地把手工会计核算的内容放入计算机中，它将对传统财务会计的处理程序、会计职能、会计内部控制制度、会计岗位分工等产生影响，而且将会引起会计核算方式的重大变革与会计理论的突破。会计电算化对于提高工作效率、促进会计职能转变、提高会计核算的质量等都有十分重要的意义。

1. **可以及时、准确、完整地提供会计信息**

实现会计电算化后，可以利用计算机快速、准确等特点来处理会计业务，大量的会计信息得以及时地记录、汇总和分析，并通过网络系统迅速传递；企业经营者能够及时掌握经济活动的最新动态，对于存在的问题及时采取相应的措施，从而保证企业能持续、稳定、协调地经营发展。

2. **可以减轻会计人员的工作强度，提高会计工作效率**

手工会计的工作强度很大，实现会计电算化后，只要将记账凭证输入计算机，大量数据的计算、分类、汇总、存储和传输等工作，都可由计算机自动完成。这不仅可以把会计人员从繁杂的记账、算账和报账工作中解脱出来，而且由于计算机极高的运算速度和精度，可以自动地进行数据处理，从而大大地提高了会计工作的效率。

3. **可以提高会计工作质量**

手工会计核算过程中，需要进行大量重复的抄写、计算，财会人员在抄写、计算时经常会发生错误。实现会计电算化后，对会计数据来源提出了一系列规范化要求，解决了手工操作中不规范、易出错以及易疏漏等问题，并且输出的凭证、账簿、报表更加清晰和美观。

4. **可以提高会计人员素质，促进会计职能转变**

使用会计电算化以后，由于计算机替代了会计人员的手工记账、算账和报账工作，因此会计人员可以腾出更多的时间和精力来参与经营管理，减少核算的时间，从而促进了会计职能的转变。财会人员从传统的记账、算账、报账转变为有效的事前预测、事中控制、事后分析，更好地发挥了会计参与管理、参与决策的职能。会计电算化的实现，提高了现代化管理水平，促进了会计职能由核算型向管理型转变。

5. **促进会计理论和技术的发展**

会计工作的信息化，对会计工作提出了更高的要求，促进了会计理论和技术的发展，对会计管理制度也提出了新的改革要求，从而推动了会计理论与实践的进一步发展。

6. **可以有效防止造假作弊现象**

符合国家规定的会计软件，都具有可靠性、安全性、保密性的特点。在使用过程中，根据工作性质设置相应权限，增设密码，相互牵制，财务人员只能使用，不能篡改其程序，确保了会计信息系统真实、准确、安全、可靠。

1.1.3 会计电算化与手工会计信息系统的区别

会计信息系统有手工会计信息系统和基于计算机的会计信息系统之分。本小节以手工会计信息系统和基于计算机的会计信息系统来说明会计信息系统的特点，以比较不同处理手段给会计信息系统带来的区别。

1. 手工会计信息系统的特点

手工会计信息系统具有以下特点。

（1）数据量大。会计信息系统以货币作为主要计量单位，对生产经营活动进行系统、连续、全面、综合地核算和监督。一个企业的生产经营活动，涉及具体的货币资金、债权债务的收支增减变动。各种规格的物资和设备、工具器具的增减变动，都要归入会计信息系统，经过加工处理，最后得出反映单位财务状况和经营成果的综合性数据。会计数据核算详细，存储时间长，数据量大，占整个企业管理信息量的70%左右。

（2）数据结构复杂。会计信息必须反映企业的整体经济活动，主要从资产、负债、所有者权益、成本费用和损益5个方面进行核算，核算时表现为5大分支体系。这些数据不仅结构层次较多，而且数据处理流程也比较复杂，一项经济业务的发生，可能引起各方面的变化，数据处理比其他信息处理系统都要错综复杂。

（3）数据加工处理方法要求严格。会计信息系统对各项经济业务的处理都必须遵守一套严格的准则和方法。例如存货计价、成本计算等从内容到范围、方法，在会计法规和财经制度中都做了明确的规定，必须严格按规定执行，不得随意更改。

（4）数据的及时性、真实性、准确性、完整性和全面性等要求严格。会计信息的及时性是对经济活动进行有效核算和监督的基础，会计信息系统应该及时地向有关部门及个人提供数据，及时将有关资金流动、成本消耗的信息反馈给管理部门，以利于管理者能够及时做出正确的决策。为全面反映经济活动情况，会计信息系统的数据必须齐全，不允许有疏漏，保证资料的连续性和完整性；数据加工的过程要有高度的准确性，不能有任何差错。只有全面、完整、真实、准确地处理会计数据，才能正确地反映单位的经营成果和财务状况，准确处理国家、企业及个人之间的财务关系。

（5）安全可靠性要求高。会计信息系统的有关资料包含了企业的财务状况和经营成果的全部信息，是重要的历史档案材料，不能随意泄露、破坏和丢失。应采取有效措施加强管理，保证系统数据的安全和可靠。

2. 计算机方式下会计信息系统的特点

计算机方式下的会计信息系统，不仅具有电子数据处理系统的共性，而且具有以下几个自身特征。

（1）及时性与准确性。计算机方式下的会计信息系统，数据处理更及时、准确。计算机运算速度决定了对会计数据的分类、汇总、计算、传递及报告等处理几乎是在瞬时完成的，并且计算机运用正确的处理程序可以避免手工处理出现的错误。计算机可以采用手工条件下不易采用或无法采用的复杂、精确的计算方法，如材料收发的移动加权平均法等，使会计核算工作更细、更深，更好地发挥了其参与管理的职能。

（2）集中化与自动化。计算机方式下的会计信息系统，各种核算工作都由计算机集中处理。在网络环境中信息可以被不同的用户分享，数据处理更具有集中化的特点。对于大的系统，如大型集团，规模越大，数据越复杂，数据处理就要求更集中。网络中每台计算机只能作为一个用户完成特定的任务，使数据处理具有相对分散的特点。计算机方式下会计信息系统，在会计信息的处理过程中，人工干预较少，由程序按照指令进行管理，具有自动化的特点。集中化与自动化将会取得更好的效益。

（3）人机结合系统。会计工作人员是会计信息系统的组成部分，不仅要进行日常的业务处理，还要进行计算机软、硬件故障的排除。会计数据的输入、处理及输出是手工处理和计算机处理两方面的结合。有关原始资料的收集是计算机化的关键性环节，原始数据必须经过手工收集、处理后才能输入计算机，由计算机按照一定的指令进行数据的加工和处理，将处理的信息通过一定的方式存入磁盘，打印在纸张上或通过显示器显示出来。

（4）内部控制更加严格。计算机方式下的会计信息系统，内部控制制度有了明显的变化，新的内部控制制度更强调手工与计算机结合的控制形式，控制要求更严格，控制内容更广泛。

3. 会计电算化与手工会计的相同点

会计电算化与手工会计具有以下相同点。

（1）目标一致。无论是电算化会计还是手工会计，其最终目标都是为了提供会计信息，参与经营决策，提高经济效益。

（2）遵循相同的会计法规和会计准则。电算化的应用，不能置财经法规和财经纪律于不顾，必须严格地执行会计法规与会计准则。

（3）会计数据处理步骤相似。无论是手工还是会计电算化，会计数据处理的流程都包括4个方面：会计数据收集与输入、会计数据存储、会计数据处理和会计信息报告。

4. 手工会计与电算化会计的区别

（1）所用的计算工具不同。手工会计使用的工具是算盘，而电算化会计是用电子计算机来进行处理的。

（2）信息载体不同。手工会计中所有信息都是以纸张为载体，而会计电算化则主要使用磁性介质为信息的载体。

（3）簿记规则不同。手工系统规定日记账、总账要用订本式账册，明细账可用订本或活页式账册；账簿记录的错误要用划线法或红字冲销、补充登记法更正；账页中的空行、空页用红线划销。

电算化系统打印输出的账面是折叠或卷带状的，与手工的账簿明显不同。电算化系统不可能完全采用手工系统改错的方法。为了保证审计的追踪线索不致中断，电算化系统规定：凡是已经记账的凭证数据不能更改，只能采用红字冲销法和补充登记更正，以便留下改动痕迹。

（4）总账程序（会计核算形式）不同。手工系统的总账程序主要有4种，但是都避免不了重复转抄与重复计算的根本弱点，随之而来的是人员与环节的增多和差错的增多。

电算化系统的总账程序有两种方案。按目前的经济状况与开发水平，可采取第一方案，即基本上按手工系统的方式进行系统移植，但过程却发生了变化，且允许同时采用多种核算形式。第二方案为理想化的全自动总账程序，即会计凭证磁性化（或条形码），在规格化的会计凭证上用磁性墨水书写（或打上条形码），由阅读机识别后将数据输送到计算机；由用户定义数据存储形式和加工方法，由计算机对数据进行加工处理；由用户定义输出形式与结果，由输出设备（显示器、打印机）进行查询与打印。

（5）会计工作组织体制不同。在手工系统下，会计部门一般分为若干会计工作岗位，如工资、材料、固定资产、成本等岗位，进行专门的业务核算，设专人负责记账、编制报表工作。在会计电算化系统中，会计工作岗位的划分已经发生了变化，如设置了数据录入、审核、维护等岗位。

（6）人员构成不同。手工系统中的人员均是会计专业人员。电算化系统中的人员将由会计专业人员、电子计算机软件、硬件及操作人员等组成。

（7）内部控制方式不同。在电算化系统中，原来的内部控制方式部分地被取消或改变。如原来通过账证核对、账账核对、账表核对的控制方式，基本上已经不复存在，代之以更加严密的输入控制；又如除保留了签字、盖章等控制外，还增设了权限控制、时序控制等。

1.2 会计电算化发展概况

1.2.1 我国会计信息系统的发展

我国会计电算化工作起步较晚。会计电算化工作始于1979年，其代表项目是1979年财政部支持并直接参与的长春第一汽车制造厂进行的会计电算化试点工作。1981年在财政部、原第一机工业械部和中国会计学会的支持下，在长春召开了"财务、会计成本应用计算机问题研讨会"，以总结这一工作的经验和成果。在这次会议上提出，计算机在会计工作中的应用统称为"会计电算化"。随着20世纪80年代计算机在全国各个领域的应用推广和普及，计算机在会计领域的应用也得以迅速发展。概括起来，我国二十多年来会计信息系统的发展大体可分为以下3个阶段。

1. 起步阶段（1983年以前）

起步阶段始于20世纪70年代少数企事业单位单项会计业务的电算化，计算机技术应用到会计领域的范围十分狭窄，涉及的业务内容十分单一，最为普遍的是工资核算的电算化。在这个阶段，由于会计电算化人员缺乏，计算机硬件比较昂贵，软件汉化不理想，会计电算化没有得到高度重视，因此，致使会计电算化发展比较缓慢。这一阶段中，主要是进行一些探索和试验。

2. 自身发展阶段（1983年～1986年）

在这一阶段，全国掀起了计算机应用的热潮，加上微机在国内市场上大量出现，企业也有了开展电算化工作的愿望，纷纷组织力量开发财务软件。但是，这一时期由于会计电算化工作宏观上缺乏统一的规范、指导和相应的管理制度，加之我国计算机在经济管理领域的应用也同样处于发展的初级阶段，开展会计电算化的单位并没有建立相应的组织管理制度和控制措施，会计电算化工作和会计软件的开发，多是单位自行组织，低水平重复开发现象严重。这不但使得开发出来的会计软件的通用性和适用性差，而且投资大、周期长、见效慢，造成了大量的人力、物力和财力的浪费。针对这种情况，相关部门开始了对会计电算化实践经验的总结和理论研究工作，并开始培养既懂会计又懂计算机的复合型人才。1983年下半年，在新技术革命浪潮的推动下，全国掀起了计算机应用热潮，微型计算机应用进入了各个领域。会计电算化也得到迅速发展。

3. 稳步发展阶段（1987年至今）

稳步发展阶段，财政部和中国会计学会在全国大力推广会计电算化并加强了会计电算化的管理工作。各地区财政部门以及企业管理部门也逐步开始对会计电算化工作进行组织和管理，使会计电算化工作走上了有组织、有计划的发展轨道，并得到了蓬勃的发展。这个阶段的主要标志是：商品化财务软件市场从幼年走向成熟，初步形成了财务软件市场和财务软件产业；一部分企事业单位逐步认识到开展会计电算化的重要性，纷纷购买商品化财务软件或自行开发软件，甩掉了手工操作，实现了会计核算业务的电算化处理；在会计电算化人才培养方面，许多中等或专科院校开设了会计电算化专业，在大学本科教育中，会计学及相关专业也开设了会计电算化课程，加大了对在职财会人员会计电算化的培训力度；与单位会计电算化工作的开发相配套的各种组织管理制度及其控制措施逐步建立和成熟起来；会计电算化的理论研究工作开始取得成效。行业主管部门组织开发通用会计软件，一些商业化会计软件公司也纷纷建立，逐步形成了商业化会计软件市场，加快了会计电算化的进程。会计电算化由此走向高速发展阶段。

1.2.2 国外会计信息系统的发展

会计电算化在国外起步于20世纪50年代，1954年美国通用电气公司第一次利用计算机计算职工工资，开创了电子数据处理会计的新起点。这个时期计算机在会计领域的应用主要是核算业务的处理，其目的主要是用计算机代替手工操作，减轻日常烦琐的手工记录与计算强度，减少差错，提高会计工作效率。

从20世纪50年代到60年代，会计电算化发展到了建立会计信息系统阶段。在会计处理中，人们开始利用计算机对会计数据从单项处理向综合数据处理转变，除了完成基本账务处理外，还带有一定的管理和分析功能，为经济分析、经济决策提供会计信息。

到了20世纪70年代，计算机技术迅猛发展，随着计算机网络技术的出现和数据系统的广泛应用形成了网络化的电子计算机会计信息系统。电子计算机的全面使用，使各个功能系统可以共享存储在计算机上的整个企业生产经营成果数据库，从而极大地提高了工作效率和管理水平。

20世纪80年代和90年代，微电子技术蓬勃发展，微型计算机大批涌现，使会计信息系统得到迅速发展。特别是微型机通过通信电路形成计算机网络，提高了计算和处理数据的能力。微型机开始走入中小企业的会计业务处理领域，并得到迅速普及，财会人员不再视电子计算机为高深莫测的计算工具。时至今日，美国、日本、德国等发达国家的会计信息系统已经发展到较为完善的程度。

1.2.3 会计信息系统的发展趋势

1. 会计电算化进一步得到普及和推广

近几年来，我国财务软件水平提高很快，一些国产软件产品很受欢迎，为基层单位开展会计电算化工作提供了前提条件。在各级政府的支持下，在社会各界的努力下，不断掀起会计电算化知识培训的热潮，为全面普及会计电算化奠定了人才基础，推动了会计电算化的普及。

2. 会计电算化的开展与管理将更加规范和标准

为做好会计电算化管理制度的建设，应不断完善会计电算化管理制度，运用新的管理手段，进一步组织实施已有的管理办法。目前财政部门已制定颁发了会计电算化的管理规章，随着这些规章的贯彻与实施，将使会计电算化管理工作更加规范。

3. 会计软件的开发向着工程化和商品化发展

会计软件商品化加速我国商品化会计市场的形成。目前会计软件的开发已从以往的经验开发转向科学化、工程化开发。一些会计软件公司集中了各方面的软件技术专家，来开发通用性、规范化的会计软件，并通过提高软件的实用性、功能性和可靠性以及良好的售后服务进行竞争。随着商品化会计软件的日益增多、日益成熟，我国商品化的会计软件市场不断成熟和完善。

4. 会计软件更加注重功能上的综合化和技术上的集成化

企业的生产经营活动是一个相互联系、相互制约的有机整体，会计不仅要综合反映和监督企业的财务状况和经营成果，而且要参与和支持企业的生产经营和管理活动。企业的产、供、销各个环节经营的好坏，人、财和物的消耗与节约，都直接影响企业的财务状况和经营成果。为此，要开展预测、决策、控制和分析等工作，不仅需要财会数据，而且还必须有产、供、销等方面的经济信息，这就要求会计电算化系统应首先具备综合组织管理这些数据的能力，并在对这些数据综合处理的基础上，能够进一步利用系统数据进行统计、分析、预测等处理，使原来单一的会计核算发展为集中核算、监督、管理、控制、分析、预测和决策支持为一体的综合系统。

5. 会计数据处理的大量化和多维化

预测、决策、控制、管理和分析，不仅需要企业内部数据，也需要企业外部数据，而且需要历史数据；不仅需要反映企业生产经营活动的会计数据，而且需要市场物价、金融、政策和投资等经济数据，系统数据量明显加大。另外，为了有效地支持预测、决策的实施，需要对各项数据进行多维分析与观察。目前新推出的数据仓库、联机分析处理、数据挖掘等技术，将有力地支持大量数据的处理和存储，支持数据的多维分析和多维观察。

6. 会计信息系统的网络化与智能化

计算机网络技术，特别是局域网已广泛应用于会计电算化系统，使会计电算化系统实现了各个工作站的并发操作、统一管理和数据共享。随着集团公司的发展和全国各地分支机构的建立，一些企业提出了更高的要求，如中远程数据传输、中远程数据查询、中远程数据维护和合并会计报表的编制等。计算机网络技术的发展，为会计电算化系统满足企业的需求提供了强大的技术支持。另一方面，随着市场经济的发展，影响经济变化的因素越来越复杂，预测、决策、管理、控制和分析的难度越来越大，除了要不断提高工作人员的信息处理水平、加大数据量的采集和运用，还要逐步实现信息系统的智能化，利用人工智能的研究成果，采集专家的经验和智慧，以辅助企业的经营管理决策等。所有这些对软件智能化的要求同样是会计电算化软件今后的努力目标。

7. 会计电算化专门人才队伍的形成

会计电算化人才的培养一直是会计电算化的重点工作之一。在财政部门和有关教育部门的领导支持和大力推动下，目前我国已培养了一批会计电算化的专业人员，但是与会计信息系统的发展相比，与企业和市场的需求相比，财会人员的会计电算化水平还相差很远，专业的会计电算化人员特别是具有中高级技术水平的人才仍很匮乏。人才的缺乏必定会阻碍会计信息系统的发展。可见，加强对会计电算化专门人才的培养，从而形成和壮大会计电算化专门人才队伍是会计信息系统发展的必然趋势。

1.3 电算化会计信息系统

1.3.1 会计信息系统

1. 会计数据与会计信息

（1）数据。数据是对客观事物属性的描述。它是反映客观事物的性质、形态、结构和特征的符号。数据可以用具体的数字表示，也可以用字符、文字、图形等形式表现。

（2）会计数据。在会计工作中记录下来的会计业务称为会计数据。它是指从不同的来源、渠道获得的，记录在"单"、"证"、"账"、"表"上的各种原始会计资料。

（3）信息。信息是数据加工后的结果，它也是用数字、符号、文字、图表等形式表达。信息必然是数据，但是数据未必是信息。

（4）会计信息。按一定要求经过加工处理后的会计数据称为会计信息。会计数据来源于供应商、客户、政府机构、企业员工、企业内部各部门等，经过收集、审核、记录、分类、计算、汇总、编表、存储和传送等会计业务处理，最后输出会计信息，供企业内部各层次的管理人员和企业外部各利益关系人员管理和决策使用。只有将会计数据通过加工生成会计信息后才能满足管理者的需要，为管理者所用。

2. 系统与会计信息系统

（1）系统。系统是指由一系列彼此相关、相互联系、相互区别的若干要素为实现特定的目的而建立起来的有机整体。

（2）信息系统。信息系统是把输入数据经过加工处理、生成输出信息的人机系统。它是以信息为处理对象，进行信息的收集、传递、存储、加工、输出的系统。

（3）会计信息系统。会计信息系统是指利用信息技术，对会计信息进行收集、传递、存储、处理、输出，完成会计核算、监督、管理和辅助决策的信息系统。会计信息系统是企业管理信息系统中的一个重要子系统，其目的是向企业内、外部提供会计信息，对经济活动进行控制，满足经营管理的需要。

1.3.2 电算化会计信息系统

电算化会计信息系统是以计算机信息处理技术为手段的会计信息系统。会计信息系统不一定是计算机化的会计信息系统才称为电算化会计信息系统。

电算化会计信息系统是由硬件、软件、人员、制度4个要素组成。

1. 硬件

计算机的硬件是计算机系统中各种设备的总称，包括5个基本部分，即运算器、控制器、存储器、输入设备、输出设备。计算机的硬件是会计电算化的物质基础，其设备选择和配置的好坏直接影响到会计电算化工作的质量与效率。计算机的硬件设备用不同的方式配置，构成了具有不同特点的计算机工作方式。目前，主要有单机结构、多用户结构和网络结构。

（1）单机结构。主要指整个系统用一台或几台计算机，每台计算机独立完成不同的任务。该结构投资小、见效快，主要适用于小型企业。

（2）多用户结构。主要指整个系统配置一台主机、多台终端，用通信线路将它们连接而成，多个用户在不同的终端上同时使用一台主机。该结构提高了输入、输出数据的速度，主要适用于资金雄厚、业务量较大的中小型企业。

（3）网络结构。主要指将地理上分散的、具有独立功能的多台计算机通过通信设备和线路连接起来，在配有相应的网络软件（网络协议、网络操作系统等）的情况下实现资源共享的系统。该结构能实现资源共享，与会计数据处理的特点相吻合，是会计信息系统理想的硬件结构，也是会计电算化发展的方向。

2. 软件

软件是计算机的灵魂，它是指计算机系统中的程序及其文档，分为两大类：系统软件和应用软件。

（1）系统软件。系统软件是指那些能够直接控制和协调计算机硬件、维护和管理计算机的软件。有代表性的系统软件有：操作系统、数据管理系统等。

（2）应用软件。应用软件是专门为某一应用目的而编制的软件，如文字处理软件、信息管理软件等。本书所介绍的财务软件就属于应用软件。

3. 人员

人员是指在会计信息系统中从事管理、操作、维护的会计人员。在实现会计电算化后，会计人员不仅要熟练掌握会计知识，还要掌握计算机知识、网络知识、信息知识和管理知识，最终成为复合型人才。

4. 制度

制度是指为保证会计信息系统安全、正常地运行而制定的一系列管理制度，如政府颁布的法令、条例，基层单位在会计电算化工作中制定的岗位责任制、软件操作管理制度、会计档案管理制度等。

1.4 会计核算软件

会计软件的应用是电算化会计信息系统建设和管理的一个重要环节，正确、有效地应用会计软件有利于发挥会计电算化的职能，实现会计工作目标，提高企业会计核算的能力。

1.4.1 会计核算软件的概念与分类

1. 会计软件的概念

会计软件是以会计理论和会计方法为核心，以会计法规和会计制度为依据，以计算机技术和通信技术为技术基础，以会计数据为处理对象，以会计核算、财务管理、为经营提供财务信息为目标，用计算机处理会计业务的计算机应用软件。

2. 会计软件的分类

按照不同的分类标准，会计软件可以分为不同的类型。

（1）按功能划分，可以分为核算型、管理型和一体化会计软件。

核算型会计软件主要是面向事后核算，采用一系列专门的会计方法，完成会计核算工作。

管理型会计软件是以核算型会计软件为基础，增加了辅助核算与管理功能而形成的软件。从 20 世纪 90 年代中后期开始，随着会计电算化的不断普及和企事业单位对管理工作的不断加强，管理型会计软件的开发与实施成为会计电算化发展的热点，会计软件也从核算型向管理型转变。

一体化会计软件是由财务会计、管理会计、供应链管理、集团财务管理、Web 应用、商务智能和行业解决方案多个产品组成，各个产品间相互联系、共享数据，从而以实现业务、财务一体化管理。各部分既相对独立，分别有着较为完善和细致的功能，又可以根据企业各部门的需要选择某些模块组合起来整体应用，突破了单一财务软件的局限，实现了业务和财务的一体化。

近几年，软件市场已经开始重视一体化会计软件的开发和上市，一体化会计软件目前在我国应用已经相当广泛。

（2）按硬件结构划分，可以分为单用户财务软件和网络财务软件。

单用户财务软件适应于硬件系统的构成模式为单机结构的计算机。

网络财务软件适应于硬件系统的构成模式为网络结构的计算机。

（3）软件应用平台划分，可以分为 DOS 环境与 Windows 环境两种。

以前的会计软件版本都是应用在 DOS 环境下的，近几年随着 Windows 操作系统的普及，新开发的会计软件基本上都是在 Windows 环境下安装和运行的。

（4）按适用范围划分，可以分为通用会计软件和专用会计软件。

通用会计软件又称为商品化会计软件，它由专业的软件公司开发并面向社会销售。其特点是不含或含有较少的限制规则，用户可以根据会计工作的需要自己设定。其优点是成本低、见效快、保密性好、软件质量高、维护有保障。其缺点是软件越通用，企业初始化的工作量越大，也越难兼顾不同企业会计核算的个性化需求，对会计人员综合素质要求也越高。

专用会计软件又称定点开发会计软件，它由单位自行组织技术人员开发，是仅适应本单位会计业务处理的会计软件。其优点是能最大程度地减少初始化工作量，使用方便；其缺点是开发成本高、周期长、灵活性差、保密性差、软件的更新换代没有保障。

1.4.2 会计核算软件基本功能模块划分

电算化会计信息系统数据较多，处理流程复杂，要求相适应的会计软件能够根据各种会计业务的特点进行既相对独立又密切联系的数据处理。这就要求会计软件内部划分成若干功能相对独立的模块，它们有着各自具体的目标和任务，但最终又是为了达到会计软件的总体目标而服务。

根据企业单位会计核算业务的特点和会计工作组织的基础不同，各个功能模块的划分不是一成不变的。目前，我国的会计软件一般划分为：总账系统模块、会计报表管理子系统模块、工资管理子系统模块、固定资产管理子系统模块、应收应付账款核算子系统模块、购销存核算子系统模块等。

会计软件功能模块划分的原则如下。

（1）适用性原则。一个适用性强的会计软件应允许用户方便地挂入或去掉某些功能模块，而无须进行大的修改；还要方便软件数据在相关业务单位间移植，而无须作大的结构变动。所以，功能模块的划分要尽量使整个会计软件能够适用核算单位内部、外部各种环境的变化。

（2）可靠性原则。会计软件功能模块的划分应有助于软件可靠性的提高，减少软件系统出错，有助于提高会计软件系统排错、纠错和数据恢复能力。

（3）高内聚低耦合原则。内聚度主要是指一个功能模块内部各个功能之间的联系程度，耦合度是指软件的各个功能模块之间的联系程度。会计软件应该尽量把联系紧密的功能放在一个模块中，一个功能模块中诸个功能越密切则内聚度越高；把联系不密切的功能划分在不同的功能模块中，尽量减少不同模块互相的限制，耦合度越低各个模块独立完成任务的效率越高。高内聚低耦合使得软件系统接口简单明了，有助于提高软件适用性。

（4）符合会计核算基本要求的原则。会计软件功能模块的划分要严格遵循会计核算和财务管理工作的基本要求和工作习惯。否则，会计软件功能模块的划分将不具备现实意义。

1.4.3 商品化会计软件的选择

基于通用会计软件和专用会计软件的优缺点，用户使用通用会计软件，即商品化会计软件应该是实现会计电算化的捷径，也是发展趋势。目前，即使是资金雄厚的大中型企业也不自行开发所有的会计软件，他们对于本单位比较通用的会计业务一般都使用商品化会计软件，而对于本单位特殊的需求，在商品化会计软件不能满足要求的情况下，再自行开发，然后通过会计软件提供的接口，将其连接起来。

随着我国计算机应用的深入发展，商品化会计软件日益丰富，并且具有先进、实用的特点。财政部在推广商品化会计软件方面也做了大量的推动和管理工作。用户在购买商品化会计软件时一般要注意以下几个方面的问题。

1. 会计软件是否通过了省级以上（含省）财政部门的评审

评审是评价和审核会计软件是否符合国家的统一规定。因为会计工作要遵循全国统一的会计准则和其他财经制度的有关规定，对于执行会计工作的商品化会计软件也不例外，只有经过评审的会计软件才最安全可靠。

2. 会计软件是否满足本单位会计业务处理需求

这里的需求主要是指对系统的功能、性能、输入输出、故障处理、接口以及运行环境和软件的先进性、易使用性等方面提出的要求。通常情况下，电算化会计软件应达到以下要求。

（1）在功能方面，应考查商品化会计软件在本单位是否实用，软件所提供的处理功能是否满足本单位会计业务处理的要求。

（2）在性能方面，应考查商品化会计软件在数据处理精度、时间和适应需求变化能力等方面是否适应会计工作所提出的要求。

（3）在输入、输出方面，不仅需要满足会计工作提出的要求，而且还要有效地防止差错的发生和及时查出错误、纠正错误。

（4）在故障处理方面，能提供各种手段，保证会计数据的安全与完整。

（5）在接口方面，要为从其他子系统接收数据、输出数据，以及今后要开展的电算化项目提供方便的接口。

（6）在运行环境方面，主要是考查单位所提供的条件是否符合商品化会计软件的需要。商品化会计软件的运行环境主要包括硬件环境和软件环境两部分。

3. 会计软件的先进性

所谓软件的先进性是指该软件在同类产品中的先进程度，包括安全性、可靠性、功能的完备性、通用性、运行效率等。

4. 会计软件的易使用性

易使用性是指商品化会计软件易学、易操作的性能。

5. 考查生产厂商的信誉及售后服务

信誉的考查主要看软件生产厂商是否重信誉、守合同。

售后服务主要是指操作培训和软件的保修与版本更新。商品化会计软件有许多自定义功能不易学习，如果用户购买软件后得不到好的应用培训，并且在使用过程中的疑难问题得不到及时指导和解决，势必影响会计软件的应用效果。会计软件的保修是指当软件损坏时，厂商应及时修理与更换。版本更新主要是指开发研制单位根据会计制度的变化、计算机技术的发展和用户的具体问题及时更新软件。一般来说，版本越高，功能越强。版本一旦升级，应及时给用户更新。

1.4.4 会计核算软件——金蝶 KIS 专业版 V10.0 简介

金蝶 KIS 专业版 V10.0 系统是一套财务与业务高度集成的会计核算软件，即可以管理财务信息，也可以与购销存业务集成使用，实现财务业务一体化的目的。

金蝶 KIS 专业版 V10.0 的功能模块组成和各模块之间的数据流向见图 1-1 所示。

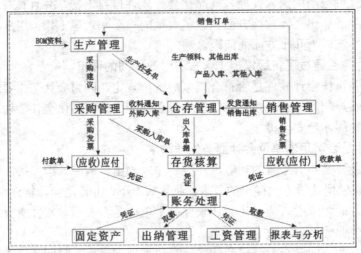

图 1-1　模块组成和各模块之间数据流向

1. 财务系统

财务系统包括账务处理、报表与分析、工资管理、固定资产管理和出纳管理系统。

（1）账务处理。账务处理系统是以凭证为原始数据，通过凭证输入和处理，完成记账和结账、账簿查询及打印输出等工作，同时提供往来款核算和管理、部门核算和管理、项目核算和管理。账务处理系统与其他业务连接使用时，可以接收从业务传递过来的凭证进行会计核算，以达到财务业务一体化目的。

（2）报表与分析。报表与分析系统主要根据会计核算数据（如账务处理子系统产生的总账及明细账等数据）完成各种会计报表的编制工作，如资产负债表、利润表等。同时可以自定义单据，如部门费用情况表等。分析功能可以根据报表数据生成各种分析表和分析图等。

（3）固定资产。固定资产系统主要是对设备进行管理，即存储和管理固定资产卡片，灵活地进行增加、删除、修改、查询、打印、统计与汇总。进行固定资产的变动核算，输入固定资产增减变动或项目内容变化的原始凭证后，自动登记固定资产明细账，更新固定资产卡片。完成计提折旧和分配，费用分配转账凭证可自动转入账务处理等子系统，可灵活地查询、统计和打印各种账表。

（4）工资管理。工资管理系统是以职工个人的原始工资数据为基础，完成职工工资的计算，工资费用的汇总和分配，计算个人所得税，查询、统计和打印各种工资表。自动编制工资费用分配表、转账凭证传递给账务处理等功能。

（5）出纳管理。出纳管理系统是对现金业务和银行业务进行管理，可以登录现金日记账、银行日记账。录入银行对账单数据可以与银行日记账进行对账处理，随时与账务处理下科目进行对账，以保证双方系统数据的一致性，同时提供支票管理功能。

2. 工业会计系统

工业会计系统主要包括销售管理、采购管理、生产管理、仓存管理、存货核算管理和应收应付系统。

（1）销售管理。销售管理系统是以销售业务为主线，兼顾辅助业务管理，实现销售业务管理与核算一体化。销售系统提供销售报价、销售订单、销售出库和销售开票功能，随时查询各种销售明细账等账簿。

（2）采购管理。采购管理系统是可以实现对采购业务的全程管理。采购管理提供采购订单、采购入库和采购开票功能。可能从"生产管理"中生成采购建议后，直接生成采购订单传递到采购管理系统，随时查询各种采购订单执行情况明细账等账簿。

（3）生产管理。生产管理系统主要对生产过程全程管理。生产管理提供生产任务单、生产领料、产品入库和生产成本核算功能。随时可以查询分析生产执行情况账等账簿。

（4）仓存管理。仓存管理系统主要以物料流动为处理对象，做到账物相符的目的。系统提供采购入库、产品入库、其他入库、盘盈入库、销售出库、生产领料、其他出库、调拨和组装业务处理。可以随时查询即时库存和收发存汇总表等账簿。

（5）存货核算。存货核算系统主要针对企业存货的收、发、存业务进行成本核算。首先核算出入库成本，再计算出库成本，从而即时掌握存货的耗用情况，及时、准确地把种类存货成本归集到各成本项目和成本对象上，为企业的成本核算提供基础数据；动态反映存货资金的增减变动，提供存货资金周转和占用的分析，为降低库存，减少资金积压，加速资金周转提供决策依据。各业务单据可以根据凭证模板生成凭证传递到账务处理系统进行财务核算，使业务与财务形成无缝连接。

（6）应收应付。应收应付系统主要负责往来账款中的收款处理和付款处理，提供预收冲应收、预付冲应付、应收冲应付和应付冲应收业务，随时监控应收账款情况和应付账款情况，查询往来对账单情况。各往来单据可以根据凭证模板生成凭证传递到账务处理系统进行财务核算。

1.5 习题

（1）请解释"会计电算化"的含义。
（2）会计电算化的现实意义有哪几点？
（3）计算机方式下会计信息系统的特点有哪些？
（4）请解释会计软件概念。
（5）商品化会计软件的选择主要应考虑哪几点？
（6）请画出金蝶 KIS 专业版 V10.0 的功能模块组成和各模块之间数据流向。

第 2 章 企业实施会计电算化的组织与开展

学习重点

通过本章的学习，了解会计电算化信息系统的岗位分工、岗位职责和管理体制，掌握会计电算化下的日常管理与维护工作。

2.1 会计电算化的总体规划

2.1.1 会计电算化的目标

会计电算化的目标，即会计电算化工作所要完成的任务，也就是通过现代化的手段，提高会计工作的地位、效率和质量，促进会计管理现代化，提高企业的经济效益。一类是近期所要达到的目标；一类是远期所要达到的目标。企业应从长期目标出发，制定本企业的近期目标。

2.1.2 会计电算化的总体结构

会计电算化的总体结构是指一个完整的会计信息系统是由哪些子系统构成，每个子系统能完成哪些功能，以及各个子系统之间的相互关系。会计信息系统的功能涵盖了企业生产的各个环节，根据企业性质和核算要求的不同，结合会计电算化系统的目标来确定总体结构。

2.1.3 会计电算化工作的管理体制

我国会计电算化的管理体制：财政部管理全国的会计电算化工作，地方各级财政部门管理本地区的会计电算化工作，各单位在遵循国家统一的会计制度和财政部门会计电算化发展规划的前提下，结合本单位具体情况，组织实施本企业的会计电算工作。

财政部门管理会计电算化的基本任务是：制定会计电算化发展规划并组织实施；制定会计电算化法规制度，对会计核算软件及生成的会计资料符合国家统一的会计制度情况实施监督；促进各单位逐步实现会计电算化，提高会计工作水平；组织开展会计电算化人才培训。

实施会计电算化必然会对会计工作及其组织结构产生一定的影响，为了适应会计电算化的要求，必须设置与之相适应的组织机构。目前我国有以下几种组织模式。

1. 集中管理模式

集中管理模式是在企业内部设置一个与财务部门同级的计算机管理中心，负责电算化软件的管理、开发和使用维护等。财务部门只需要定期按规定向计算机管理中心提供核算和管理数据，由该中心负责数据的处理工作。

采用该管理模式财务部门的组织机构变化不大。有利于统一领导、规划和组织，有利于充分发挥计算机的优势，提高了数据的共享程度，避免了重复开发。但是，这种方式也有很大的缺点。首先，计算机中心和财务部门的人员不了解对方业务特点，不能很好地协作，从而导致系统效率较低，实用性差；其次，各部门之间容易产生依赖思想，将电算化工作完全交给计算机中心，不能很好地配合和支持系统的实施和运行，从而影响了会计电算化工作的正常进行。

2. 分散管理模式

分散管理模式是在企业的财会部门配备计算机等设备，并配有一定能力的操作人员，实施工作完全交由财会部门负责进行。

该管理模式，一方面能调动财会人员的积极性；另一方面也能根据财会部门的实际需要，及时解决电算化运行中的各种问题，这使得系统的实用性强、投资少、见效快。但其缺点也是明显的。会计电算化工作由财务部门负责，缺乏整体考虑，不能兼顾业务部门的需要，数据共享性差，系统效率低。

3. 集中管理下的分散组织模式

集中管理下的分散组织模式是在企业设立专门机构，统一负责企业的会计电算化系统应用实施工作。这种模式，既考虑了各业务部门的特点，又能实现统一管理，是目前一种较为理想的组织形式。

在这种模式下，财务部门的内部组织机构、岗位与职能都发生了变化。职能小组各司其职，管理维护组负责会计电算化工作的规划，参与系统开发，并负责系统的日常维护工作；数据准备组负责电算化系统运行前所需数据的收集、整理工作；电算化小组负责电算化会计信息系统的运行工作，包括输入、运行、输出等工作；财务管理组负责一些财务日常管理工作，并参与企业的管理工作。

2.2 会计电算化的岗位分工

2.2.1 岗位设置

企业根据会计电算化的特点和要求，按照"责、权、利用结合"的原则，对会计信息系统使用人员和维护人员的职责和权限作出明确规定。按照会计电算化工作的特点，会计电算化后的工作岗位可分为基本会计岗位和电算化会计岗位。

基本会计岗位可分为会计主管、出纳、会计核算、稽核、会计档案管理等工作岗位。会计电算化岗位是指直接管理、操作、维护计算机及会计核算软件的工作岗位，电算化会计岗位可分为软件操作、审核记账、电算维护、电算审查、数据分析等工作岗位。

2.2.2 岗位职责

1. 电算主管

电算主管又称为系统管理员，主要负责协调整个会计电算化系统的运行工作，应具备会计和计算机相应知识以及相关的会计电算化组织管理的经验。电算主管可以由会计主管兼任，采用中小型计算机和计算机网络会计软件的企业，应设立此岗位。

电算主管应有如下主要职责。

（1）领导本单位电算化工作，拟定会计电算化中长期发展规划，制定会计电算化日常管理制度。

（2）根据所用软件的特点和本企业会计核算的实际情况来建立本企业的会计电算化体系

和核算方式。

（3）总体负责会计电算化系统的日常管理，包括计算机硬件和软件的运行工作。

（4）制定计算机人员的使用权限，协调系统内各类人员之间的工作关系。定期或不定期地对会计电算化岗位工作进行检查考核。

（5）负责组织监督系统运行环境的建立和完善以及系统建立时的各项初始化工作。

2. 软件操作员

软件操作员是指有权进入当前运行的会计电算化系统的全部或部分功能的人员。软件操作人员负责录入记账凭证和原始凭证等会计数据，输出记账凭证、报表、账簿等工作。软件操作人员应具备会计核算软件操作知识，达到会计电算化初级水平。各企业应鼓励基本会计岗位的人员兼任软件操作人员的工作。操作人员岗位可根据企业规模大小和业务量多少等事宜，来确定可以一人岗，或者一岗多人。

软件操作人员主要职责如下。

（1）严格按照系统管理分配权限和所培训软件操作知识，对本企业会计电算化软件的操作运行，如凭证和原始凭证录入、查询、分析各种报表和账簿数据。

（2）严格遵守会计电算化有关制度，包括开关机制度、上下岗操作记录制度；操作过程中发现故障应及时报告系统管理员，并做好故障记录；坚持防病毒制度；会计数据、会计信息检查审核制度的存储安全保密制度等。

3. 审核记账员

审核记账员负责对会计电算化系统的数据，如记账凭证和原始单据等进行审核，登记机内账簿，对打印的报表、账簿进行再次确认。此岗位人员要求具备会计和计算机知识，应达到会计电算化初级知识培训的水平。此岗位人员也可由会计主管兼任。

审核记账员主要职责如下。

（1）具体负责录入系统的各种会计数据的审核工作，可由基本会计岗位的稽核员兼任。

（2）审核员既要审核会计凭证，也要审核会计报表和账簿；即要审核内部数据，也要审核外来数据及网络数据；既要审核各类代码的合法性、正确性，也要审核摘要的规范性等。

（3）按照审核员的工作性质要求，必须严格审核各项会计数据，确保数据准确无误。对于不符合要求的凭证和不正确的输出数据，审核人员应拒绝签字并及时报告有关人员。

4. 系统维护员

系统维护员负责保证计算机软件、硬件的正常运行，管理机内会计数据。此岗位人员要求具备的计算机和会计知识应达到会计电算化中级培训水平以上。采用大中型计算机和计算机网络会计软件的企业，必须设立此岗位，此岗在大中型企业应由专职人员担任。

系统维护员主要职责如下。

（1）负责会计电算化系统软、硬件的安装和调试工作。严格执行软、硬件维护保养制度，确保系统的正常运行。

（2）制订和维护规划方案与日常维护工作计划，履行硬件检查制度。定期检查硬件运行情况，进行维护保养工作，保证日常维护更换和使用需要。

（3）严格执行机房管理制度。对硬件的安全摆放、移动和运行进行监护，熟练掌握会计核算软件维护技能，做好临时性维护和技能性维护，保证系统在静态和动态环境下的安全性。

（4）系统维护人员除实施数据维护外，不允许随意打开系统数据库进行操作，实施数据维护时不允许修改数据库结构。不允许其他上机人员直接对数据库进行操作。

（5）定期以磁盘、磁带等介质做好程序文件中数据文件的备份工作。

5. 系统开发人员

系统开发人员包括系统分析、系统设计和程序设计人员。系统分析和系统设计人员是整个会计电算化系统的设计师，处于举足轻重的位置，而程序设计人员负责本企业会计核算软件的开发工作。在中小型企业，系统分析员一般由会计电算化主管兼任或临时聘任专家担任。自行开发会计核算软件的企业须设置此岗位。

2.2.3 会计电算化的日常维护制度

1. 操作管理制度

主要包括操作规程、操作权限、操作记录等管理制度。目的是要建立健全严格的上机管理制度。其主要内容如下。

（1）操作人员要严格按照操作规程进行操作，杜绝由于违规开、关机，违规登录系统造成的数据破坏、数据丢失现象。

（2）操作人员上机要有记录，包括姓名、上机时间、操作内容、运行状况等。

（3）操作人员必须按分配的操作权限操作，本人的密码不能泄露。

2. 数据管理制度

主要包括数据输入、输出的管理，数据备份的管理，数据存档的管理。其内容如下。

（1）操作人员每次上机结束，为防止非法修改和意外删除，应及时做好数据备份工作。

（2）对电算化会计档案管理要做好防磁、防火、防潮和防尘工作，重要会计档案应有备份，并存放在两个不同的地点。

（3）采用磁性介质保存会计档案，要定期进行复制，防止由于磁性介质损坏，而使会计档案丢失。

（4）会计软件的全套文档资料以及会计软件程序，视同会计档案保管，其保管期为该软件停止使用或有重大更改之后的5年。

3. 系统维护制度

主要包括系统硬件和系统软件的维护制度，以及机房管理制度等，其内容如下。

（1）保证机房设备安全和计算机正常运行是进行会计电算化的前提条件，要经常对有关设备进行保养，保持机房和设备的整洁，防止意外事故的发生。

（2）确保会计数据和会计软件的安全保密，防止对数据和软件的非法修改和删除。

（3）如果对正在使用的会计软件进行修改、版本升级或计算机硬件设备进行更换等，要有一定的审批手续；要保证会计数据的连续性和安全性，并由相关人员进行监督。

（4）健全计算机硬件和软件出现故障时进行排除的管理制度，确保会计数据的完整性。

（5）对计算机病毒的防治要有相应的措施。

2.3 习题

（1）会计电算化工作的管理有哪几种模式？

（2）实施电算化应该设置哪些岗位？

（3）实施电算化应该制订哪些制度？

第 3 章 会计软件的安装与核算账套管理

── 学习重点 ──

通过本章的学习，了解会计软件运行对软件和硬件的基本要求，学习会计软件的安装步骤，掌握会计软件的登录方法，理解核算账套的建立方法和管理操作。

目前在国内会计软件市场中，比较流行的软件有金蝶、用友和速达等，都已经通过财政部审批。本书主要介绍金蝶 KIS 专业版 V10.0 软件，从安装方法、核算账套建立、基础设置、初始化、模块功能以及如何最终达到详细化的财务核算目的进行一一讲述。

3.1 会计软件的安装和登录

了解会计软件安装的硬件环境和软件环境，学习会计软件的安装步骤，这是学习会计软件的第一步。

3.1.1 会计软件安装环境要求

为了保证金蝶 KIS 专业版 V10.0 的使用性能，金蝶公司为该软件提供了最低硬件配置要求，并给出了推荐的配置。硬件和软件环境是金蝶软件运行的最基本条件，如果不能满足基本要求，将使得软件运行速度减慢或根本无法运行。

1. 硬件环境

（1）服务器端。

最低配置：CPU 1GHz Pentium4 处理器，内存要求 512MB，硬盘需要 1GB 以上的可用空间，需要 CD-ROM 或 DVD-ROM 驱动器，显示 Super VGA（1024×768）或更高分辨率的显示器（颜色设置为 32 位真彩色），Microsoft 鼠标或兼容的指点设备。

推荐配置：CPU 1.7GHz Pentium4 处理器及以上，内存 1GB 及以上，其他要求同最低配置。

（2）客户端。

最低配置：CPU 600MHz Pentium III 处理器，内存为 256MB，硬盘 500MB 以上的可用空间，CD-ROM 或 DVD-ROM 驱动器，显示 Super VGA（1024×768）或更高分辨率的显示器（颜色设置为 32 位真彩色），Microsoft 鼠标或兼容的指点设备。

推荐配置：CPU 1GHz Pentium4 处理器及以上，内存为 512MB 及以上，其他要求同最低配置。

2. 软件环境

（1）服务器端，需要安装的软件有数据库系统（SQL Server 2000 标准版/企业版，或者 MSDE 数据库系统）和 Windows 简体中文版操作系统（Windows 2000/XP/2003）。

（2）客户端需要安装 Windows 简体中文版操作系统（Windows 2000/XP/2003）。

> **说明** Windows 2000 Professional 和 Windows XP 不属于服务器类操作系统，网络使用金蝶 K/3 系统时，以上两个操作系统不能做为服务器，单机使用金蝶 K/3 系统时则无要求。

3.1.2 会计软件安装

金蝶 KIS 专业版的安装方法同其他软件安装方法基本相同，只需按照安装向导一步一步操作即可。本小节介绍单机（Windows XP）情况下安装金蝶 KIS 专业版的方法。在其他操作系统上的安装方法基本类似，可参照本小节。

安装金蝶 KIS 专业版服务器端时需要对环境进行检测，检测是否已经安装了数据库（MS SQL Server\MSDE），若检测到没有安装可用的数据库，则安装程序将自动安装 MSDE。

> **注意**
> 1. 如果并发用户少于 5 个用户，可以使用金蝶 KIS 专业版自带的 MSDE 数据库；如果希望获得更好的性能，建议使用中文版 SQL Server 数据库。
> 2. 在安装 SQL Server 并设置"身份认证模式"时，请选择混合模式。安装完数据库后请重新启动计算机。

在本书中我们使用 MSDE 数据库，并且采用系统安装模式同步安装金蝶 KIS 专业版软件，安装步骤如下。

（1）将金蝶 KIS 专业版 V10.0 安装盘放入光驱，并进入光盘目录，双击"KIS Setup.exe"文件，系统弹出"金蝶 KIS 专业版 V10.0 安装程序"向导窗口，如图 3-1 所示。

（2）为了保证系统的使用性能，先进行"环境检测"操作。单击向导窗口中的"环境检测"项目进行系统环境的检测，系统环境检测后会弹出"金蝶 KIS 专业版环境检测"窗口，单击窗口中的"确定"按钮，开始安装系统所缺少的组件，安装完成后，系统会弹出"系统已经符合安装条件"提示窗口。

（3）单击图 3-1 中的"安装金蝶 KIS 专业版"项目，系统经过检测后进入"欢迎使用"向导窗口，如图 3-2 所示。

（4）单击"下一步"按钮，系统进入"许可证协议"窗口，如图 3-3 所示。

图 3-1　金蝶 KIS 专业版安装向导窗口

图 3-2　"欢迎使用"向导窗口

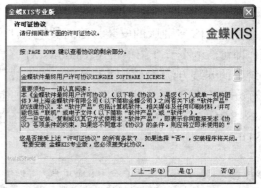

图 3-3　"许可证协议"窗口

（5）单击"下一步"按钮，系统进入"信息"窗口，如图 3-4 所示。

（6）单击"下一步"按钮，系统进入"客户信息"录入窗口，可以保持系统默认值，如图 3-5 所示。

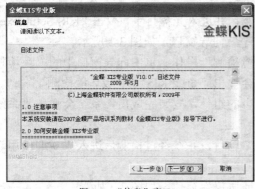

图 3-4　"信息"窗口

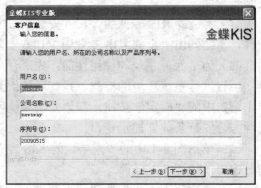

图 3-5　"客户信息"录入窗口

（7）单击"下一步"按钮，系统进入"选择目的地位置"窗口，如图3-6所示。

（8）安装目的地保持默认值，单击"下一步"按钮，系统进入"选择组件"窗口，如图3-7所示。

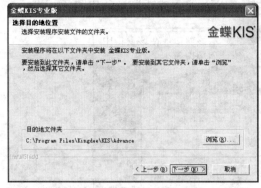 

图3-6 "选择目的地位置"窗口　　　　　图3-7 "选择组件"窗口

说明　在"选择组件"窗口中，用户可以根据实际所需要的进行选择安装。

（9）选择所有组件，单击"下一步"按钮，系统开始安装，安装进度如图3-8所示。同步安装"MSDE"数据库系统，如图3-9所示。

图3-8 安装进度　　　　　图3-9 "MSDE"数据库自动安装

（10）安装并且文件注册完成后，系统弹出"安装完毕"窗口，如图3-10所示。

当系统显示"完装完毕"窗口时，同时进行演示账套的恢复，恢复完成后，系统弹出恢复完毕窗口，如图3-11所示。

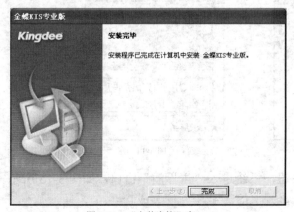 

图3-10 "安装完毕"窗口　　　　　图3-11 "恢复完毕"窗口

3.1.3 会计软件登录

金蝶 KIS 专业版安装成功后，需要重启计算机。计算机重启成功后，会在任务栏中运行"KIS 加密服务器"，只有加密服务器运行后，金蝶 KIS 专业版才能登录，如图 3-12 所示。

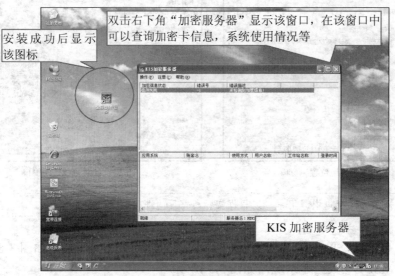

图 3-12 安装成功后的界面

金蝶 KIS 专业版的登录方法如下。

双击桌面"金蝶 KIS 专业版"图标或者选择【开始】→【程序】→【金蝶 KIS 专业版】→【金蝶 KIS 专业版】，系统弹出"登录"窗口，如图 3-13 所示。

- 用户名：录入操作员名称。Manager 为"KIS 演示账套"的默认用户，密码为空。
- 密码：录入登录用户的密码。
- 登录到：显示当前登录的账套信息，在哪台服务器上，账套名称是什么。例如，NEWSWAY\KIS 演示账套，表示该账套存放于 NEWSWAY 服务器上，账套名称为 KIS 演示账套。单击"登录到"右侧的"（获取）"按钮，系统会弹出账套选择窗口，如图 3-14 所示。

图 3-13 "登录"窗口

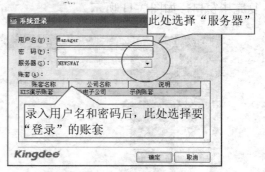

图 3-14 账套选择窗口

在此保持默认值，单击"确定"按钮，系统进入"主界面"窗口，如图 3-15 所示。

当能登录到主界面时，才能确认"金蝶 KIS 专业版"安装成功。

金蝶 KIS 专业版具有简洁、快速入门和人性化 3 个特点。

第3章 会计软件的安装与核算账套管理

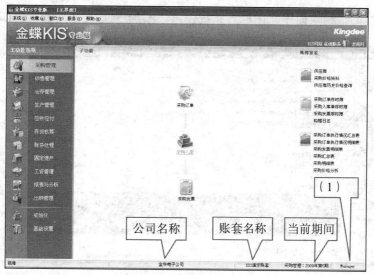

图 3-15 "主界面"窗口

● **简洁**：是指系统分为 3 大类，窗口左侧为"主功能选项"，如账务处理、报表与分析、采购管理和生产管理等主功能；窗口中部为对应主功能下的"子功能"；窗口右侧为对应主功能下的基础资料和各种报表。

● **快速入门**：为了用户能快速轻松地使用金蝶 KIS 专业版，系统按照单据流转顺序已经做好流程图放置在窗口中部的"子功能"下。

● **人性化**：金蝶 KIS 专业版窗口颜色搭配、图形放置都遵循了人性化。

单击窗口右上角的"关闭"按钮或者单击菜单【系统】→【退出系统】，金蝶 KIS 专业版软件关闭。

3.1.4 会计软件的修改、修复和删除

因为某种原因需要修改、修复或删除金蝶 KIS 专业版时，可按以下方法操作。

（1）单击【开始】→【设置】→【控制面板】，系统弹出"控制面板"窗口，如图 3-16 所示。

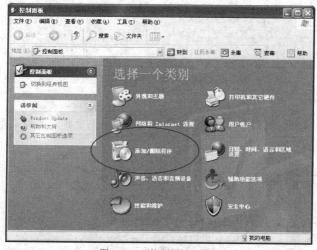

图 3-16 "控制面板"窗口

（2）单击"添加/删除程序"图标，系统弹出"添加/删除程序"窗口，如图3-17所示。

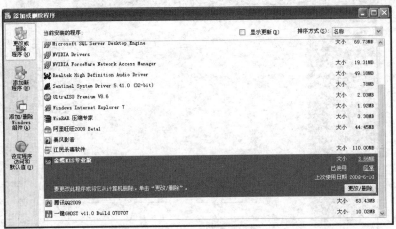

图3-17 "添加/删除程序"窗口

（3）选中"修改、修复、删除"的程序名，如"金蝶KIS专业版"项，再单击"更改/删除"按钮，系统弹出"修改、修复或删除程序"窗口，如图3-18所示。

（4）根据实际需要选择"修改"、"修复"或"删除"项，单击"下一步"按钮，再根据向导窗口提示即可完成操作。

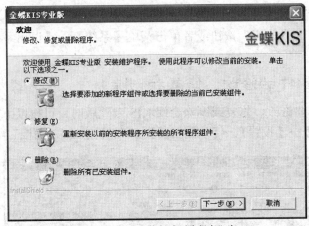

图3-18 "修改、修复或删除程序"窗口

注意 在做修改、修复、删除时，一定要先备份好所需的账套，以免造成不必要的损失。

3.2 核算账套管理

3.2.1 金蝶KIS专业版操作流程图

在使用金蝶KIS专业版之前，用户首先需要了解它的操作流程，流程图如图3-19所示。

在使用金蝶 KIS 专业版进行业务处理之前，首先要建立账套。账套建立成功后进行系统设置，系统设置包含系统参数设置、基础资料设置和初始数据录入。系统参数是与账套有关的信息，如会计期间的设置、财务系统从哪个会计期间开始启用、凭证过账前是否需要审核以及各种单据预警的设置等；基础资料是录入业务单据时要获取的基础数据，如会计科目、客户资料等；录入账套启用会计期间的初始数据，如会计科目的期初数据和累计数据。检查数据是否正确，是否符合启用要求，如果符合，则可以结束初始化并启用账套。然后，可以进行日常的业务处理，

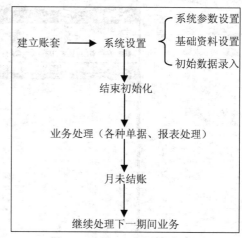

图 3-19　金蝶 KIS 专业版操作流程

如凭证录入、应收/应付账款的处理、固定资产的管理等，系统根据已保存的单据数据可生成相应的报表。每个月的业务工作处理完成后，可以进行月末结账，进入下一会计期间继续处理业务。

3.2.2　核算账套的建立

会计电算化就是指用计算机代替人工进行账务、业务处理等工作。因此用户必须建立一个账套文件，用来存放公司的财务和业务资料，以便于使用计算机进行处理。

账套是一个数据库文件，存放所有的业务数据资料，包含会计科目、凭证、账簿、报表和出入库单据等内容，所有工作都需要登录账套后才能进行。一个账套只能做一个会计主体（公司）的业务，金蝶软件对账套的数量没有限制，也就是说一套金蝶 KIS 专业版可以处理多家公司的账务。

> **注意**　若是使用网络版，则账套管理在"服务器"计算机上使用。

> **例**　深圳市成功飞越有限公司是一家专业开发、生产、销售各类礼品笔的公司，该公司将于 2009 年 6 月使用金蝶 KIS 专业版 10.0 整套系统，记账本位币为"人民币"。建立该核算账套，操作步骤如下。

（1）单击【开始】→【程序】→【金蝶 KIS 专业版】→【工具】→【账套管理】，系统弹出"账套管理登录"窗口，如图 3-20 所示。

（2）用户名默认为"Admin"，密码为空。单击"确定"按钮系统进入"账套管理"窗口，如图 3-21 所示。

在"账套管理"窗口中可以对核算账套进行建立、备份、恢复和删除等操作。

（3）开始建立核算账套。单击工具栏上的"新建"按钮，系统弹出"新建账套"窗口，如图 3-22 所示。

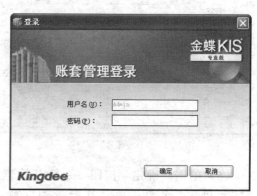

图 3-20　"账套管理登录"窗口

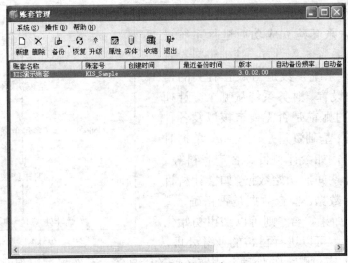

图 3-21 "账套管理"窗口

- 账套号：所建立核算账套在后台数据库显示的编号，建议采用默认值。
- 账套名称：在登录金蝶 KIS 专业版时显示的名称。
- 数据库路径：单击该项目右侧的">"按钮设置账套所保存的位置。
- 公司名称：录入账套实体的公司名称，建议全称，在单据、报表输出时可以使用上。
- 账套描述：对账套进行描述。

新建账套窗口所有带"*"号的项目为必须设置项目，不带"*"号的项目是否录入，管理者可视管理要求进行。

（4）账套号保持默认值，账套名称录入"成功飞越公司"，数据库路径可单击">"按钮来设置默认文件夹，公司名称录入"深圳市成功飞越有限公司"，如图 3-23 所示。

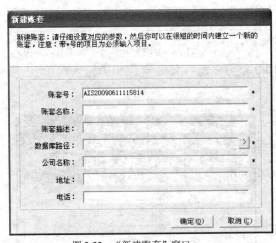

图 3-22 "新建账套"窗口

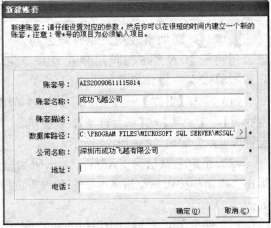

图 3-23 账套信息窗口

（5）单击"确定"按钮，系统开始建立账套。稍后系统弹出"新建账套成功"提示，单击"确定"按钮，在"账套管理"窗口中可以看到建立成功的账套信息，如图 3-24 所示。

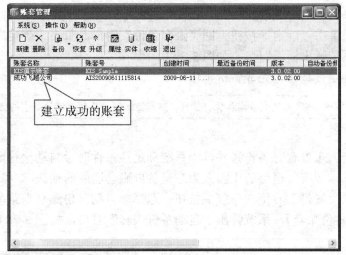

图 3-24 新建成功的账套

3.2.3 备份账套

操作软件时,为了防止数据出错或发生意外(如硬盘损坏、计算机中毒),需要随时备份数据,以便恢复时使用。

备份工作可以随时进行,笔者建议每周备份一次。在下列情况下必须做备份。

(1)每月结账前和账务处理结束后。

(2)更新软件版本前。

(3)进行会计年度结账时。

金蝶 K/3 提供了两种备份方法:手工备份和自动备份。

1.手工备份

下面以备份"成功飞越公司"账套为例,介绍手工备份的具体步骤。

(1)在"账套列表"中选中"成功飞越公司"账套,单击工具栏中"备份"右侧向下箭头按钮,系统弹出手工备份账套或自动备份账套下拉菜单,如图 3-25 所示。

(2)选择"手工备份账套"选项,或者单击菜单【操作】→【手工备份账套】,系统弹出"账套备份"窗口,如图 3-26 所示。

图 3-25 账套备份菜单

图 3-26 "账套备份"窗口

（3）单击"备份路径"右侧的"》"按钮，系统弹出"选择数据库文件路径"窗口，采用默认保存路径，单击"确定"按钮返回"账套备份"窗口。单击"确定"按钮，系统开始备份数据，稍后系统弹出提示窗口，如图 3-27 所示。

（4）单击"确定"按钮，完成备份工作。

> **注意** 一定要记住图 3-27 中的文件名和保存位置，这是要复制到外部存储设备上的文件。

2. 自动备份

自动备份是指人工设置好备份条件，当系统满足该条件时会自动进行账套的备份工作。该方式即可提高工作效率，也可防止因人为忘记备份账套造成的损失。

单击工具栏上"备份"右侧向下箭头按钮，选择"自动备份账套"菜单，或者单击菜单【操作】→【自动备份账套】，系统弹出"自动备份账套"窗口，如图 3-28 所示。

图 3-27　备份成功提示窗口

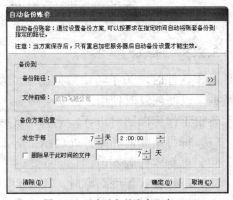

图 3-28　"自动备份账套"窗口

- **备份路径**：设置自动备份时保存的位置。
- **发生于每…天**：设置每隔几天，在什么时间段上开始备份。建议设置为每 1 天备份，即每天都要备份，备份最好不要选择使用金蝶 KIS 专业版的时间，如 12 点至 13:30，或者下午下班之后的时间。
- **删除早于此时间的文件**：为了保持硬盘空间，设置删除早于几天的备份文件，建议设置为 5 天及以上的时间。

账套自动备份方案设置完成并保存后，系统检测到系统时间已经符合间隔时间，则会自动在后台备份账套数据。

> **注意** 要想自动备份方案执行，在所设置的备份时间段，服务器必须处于开机状态。

3.2.4　恢复账套

如果账套出错，可利用"恢复账套"功能将备份文件恢复成账套文件，再继续进行账套处理。下面以将刚才"成功飞越公司"备份文件恢复为"123"账套为例，介绍"恢复账套"的方法，操作步骤如下。

（1）单击工具栏上的"恢复"按钮，或单击菜单【操作】→【恢复账套】，系统进入"恢复账套"窗口，如图 3-29 所示。

（2）选择刚才备份的文件"F 成功飞越公司_20090611.dbb"文件，账套号修改为"abc"，"账套名称"改为"abc"，如图 3-30 所示。

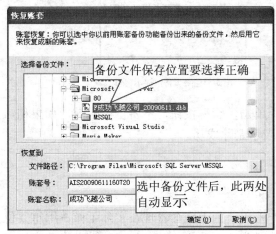
图 3-29 "恢复账套"窗口

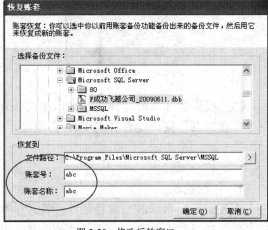
图 3-30 修改后的窗口

（3）单击"确定"按钮，稍后系统弹出恢复成功"提示"窗口，如图 3-31 所示。

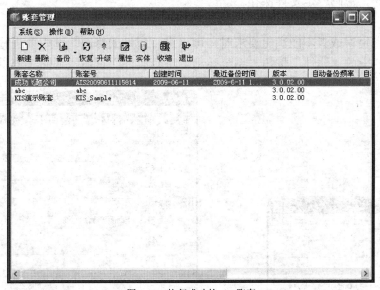
图 3-31 恢复成功的 abc 账套

注意 恢复账套时，"账套号"、"账套名"不能与系统内已存有的"账套号"、"账套名"相同。

3.2.5 删除账套

可以将不再使用的账套从系统中删除，以节约硬盘空间。下面以删除"abc"账套为例，介绍删除账套的操作步骤。

（1）选中"abc"账套，单击工具栏上的"删除"按钮，或单击菜单【操作】→【删除账套】功能，系统弹出信息提示窗口，如图 3-32 所示。

（2）单击"是"按钮，系统弹出提示是否备份的窗口，如图 3-33 所示。

图 3-32　是否删除提示窗口　　　　　　　图 3-33　是否备份提示窗口

（3）根据实际情况选择提示窗口中的按钮。单击"否"按钮，不备份该账套。如果稍后在"账套列表"窗口没有看到"abc"账套，则表示删除成功。

3.2.6　常用功能介绍

1. 修改密码

修改密码是指修改当前登录账套管理的用户密码。由于账套管理在实际工作占用重要位置，为了确保账套安全，防止恶意删除账套等事件发生，需要对"Admin"用户修改密码。单击菜单【系统】→【修改密码】功能，系统弹出"更改密码"窗口，如图 3-34 所示。

在窗口中输入旧密码后，再输入新密码并重新在"确认密码"框输入新密码，即可达到修改密码的目的。密码一定妥善保存。

2. 属性

当账套信息错误或者不能满足要求时，可以进行属性的修改。选中要进行属性修改的账套，单击工具栏上的"属性"按钮，系统弹出"账套属性"窗口，如图 3-35 所示。

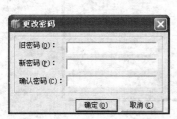
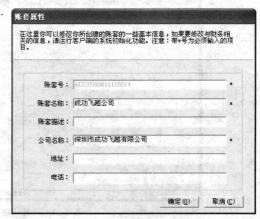

图 3-34　"更改密码"窗口　　　　　　　图 3-35　"账套属性"窗口

在账套属性窗口，除"账套号"外，其他项目都可以自由修改，如公司名称等。

3. 升级账套

当使用的是金蝶 KIS 专业版 10.0 以下版本，想转移到 V10.0 版本上使用时，低版本账套必须经过"升级"后才能使用。方法是选中要升级的账套，单击工具栏上的"升级"按钮，或选择菜单【操作】→【升级账套】功能即可。

4．结转账套

金蝶 KIS 专业版产品允许跨年度连续使用同一个账套。考虑到部分企业习惯于每年结转一个账套并封存，第二年重新启用新账套，同时如果企业业务量较大，账套文件大小增加较快，因此金蝶 KIS 专业版产品提供"结转到新账套"的功能，实现年终以及数据库过大时结转新账套功能。

在账套管理界面选中需要结转的账套，单击【操作】→【结转到新账套】功能，系统弹出"结转数据到新账套"窗口，如图 3-36 所示。

正确填写目标账套号和目标账套名（即新生成的账套），以及目标账套文件存放的路径，单击"结转"按纽完成新账套结转。

结转到新账套的必要条件有如下 3 条。

（1）当前业务期间必须大于财务期间，结转到新账套后，财务期间为当前财务期间的下一期间。由于新账套将会结转到当前财务期间的下一个期间，并成为新账套的财务系统启用期间，财务系统需要重新结束初始化，但业务系统则不需要重新结束初始化，比较完整地保持了一致性，因此要求当前业务系统事先结转到当前财务期间之后。

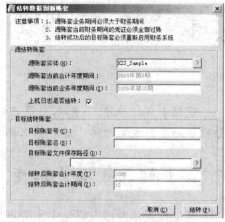

图 3-36　"结转数据到新账套"窗口

（2）当前财务期间的总账系统中一些必要的操作：固定资产已经全部计提完折旧；当期损益已经全部结转；当期已经完成了调汇；所有凭证都已经过账。

（3）结转成功后，财务系统需要重新结束初始化。

3.3　习题

（1）安装 KIS 专业版 10.0 需要的硬件环境和软件环境。

（2）只有在什么任务启动后，金蝶 KIS 专业版才能登录？

（3）请描述金蝶 KIS 专业版操作流程。

（4）账套文件的定义是什么？金蝶 KIS 专业版对账套数量是否有限制？

（5）备份的方法有几种？

3.4　上机实训

（1）练习金蝶 KIS 专业版 10.0 的安装和卸载。

（2）练习金蝶 KIS 专业版的登录。

（3）自行建立一个核算账套，信息如下：

账套号：随机生成。

账套名称：追求卓越公司。

数据库路径：自由选择。

公司名称：深圳市追求卓越有限公司。

第 4 章 基础设置

学习重点

通过本章的学习，了解基础设置的重要性，了解会计软件运行时应该进行哪些基础设置，每项基础资料设置时对系统有什么影响，以及基础资料的设置方法。

4.1 基础设置准备工作

基础设置是会计电算化中十分重要的工作，它是整个会计电算化工作的基础。系统设置的好坏，将直接影响到会计电算化的运作质量。清晰的科目结构、准确的数据关系，会使用户在账套启用后的日常处理和财务核算工作中思路顺畅、问题处理简捷。

系统设置流程如下所示：准备工作→系统参数设置→基础资料设置。

充足的准备是基础设置顺利进行的基础。下面以"成功飞越公司"账套的基础设置数据为例介绍基础设置准备工作。基础设置通常要准备以下内容。

（1）要使用哪些模块？金蝶 KIS 专业版的使用模式，即可以整套系统同步使用模式，达到数据共享、快速核算和轻松决策分析的目的；也可以只使用财务模块及财务模块中的部分系统，或者只使用业务模块及业务模块的部分系统模式，该模式可以达到降低初步使用会计软件失败的风险，降低前期投入财力、人力的成本。

只有明确要使用什么模块后，在基础设置时才能知道哪些项目需要设置，应该如何设置等。例如，只使用财务模块时，仓库、物料和 BOM 等就可以不用设置，以减少不必要的操作。

在"成功飞越公司"账套中将使用金蝶 KIS 专业版整套系统中的模块。

（2）从什么会计期间开始启用账套？只有确定会计期间后，再根据会计期间准备期初数据和期初资料。

本书实例账套将从 2009 年 6 月启用，期初数据为 2009 年 5 月的期末数据。

（3）有无外币业务，如果有，将外币档案录入系统。也可以在实际有外币业务发生的时候录入系统。本书外币档案见表 4-1 所示。

表 4-1　　　　　　　　　　　　币别

币别代码	币别名称	记账汇率
HKD	港币	0.8813

（4）有哪些计量单位？当要使用业务系统时，计量单位档案一定要完整准备，特别是当

企业核算时有双计量单位时,计量单位档案设置要正确。

本书实例账套要使用的计量单位档案如表 4-2 所示。

表 4-2 计量单位

组　　别	代　　码	名　　称	系　　数
重量组	01	公斤	1
	02	克	0.001
数量组	11	支	1
其他组	21	台	1
	22	辆	1

（5）客户档案、部门档案、职员档案、物料档案、仓库档案和供应商档案是否已准备好？

本书实例账套客户档案、部门档案、职员档案、物料档案、仓库档案和供应商档案见表 4-3～表 4-7 所示。

表 4-3 客户档案

代　　码	名　　称	信　用　额	结　算　期　限
01	深圳科林	20 000	30 天
02	东莞丽明		
03	深圳爱克		
04	深圳永昌		

表 4-4 供应商档案

代　　码	名　　称
01	深圳东星文化用品公司
02	深圳专一塑胶制造厂
03	深圳东方货运公司

表 4-5 部门、职员档案

部　　门		职　　员		
代码	名称	代码	姓名	部门
01	总经办	01	何成越	总经办
02	财务部	02	陈静	财务部
03	销售部	03	何陈钰	财务部
04	采购部	04	郝达	销售部
05	仓库	05	张琴	采购部
06	生产部	06	王平	仓库
07	品管部	07	张强	生产部
08	行政部	08	赵理	生产部
		09	李小明	生产部
		10	李大明	生产部
		11	王长明	品管部
		12	李闯	行政部

表 4-6　　　　　　　　　　　　　　　仓库档案

代　码	名　称
01	原材库
02	半成品库
03	成品库
04	包装物库

表 4-7　　　　　　　　　　　　　　　物料档案

物料大类	1. 原材料						2. 半成品	3. 产成品
代码	1.01	1.02	1.03	1.04	1.05	1.06	3.01	3.02
名称	笔芯	笔壳	笔帽	笔芯	笔帽	纸箱	圆珠笔	圆珠笔
规格型号	蓝色		蓝色	红色	红色	500PCS 装	蓝色	红色
物料属性	外购	外购	外购	外购	外购	外购	自制	自制
计量单位组	数量组	数量组	数量组	数量组	数量组	数量组	数量组	数量组
基本计量单位	支	支	支	支	支	支	支	支
计价方法	加权平均法							
存货科目代码	1403	1403	1403	1403	1403	1403	1405	1405
销售收入科目代码	6001	6001	6001	6001	6001	6001	6001	6001
销售成本科目代码	6401	6401	6401	6401	6401	6401	6401	6401

（6）会计科目采用何种类型？明细科目是否已准备？当金蝶 KIS 专业版建立账套时，会计科目档案为空，需要用户根据自己公司的情况，引入所需要会计科目档案即可。当会计科目引入后，作为明细级科目，如管理费用下的差旅费、电话费等则需要手工录入，为了录入会计科目井然有序，建议准备好要使用的明细级科目档案。

本书实例账套要使用"新会计准则"类科目，明细级科目见表 4-8～表 4-10。

表 4-8　　　　　　　　　　　　现金和银行存款科目

科目代码	科目名称	币别核算	期末调汇
1001.01	人民币	否	否
1001.02	港币	单一外币（港币）	是
1002.01	工行东桥支行 125	否	否
1002.02	人行东桥支行 128	单一外币（港币）	是

表 4-9　　　　　　　　　　往来科目（适合总账单独使用设置）

科目代码	科目名称	核算项目
1122	应收账款	客户
1123	预付账款	供应商
2202	应付账款	供应商
2203	预收账款	客户

表 4-10　其他科目

科目代码	科目名称	科目代码	科目名称	科目代码	科目名称
1601.01	办公设备	5101.03	折旧费	6602.04	伙食费
1601.02	机械设备	5101.04	员工福利费	6602.05	管理员工资
1601.03	运输类	5101.05	员工工资	6602.06	折旧费
4001.01	何成越	6601.01	差旅费	6602.07	其他
4001.02	王成明	6601.02	运输费	6602.08	社会保险费
5001.01	基本生产成本	6601.03	业务招待费	6602.09	福利费
5001.01.01	直接材料	6601.04	折旧费	6602.10	坏账损失
5001.01.02	直接人工	6601.05	业务员工资	6603.01	利息
5001.01.03	制造费用转入	6602.01	差旅费	6603.02	银行手续费
5101.01	伙食费	6602.02	业务招待费	6603.03	调汇
5101.02	房租水电费	6602.03	办公费		

4.2　基础设置

基础设置内容包括：会计科目、币别、凭证字、计量单位、结算方式、核算项目、采购价格资料、销售价格资料、BOM、物料辅助属性、辅助资料、收支类别、系统参数、单据设置、条形码规则、条形码关联、用户管理和上机日志。

进行基础设置时必须登录到正确的账套，在此登录"成功飞越公司"账套。双击桌面"金蝶 KIS 专业版"图标，系统弹出"系统登录"窗口，如图 4-1 所示。

每次打开"系统登录"窗口时，会显示最后一次登录的操作员和该操作员最后一次处理的账套名称。

单击"登录到"右侧的"（获取）"按钮，系统进入选择账套窗口，如图 4-2 所示。

图 4-1　"系统登录"窗口

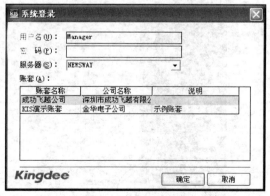

图 4-2　"选择账套"窗口

选中"成功飞越公司"账套，单击"确定"按钮，系统进入金蝶 KIS 专业版"主界面"窗口，状态栏中显示的账套名称为"成功飞越公司"，表示登录正确，如图 4-3 所示。

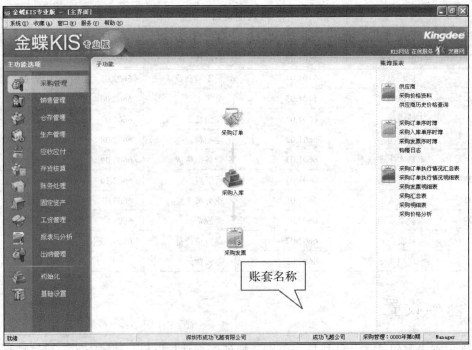

图 4-3 成功飞越公司账套

单击窗口左侧下部"主功能选项"下的"基础设置"选项,系统切换到"基础设置"项目选择窗口,如图 4-4 所示。

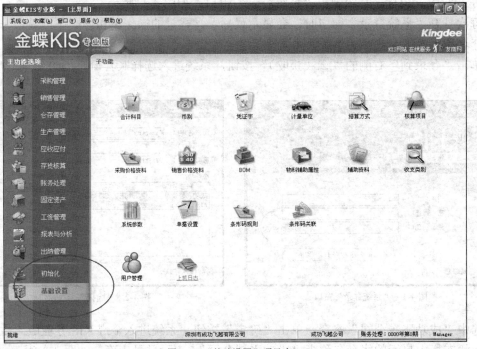

图 4-4 "基础设置"项目窗口

4.2.1 系统参数

系统参数是针对本账套中的各模块参数进行设置,如对财务模块从什么时候启用,是否要启用业务模块,凭证过账前是否需要审核等进行设置。

单击【基础设置】→【系统参数】图标,系统弹出"系统参数"设置窗口,如图 4-5 所示。

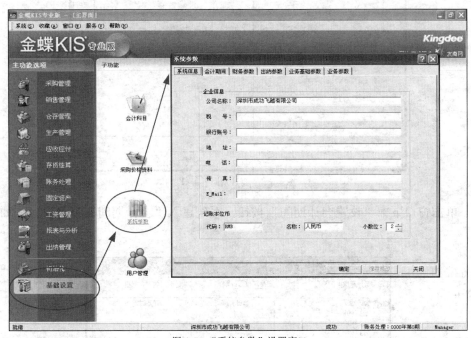

图 4-5 "系统参数"设置窗口

系统参数包括系统信息、会计期间、财务参数、出纳参数、业务基础参数和业务参数 6 个选项卡。

1. 系统信息

"系统信息"选项卡用于重点显示当前账套的基本信息,如公司名称和记账本位币等,如图 4-5 所示。

- **公司名称**:本账套的公司名称,手工输入,必录项。
- **记账本位币**:账套的记账本位币信息,一旦确定就不可以再修改。

税号、银行账号、地址、电话、传真、E-mail 都为本账套实体的信息,是否录入视公司管理要求而定。

2. 会计期间

"会计期间"选项卡是对本账套要使用的会计期间进行设置,如每一会计年度使用 12 个期间,还是 13 个期间,每一个期间的起始日期和终止日期如何设置等。

"成功飞越公司"账套采用自然月期间,设置步骤如下。

(1)单击"会计期间"选项卡,切换到会计期间窗口,如图 4-6 所示。

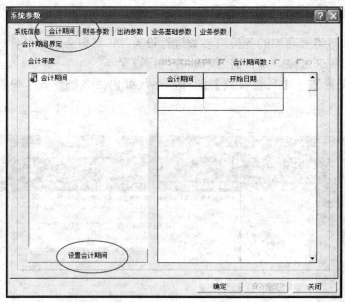

图 4-6 "会计期间"窗口

（2）单击窗口下部"设置会计期间"按钮，系统进入"会计期间"设置窗口，如图 4-7 所示。

图 4-7 "会计期间"设置窗口

- **启用会计年度**：设置账套的启用会计年度。
- **自然年度会计期间**：选中此项，按照自然年度会计期间设置，如 1 年 12 个期间，第 1 个期间为 1 月 1 日至 1 月 31 日，依次类似。不选中此项，可以自由设置期间数。
- **会计期间数**：当"自然年度会计期间"不选中时，可以设置期间为 12 个或 13 个期间，并且在"开始时间"列，可以自由设定起始时间。如有些企业的核算时间段为本月 25 日至次月 25 日为一个核算期间。

（3）在此启用会计年度设置为"2009"，选中"自然年度会计期间"项，单击"确认"

按钮,系统返回"系统参数"窗口,会计期间设置成功的窗口如图4-8所示。

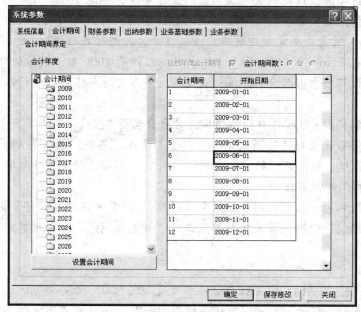

图4-8 "会计期间"设置成功窗口

3. 财务参数

"财务参数"选项卡是针对财务模块的启用期间,各模块的选项控制进行设置,如凭证过账前是否需要审核、账簿余额方向与科目设置的余额方向是否相同,以及固定资产系统是否需要计提折旧等进行控制。

单击"财务参数"选项卡,切换到"财务参数"设置窗口,如图4-9所示。

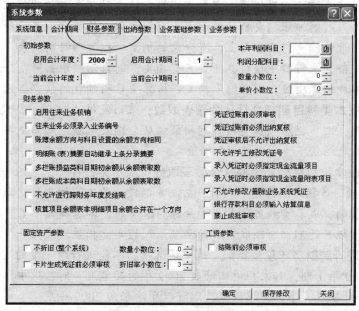

图4-9 "财务参数"设置窗口

(1) 初始参数。
- **启用会计年度**：设定财务模块启用的会计年度，不能小于会计期间最小年度。
- **启用会计期间**：设定财务模块启用的会计期间，可以是当前会计年度的任意期间。当确定启用期间时，就是在确定期初数据应该取自什么时间段的数据。例如，"成功飞越公司"账套的启用会计期间设置为"6"，则表示期初数据应该是2009年5月份的期末数据。
- **当前会计年度、当前会计期间**：查询、反应当前财务模块已经结账到什么年度的什么期间。
- **本年利润科目**：当软件自动结转损益时会自动将"损益"类科目下的余额结转到"本年利润"科目。若不设置则结转损益凭证需以手工录入。单击 ▣（获取）"按钮，系统弹出"会计科目"窗口，选择正确的"本年利润"科目，单击"确定"按钮即可。如果要自动结转损益凭证，则必须设置该项。
- **利润分配科目**：指定利润分配的会计科目，"以前年度损益调整"的结转到该科目。
- **数量、单价、位数**：涉及物料类凭证以"数量金额式"进行核算时，数量和单价的小数位数。

(2) 财务参数。
- **启用往来业务核销**：设置往来会计科目是否进行往来业务核销。选中该项，则录入该科目凭证时录入业务编号，核销时系统会根据同一业务编号的不同方向发生额进行核销处理。该选项适用于单独使用"账务处理"系统的用户。
- **往来业务必须录入业务编号**：有设置往来业务核算的会计科目在凭证录入时必须录入业务编号。该选项适用于单独使用"账务处理"系统的用户。
- **账簿余额方向与科目设置的余额方向相同**：选中该项，则在账簿显示时，账簿的余额方向始终与同科目余额的方向一致，如果不同，则以负数显示；反之，当余额方向与科目设置的余额方向相反时，则显示科目余额的方向，金额始终为正数。
- **明细账（表）摘要自动继承上条分录摘要**：选中该项，查询明细账时，如果凭证中该条分录没有摘要，则明细账摘要自动继承上条有摘要分录的摘要。不选择该项，则自动继承凭证中第一条分录的摘要，而不是上条有分录的摘要。核算项目明细表在不选择该选项的情况下，如果第一条分录科目下挂核算项目且有摘要，则自动继承第一条分录的摘要，如第一条分录科目下不挂核算项目，则不继承摘要，核算项目明细表的摘要栏为空。
- **多栏账成本类科目期初余额从余额表取数**：采用表结法时，通常不是每一期都会结转损益，选中此项，则多栏账损益类科目期初余额从余额表取数，从而使多栏式明细账损益类科目期初余额在表结法下能对应正确取数。
- **多栏账成本类科目期初余额从余额表取数**：成本类科目处于未结平的状态时（余额不为零），选中此项，多栏式明细账取数时，左边多栏式与具体明细栏目的期初余额取自初始余额录入的期初余额。成本类科目已结平（余额为零）时，不选择该参数，左边多栏式余额为零，但具体明细栏目的期初余额取自初始余额录入的实际损益发生额。
- **不允许进行跨财务年度反结账**：选中该选项，不能进行跨年度的反结账。例如，目前期末结账到2010年1期，如果想返回修改2009年的某笔业务时，选中该选项，则不能反结账回2009年会计年度，不选中该选项，则可以反结账回2009年度。
- **核算项目余额表非明细项目余额合并在一个方向**：选中该选项，核算项目余额表按照其明细级核算项目的余额汇总后,如果既有借方余额又有贷方余额,需要以借贷方的差额填列,填列方向选取差额的正数方向。如果选择了系统选项"账簿余额方向与科目设置的余额方向相同",则此选项的作用就会失效。

- **凭证过账前必须审核**:为了保证凭证的正确性,凭证需要审核后方能过账。若不选择该项,则未审核的凭证也可以过账。建议勾选此选项。
- **凭证过账前必须出纳复核**:选中此选项,凭证需要出纳复核后方能过账。若不选择该项,则未复核的凭证也可以过账。
- **凭证过账前必须核准**:凭证需要核准后方能过账,若不选择该项,则未核准的凭证也可以过账。
- **不允许手工修改凭证号**:选中该选项,将不允许操作员手工修改凭证号。
- **录入凭证时必须指定现金流量项目**:选中该选项,当录入凭证时的会计科目有设置现金流量属性时,必须录入会计科目所属的现金流量项目。
- **录入凭证时必须指定现金流量附表项目**:选中该选项,则在凭证录入时,系统会提示录入"现金流量附表项目",反之,可以不录入附表项目。
- **不允许修改/删除业务系统凭证**:选中该项,如果有非"账务处理"模块录入的凭证,在账务处理模块中只能查看,不能修改和删除。
- **银行存款科目必须输入结算信息**:选中该选项,在凭证录入时,如果是银行科目的业务,则必须录入该业务的结算方式和结算号。
- **禁止成批审核**:选中该选项,在凭证审核时必须单张审核。

(3)固定资产参数。

- **不折旧(整个系统)**:选中该选项,固定资产中的卡片不需要计提折旧。例如,行政事业单位对固定资产不需要计提折旧,则可以选择此选项。
- **折旧率小数位**:可以根据企业固定资产管理的需要自定义折旧率的小数位精度,系统默认为3位小数位。
- **数量小数位**:用户可以根据企业固定资产管理的需要自定义固定资产数量的小数位精度,系统默认为0位小数位。
- **卡片生成凭证前必须审核**:如果需要加强固定资产管理业务的审核监督,则可以选择此参数,由资产管理主管对固定资产卡片的新增、变动、清理业务进行审核后,再进行后续业务处理。如果该业务没有审核,则不能生成相关凭证。

(4)工资参数。

- **结账前必须审核**:选中该选项,则在工资系统结账前必须对工资进行审核,若未审核,则不能结账,系统会提示:还有工资数据未审核,请先进行工资数据审核后再结账。反之,则对工资管理系统的结账不进行审核控制。

(5)实例账套"财务参数"设置。

- 启用会计期间设置为"6"期;
- 本年利润科目获取"4 103";
- 利润分配科目获取"4 104";
- 选中"凭证过账前必须审核";
- 选中"卡片生成凭证前必须审核";

● 选中工资参数中的"结账前必须审核"。

参数设置成功后的窗口，如图4-10所示。

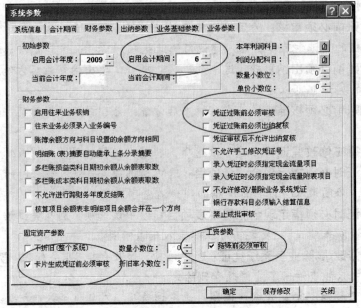

图4-10 参数设置成功的窗口

> **注意** 本年利润科目和利润分配科目未设置是因为系统中暂时未引入会计科目档案，待引入会计科目档案后，再返回来修改正确的科目即可。

4. 出纳参数

"出纳参数"选项卡是针对出纳模块的控制，如对启用会计期间与总账对账期末余额不等时不允许结账等进行控制。

单击"出纳参数"选项卡，切换到"出纳参数"窗口，如图4-11所示。

● **启用会计年度、启用会计期间**：设置"出纳管理"模块的启用会计年度和会计期间，以确定当使用出纳系统时，要录入什么期间的期初数据。

出纳系统的启用期间可以不与财务参数中的启用期间同步。

● **当前会计年度、当前会计期间**：查询"出纳管理"模块已经结账到什么期间。

● **自动生成对方科目日记账**：在现金日记账中新增，对方科目有现金、银行存款科目时，不自动生成该现金、银行存款科目的日记账；同样的，在银行存款日记账中新增，对方科目有现金或银行存款科目时，也不会自动生成该现金或银行存款科目的日记账。

● **与总账对账期末余额不等时不允许结账**：出纳管理系统在结账时，系统判断银行日记账与现金日记账所有科目以及科目的所有币别与总账的对应科目和币别的余额是否相等，只有相等的情况下才允许结账。

● **允许从总账引入日记账**：选中该选项，则可以从总账引入现金日记账和银行存款日记账。反之，则双击"总账数据-引入日记账"提示"没有选择"允许从总账引入日记账"参数，禁止从总账引入日记账"，不可操作，同时现金日记账和银行存款日记账的引入按钮和文件菜单中从总账引入日记账都应为灰。

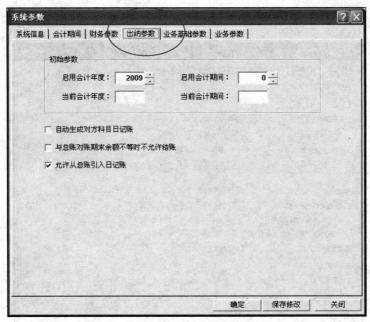

图 4-11 出纳参数窗口

实例账套"出纳参数"设置如下。
- 启用会计期间设置为"6"期；
- 选中"与总账对账期末余额不等时不允许结账"项。

参数设置成功的窗口，如图 4-12 所示。

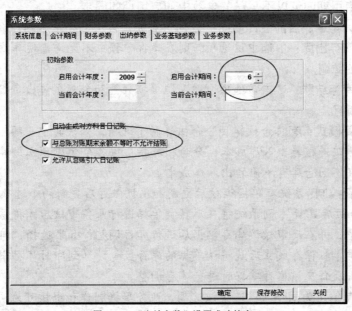

图 4-12 "出纳参数"设置成功的窗口

5．业务基础参数

"业务基础参数"选项卡主要是针对采购、销售、仓存和生产模块的基础参数进行设置。如对启用会计期间、是否允许负库存出库和是否使用双计量单位等参数进行设置。

单击"业务基础参数"选项卡，切换到"业务基础参数"窗口，如图4-13所示。

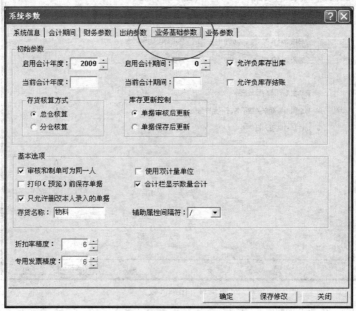

图 4-13 "业务基础参数"窗口

- **启用会计年度、启用会计期间**：设置"业务"模块的启用会计年度和会计期间，以确定当要使用业务系统时，要录入什么期间的存货期初数据。

业务系统的启用期间可以不与财务参数中的启用期间同步。

- **当前会计年度、当前会计期间**：查询"业务"模块已经结账到什么期间。
- **允许负库存出库**：不选中该选项，则在库存单据中不允许出现库存即时数量为负数的情况，反之，不控制。
- **允许负库存结账**：选中该选项，则系统单据数量和金额允许出负数，但系统控制不允许单价为负的情况。
- **存货核算模式**：有总仓核算和分仓核算两个选项，必选其中一项。总仓核算指：不同仓库的同一物料统一核算出入库成本；分仓核算指：按各个仓库独立核算，这样的话，就有可能同一物料在不同仓库有不同的出入库成本。
- **库存更新控制**：系统有单据审核后更新和单据保存后更新两个选项，必选其中一项。如果选择"单据审核后更新"，则系统将在库存类单据进行业务审核后才将该单据的库存数量计算到即时库存中，并在反审核该库存单据后进行库存调整；如果选择"单据保存后更新"，则系统将在库存类单据保存成立后就将该单据的库存数量计算到即时库存中，并在修改、复制、删除、作废、反作废该库存单据时进行库存调整。
- **审核和制单可为同一人**：选中该选项，业务单据制作和审核可为同一人；反之，则表示同一操作人员不能审核自己制作的单据。
- **使用双计量单位**：是指在业务处理时使用几种计量单位来衡量物料的收、发和结存。选中该选项，则系统在业务单据中显示两种计量单位，即基本计量单位和常用计量单位；否则在业务单据中只显示常用计量单位，系统默认为不选中。常用计量单位包括采购、仓存、销售计量单位，分别在采购、仓存、销售环节使用。

● **打印（预览）前保存单据**：选中该选项，系统提供打印（预览）单据前将单据自动保存。

● **合计栏显示数量合计**：用户要按企业物料的性质来决定是否选择该选项。在同一张单据录入和显示的物料可能因为性质的不同而采用不同的计量处理，所以合计这些物料的数量是没有意义的，此时就不应选中该选项；有的企业物料质检性质类似、计数方法也相同，就可以在数量合计栏显示纯数量合计，以满足一定的统计需要。

● **只允许修改本人录入的单据**：选中该选项，修改、删除单据保存时判断修改删除人和制单人是否为同一人，如果为同一人，则可以修改删除，不为同一人，则不可以修改删除。

● **存货名称**：根据用户录入数据在单据和报表显示存货名称，以满足不同类型用户的需要。建议工业用户录入物料，商业客户录入商品。

● **辅助属性间隔符**：物料辅助属性设置组合属性时，当组合属性的名称由系统自动生成时，基本辅助属性值将以此处设置的分隔符分开，分隔符可为"/"、"-"、","、"."，系统默认为"/"。在更改了间隔符后，新设置的组合辅助属性将按照新设间隔规则显示，以前已经设置的仍按照原间隔符规则显示。

● **专用发票精度、折扣率精度**：设置对应项目的小数位。

实例账套"业务基础参数"设置如下。

● 启用会计期间设置为"6"期；
● 取消选中"允许负库存出库"项。

参数设置成功的窗口，如图 4-14 所示。

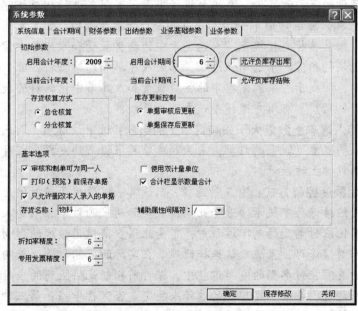

图 4-14 "业务基础参数"设置成功窗口

6. 业务参数

"业务参数"选项卡主要是针对采购、销售、库存和生产模块的详细参数进行设置。如对采购最高限价、应收和应付预警天数等进行设置。

单击"业务参数"选项卡，切换到"业务参数"窗口，如图 4-15 所示。

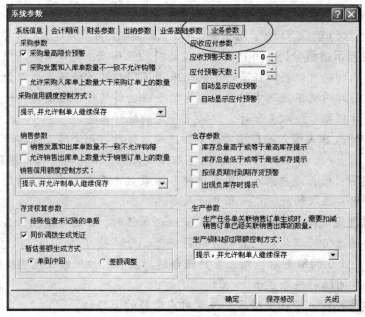

图 4-15 "业务参数"窗口

（1）采购参数。

● **采购最高限价预警**：选中该选项，则当用户在录入采购订单、采购发票，或者直接在采购价格管理中设置各类采购价格和折扣时，若某物料针对某供应商的采购单价超过了该供应商供货信息预设的采购最高价，系统会报警提示。否则在进行相应处理时不予提示。

● **采购发票和入库单数量不一致不允许钩稽**：选中该选项，如果入库单和发票物料匹配但数量不一致，则钩稽时直接提示"采购发票中的物料数量和入库单中该物料的数量不一致。分别是……无法钩稽！"。不选中该选项，如果入库单和发票物料匹配但数量不一致，则钩稽时的处理不变，即提示"采购发票中的物料数量和入库单中该物料的数量不一致，分别是……请确认是否钩稽？"有用户选择是或者否。

● **允许采购入库单上数量大于采购订单上的数量**：选中该选项，则采购入库单关联采购订单生成或者采购发票关联采购订单，采购入库单再根据采购发票生成时，允许采购入库单上数量大于采购订单上的数量。

● **采购信用额度控制方式**：有3种选择，只选其一。适用于针对供应商的信用额度管理。第一种选择是继续保存不提示。选择此项，在实际的采购订单、采购入库单、采购发票或其他付款单的其他应付类型的制单过程中，不受此供应商信用额度的影响；第二种选择是提示并允许制单人继续保存，系统默认选择此项。在实际的采购订单、采购入库单、采购发票或其他付款单的其他应付类型的制单过程中，保存前判断此供应商的应付账款余额是否超过信用额度，如果超过，系统根据用户的选择来决定是否保存单据；第三种选择是提示并不允许制单人保存。选择此项，在实际的采购订单、采购入库单、采购发票或其他付款单的其他应付类型的制单过程中，保存前判断此供应商的应付账款余额是否超过信用额度，如果超过，系统将不允许保存。

（2）销售参数。

● **销售发票和出库单数量不一致不允许钩稽**：选中此选项，如果出库单和发票物料匹配但本次钩稽数量不符，则钩稽不成功。不选中此选项，如果出库单和发票物料匹配但本次钩稽数量不符，则系统会提示有差异，但仍允许用户钩稽成功。

● **允许销售出库单上数量大于销售订单上的数量**：选中此选项，则销售出库单关联销售订单生成或者销售发票关联销售订单，销售出库在根据销售发票生成时，允许销售出库单上数量大于销售订单上的数量。

● **销售信用额度控制方式**：有3个选项，只能选其中一种。针对客户的信用额度管理。第一种选择是继续保存不提示。选择此项，在实际的销售订单、销售出库单、销售发票或其他收款单的其他应收类型的制单过程中，不受此客户信用额度的影响；第二种选择是提示并允许制单人继续保存，系统默认选择此项。在实际的销售订单、销售出库单、销售发票或其他收款单的其他应收类型的制单过程中，保存前判断此客户的应收账款余额是否超过信用额度，如果超过，系统根据用户的选择来决定是否保存单据；第三种选择是提示并不允许制单人保存。选择此项，在实际的销售订单、销售出库单、销售发票或其他收款单的其他应收类型的制单过程中，保存前判断此客户的应收账款余额是否超过信用额度，如果超过，系统将不允许保存。

（3）存货核算参数。

● **结账检查未记账的单据**：若所有的核算单据均需要生成凭证，核算系统的存货余额及发生额需要与总账系统的存货类科目保持一致时，则应选中此选项。系统会在期末结账前检查是否还有未记账的凭证，保证核算单据生成凭证的完整性。

此处只针对核算单据进行控制。应收、应付系统当期单据必须生成凭证，不需额外控制。因此控制对期末结账中对应收、应付单据的判断没有影响。

● **同样调拨生成凭证**：对调拨单是否生成凭证的控制。当选择不允许时，在"凭证模板设置"界面不存在调拨单凭证模板的设置，在"生成凭证"界面无调拨单生成凭证事务类型，在"对账"界面的业务数据不包括调拨单的数据。当选择该选项时，在"凭证模板设置"界面可进行调拨单事务类型凭证模板的设置，在"生成凭证"界面可单击调拨单事务类型，进行调拨单生成凭证界面，"对账"界面的业务数据包括调拨单的数据。

● **暂估差额生成方式**：暂估差额生成方式可以为"差额调整"，也可以为"单到冲回"，系统自动生成的入库成本调整单和冲回单据都需要手工生成凭证，对于新生成的单据也自动确认钩稽关系。

注意，此参数一旦选择确定后，就不能再变更了，请慎重选择。

（4）应收应付参数。

● **应收/应付预警天数**：设置应收应付管理系统的"收付款预警"功能，设置系统当前登录时间，然后根据销售发票或采购发票收/付款期限来计算应收/付款日期，没有填写收款期限的单据，默认期限为0，开单日期即是到期日。当系统发现已到或已过收/付款期限预警设置的业务单据，会自动给出预警，提示用户哪些客户的应收/应付款项已经超过了期限，金额是多少等，使超期应收/应付款情况一目了然。

● **自动显示应收/应付预警**：选中该选项，登录金蝶KIS专业版，首次使用应收应付模块中任意功能时，系统满足条件的应收/应付预警单以报表形式显示。

（5）库存参数。

● **库存总量高于或等于最高库存提示**：选中该选项，则在库存类单据的录入和审核时，系统判断当前单据引起的即时库存变化是否造成对最高库存量的影响。对于造成的影响予以提示，避免出现因库存量过高到超出正常存储范围，从而妨碍企业正常的生产经营活动。请参照手册第3章关于物料基础资料的相关描述。

- **库存总量低于或等于最低库存提示**：如果选择该选项，在库存类单据的录入和审核时，系统判断当前单据引起的即时库存变化是否造成对最低库存量的影响。对于造成的影响予以提示，避免出现因库存数量不足而妨碍企业正常的生产经营活动。请参照手册第3章关于物料基础资料的相关描述。

- **按保质期对到期存货预警**：系统提供保质期管理功能，以满足食品、医药行业的保质期管理需求。保质期预警就是保质期管理中的功能之一，即系统根据仓存系统选项"保质期预警提前期"的选择，对于超过保质期的物料提供预警。

- **出现负库存时提示**：选中该选项，则在单据保存、审核或反审核时，系统计算即时库存数量，确定仓存总量，有出现负库存的情况会给予预警，并分情况处理。当用户在[基础设置]→[系统参数]→[业务参数]设置中选择允许负库存的，系统只提供警告；如果选择不允许负库存，系统将不允许该业务单据继续处理。

（6）生产参数。

- **生产任务单关联销售订单生成时，需要扣减销售订单已经关联销售出库的数量**：选中该选项，则关联销售订单生成生产任务单时，自动扣减销售订单已关联出库的数量，将扣减后的数量带入生产任务单表头"数量"字段中。

- **生产领料超过限额控制方式**：当保存生产领料单时，如果发现关联的生产任务单上实际领料数量大于计划用量时，系统提供3种控制方式：继续保存不提示；提示，并允许制单人继续保存；提示，并不允许制单人保存。系统默认选择第二种方式进行控制。

（7）实例账套"业务参数"设置如下。

- 选中"结账检查未记账的单据"项；
- 选中"出现负库存时提示"项。

参数设置成功后的窗口，如图4-16所示。

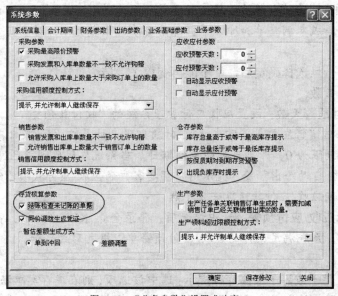

图4-16 "业务参数"设置成功窗口

系统参数设置完成后,单击"确定"按钮,系统弹出提示窗口1,如图4-17所示。
单击"是"按钮,系统弹出提示窗口2,如图4-18所示。

图4-17 提示窗口1

图4-18 提示窗口2

单击"是"按钮,系统弹出提示窗口3,如图4-19所示。
单击"是"按钮,系统弹出提示窗口4,如图4-20所示。

图4-19 提示窗口3

图4-20 提示窗口4

单击"确定"按钮,系统重新弹出登录窗口,再登录"成功飞越公司"账套。
至此,"系统参数"设置基本完成,在以后的工作中,若需要加强控制,可以再次返回"系统参数"窗口进行设置即可。

4.2.2 币别

币别项是针对企业经营活动中所涉及的币种进行管理。功能有新增、修改、删除、币别管理、禁用、禁用管理、相关属性、引出、打印和打印预览等。

例1:新增表4-1中数据。

(1)单击【基础设置】→【币别】,系统弹出"币别"管理窗口,如图4-21所示。

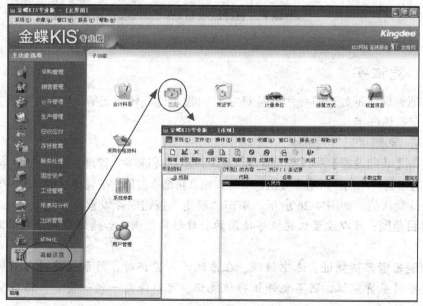
图4-21 "币别管理"窗口

49

（2）单击工具栏上"新增"按钮，系统弹出"新增"窗口，如图4-22所示。

- **币别代码**：货币币别的代码，系统使用3个字符表示。建议使用惯例编码，如RMB、HKD等。货币代码尽量不要使用"$"符号，因该符号在自定义报表中已有特殊含义，如果使用该符号，在自定义报表中定义取数公式时可能会遇到麻烦。
- **币别名称**：货币的名称，如人民币、港币等。
- **记账汇率**：在经济业务发生时的记账汇率。期末调整汇兑损益时，系统自动按对应期间的记账汇率折算，并调整汇兑损益额度。
- **折算方式**：系统提供两种折算公式。
- **金额小数位数**：指定币别精确的小数位数。
- **固定/浮动汇率**：指定币别是固定汇率还是浮动汇率。

（3）录入币别代码"HKD"、币别名称"港币"、记账汇率"0.881 3"，如图4-23所示。

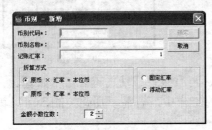
图4-22 "新增"窗口

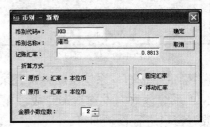
图4-23 港币信息窗口

（4）单击"确定"按钮保存设置，这时在"币别"管理窗口可以看到新增成功的"港币"记录，如图4-24所示。

图4-24 新增成功的窗口

4.2.3 凭证字

凭证字项管理凭证处理时使用的凭证字，如收、付、转、记等。"成功飞越公司"账套中只使用"记"凭证字。

例2：新增"记"凭证字。

（1）单击【基础设置】→【凭证字】，系统弹出"凭证字"管理窗口，如图4-25所示。

（2）单击工具栏上的"新增"按钮，系统弹出"新增"窗口。在凭证字输入框中输入"记"，其他选项保持默认值，如图4-26所示。单击"确定"按钮保存设置。

- **科目范围**：可以设置该凭证字使用的会计科目范围，如借方有某个科目时才能使用该凭证字。
- **限制多借多贷凭证**：选中该项，在系统录入凭证时，则系统将对当前凭证进行判断，如果是多借多贷凭证，则不允许保存该凭证。可以保存一借一贷、一借多贷或多借一贷的凭证。

第4章 基础设置

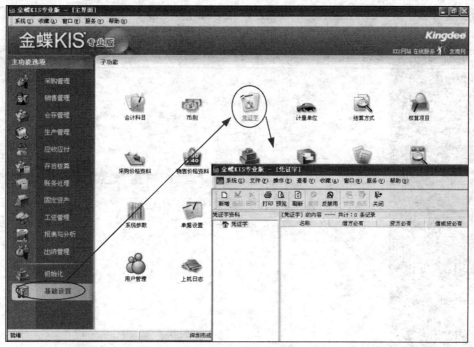

图 4-25 "凭证字"管理窗口

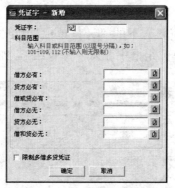

图 4-26 "凭证字-新增"窗口

> **提示** "编辑"菜单下的"设为默认值"项。在账套中有多个凭证字时,可以将使用频率高的凭证字设为默认值,这样在录入凭证时系统默认使用该凭证字。选中凭证字,单击"编辑"菜单下的"设为默认值"项即可。

4.2.4 计量单位

计量单位是在系统进行存货核算和固定资产资料录入时,为不同的存货、固定资产设置的计量标准,如公斤、台、张等。

例3:新增表 4-2 中数据。

(1) 单击【基础设置】→【计量单位】,系统弹出"计量单位"管理窗口,如图 4-26 所示。

51

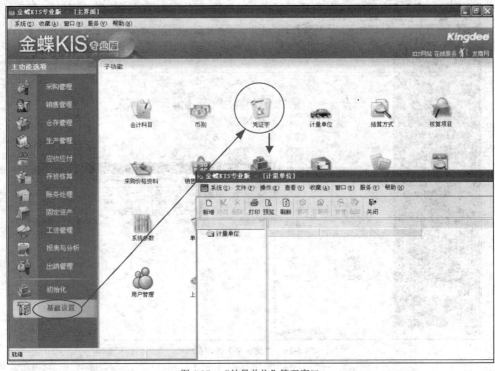

图 4-27 "计量单位"管理窗口

（2）选中左侧"计量单位资料"下的"计量单位"，单击"新增"按钮，系统弹出"新增计量单位组"窗口，在计量单位组框中输入"重量组"，如图 4-28 所示。

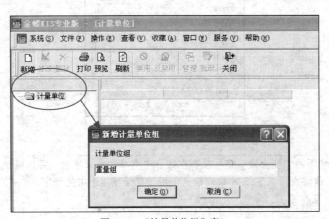

图 4-28 "计量单位组"窗口

（3）单击"确定"按钮，保存设置并返回"计量单位"管理窗口，这时可以看到左侧新增的"计量单位组"信息。

（4）用与步骤（2）相同的方法新增"数量组"和"其他组"。

（5）选中左侧"计量单位"下的"重量组"，在右侧空白窗口处单击鼠标，最后单击工具栏上的"新增"按钮，系统弹出"计量单位-新增"窗口，录入代码"01"、名称"公斤"，系数"1"，如图 4-29 所示。

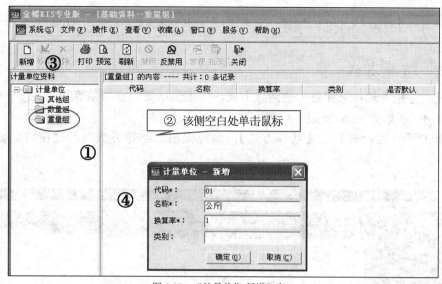

图 4-29 "计量单位-新增"窗口

> **注意** 系数是计量单位与默认计量单位的换算系数。非默认计量单位与默认计量单位的系数换算关系为乘的关系，即 1（默认计量单位系数）×非默认计量单位系数。一个单位组中只能有一个默认计量单位。

（6）单击"确定"按钮，保存设置并返回"计量单位"管理窗口，这时可以看到新增的"计量单位"信息。

（7）用步骤（5）的方法将表中其他数据新增进来，计量单位新增成功的窗口如图 4-30 所示。

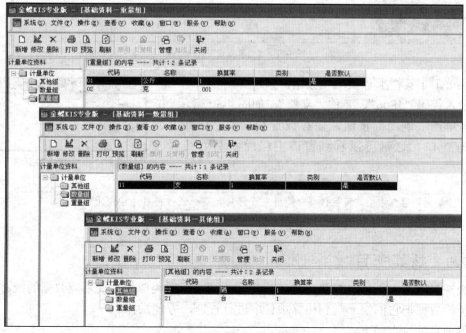

图 4-30 计量单位新增成功窗口

> **注意** 新增计量单位"克"时注意系数,新增"支"时注意选择的单位组是"数量组"。

4.2.5 结算方式

结算方式是指管理往来业务中的结款方式,如现金结算、支票结算等。

例 4:新增"JF06 支票"结算方式。

(1)单击【基础设置】→【结算方式】,系统弹出"结算方式"管理窗口,如图 4-31 所示。

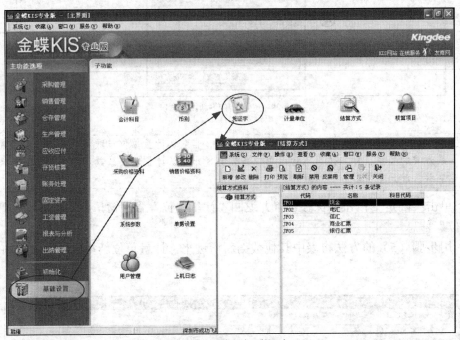

图 4-31 "结算方式"管理窗口

(2)单击工具栏上"新增"按钮,系统弹出"新增"窗口,录入代码"JF06",名称"支票",如图 4-32 所示。

(3)单击"确定"按钮,保存设置并返回"结算方式"管理窗口,这时可以看到窗口中已经新增的结算方式。

图 4-32 "结算方式-新增"窗口

> **注意** "新增"窗口中的"科目代码"是用来设置只有某个银行科目才能使用该种结算方式,空值为任意银行科目都可以使用。

4.2.6 核算项目

在金蝶 KIS 专业版中,核算项目是指操作相同、作用类似的一类基础数据的统称。具有这些特征的数据把它们统一归到核算项目中进行管理,方便操作。

核算项目的特点如下。

第4章 基础设置

- 具有相同的操作，如新增、删改、禁用、条形码管理、保存附件和审核等，并可以在单据中通过按 F7 键进行调用等；
- 核算项目是构成单据的必要信息，如录入单据时需要录入客户、供应商、商品、部门和职员等信息；
- 本身可以包含多个数据，并且这些数据需要以层级关系保存和显示。

系统中预设了多种核算项目类型，如客户、部门、职员、物料、仓库、供应商和现金流量项目等。用户也可以根据自身需要定义所需要的核算项目类型。

单击【基础设置】→【核算项目】，系统弹出"核算项目"管理窗口，如图 4-33 所示。

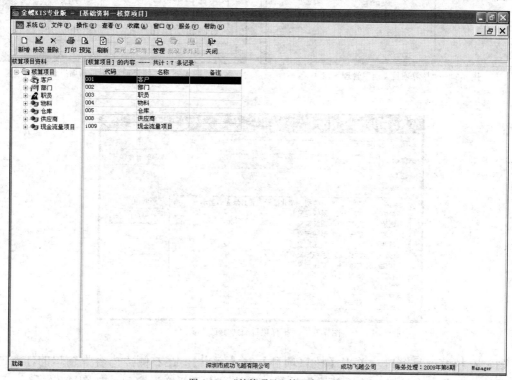

图 4-33 "核算项目"管理窗口

单击"核算项目"前的"+"号可以层层查看相应类别下的内容。

选中任意核算类别，如"客户"类，单击工具栏上的"管理"按钮，系统弹出"核算项目类别"管理窗口，如图 4-34 所示。

在核算项目类别管理窗口中，可以进行核算项目类别的新增、修改和删除等操作。常用功能按钮介绍如下。

- **新增按钮**：单击"新增"按钮，系统弹出"核算项目类别-新增"窗口，如图 4-35 所示。
- **修改按钮**：单击"修改"按钮，系统弹出"核算项目类别-修改"窗口，如图 4-36 所示。

在"修改"窗口可以设置该核算项目类下的字段是否显示，以及是否控制为必录项等。

1. 客户

客户是企业生产经营的对象，准确地设置客户信息对往来账务管理非常有利。客户管理是销售管理的重要组成部分，同时也是应收款管理、信用管理和价格管理不可或缺的基本组成。

下面以新增表 4-3 中数据为例，介绍"客户"资料的新增方法，操作步骤如下。

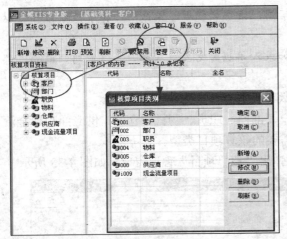
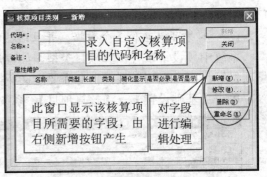

图 4-34　"核算项目类别"管理窗口　　　　　图 4-35　"核算项目类别-新增"窗口

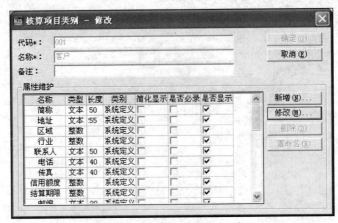

图 4-36　"核算项目类别-修改"窗口

（1）在核算项目窗口，单击【核算项目】→【客户】，在右侧"内容"窗口的任意位置单击鼠标，再单击工具栏上的"新增"按钮，系统弹出"新增"窗口，如图 4-37 所示。

在"新增"窗口内有基本资料和条形码两个选项卡。

"基本资料"是管理客户的一些基本信息，如公司名、地址、电话和联系人，等等。

● **代码**：客户编号，金蝶 KIS 专业版中一个代码只能标识一个客户。

● **名称和全名**：都是客户名称，前者是本客户的具体名称，类似短代码，由用户手工录入；后者是包括上级名称在内的客户名称，类似长代码，由系统自动给出。

● **信用额度**：设置该客户在业务的信用额度控制。当业务发生时系统检查到金额超出信用额度时，则弹出"超出信用额度，是否继续？"提示窗口，用户可以根据实际情况进行选择。通过信用额度的控制，可以有效地防止"应收款"数据过大，容易产生坏账的风险。

● **结算期限**：选择 30 天或 60 等几个选项，设置后，发生业务时，系统会根据发生日期加上该日期自动计算出新的收款日期。为空，则为业务发生日期，也可以自由修改正确的收款日期。

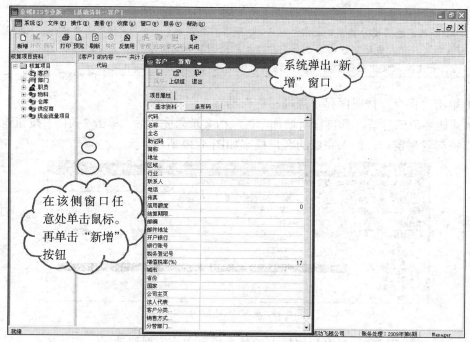

图 4-37 "客户新增"窗口

● **分管部门、专属业务员**：通常每一次企业的客户数量过大时，会有多名业务员分管不同客户，以增加客房的服务质量。设置分管部门和专属业务员便于查询属于哪位业务员管理，以及查询分析同一名业务员管理下的客户业务情况。

（2）录入代码"01"，名称"深圳科林"，信用额度录入"20 000"，结算期限选择"30天"，如图 4-38 所示。

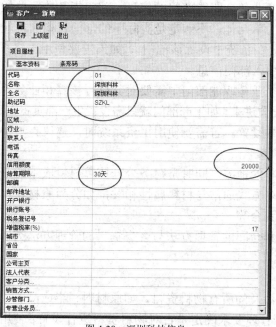

图 4-38 深圳科林信息

注意 1. 若客户还需要分类，如分为大客户、一般客户之类时，则在"新增"窗口单击工具栏上的"上级组"按钮，先建立分类后，再在相应类别进行客户的新增。
2. 若用户只使用账务处理系统，则只需输入代码和名称即可。

（3）单击"保存"按钮保存"深圳科林"档案。
（4）其他客户信息请读者自行新增添加。客户档案录入完成后，单击"关闭"按钮返回"核算项目"资料管理窗口，录入完成的客户档案如图 4-39 所示。

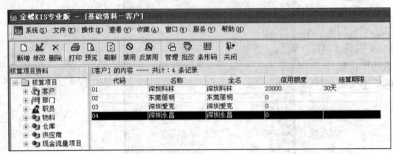

图 4-39 录入完成的客户档案

客户资料录入完成后，当客户属性中的某个项目内容需要修改时，在"核算项目"管理窗口中，选中需要修改的客户记录，单击工具栏上的"属性"按钮，系统弹出该客户的资料"修改"窗口，修改所需要的项目内容，再单击"保存"按钮即可。

禁用功能是指控制该核算项目在以后的业务中不能使用。反禁用功能即为取消禁用控制。

2. 供应商、部门、职员、仓库

供应商是企业生产经营的供货者。准确地设置供应商信息，对往来账务管理非常有利。供应商管理是采购管理的重要组成部分，同时也是应付款管理录入相关单据时不可缺少的基本组成。

部门条目用来设置企业各个职能部门的信息。部门指某核算单位下辖的具有分别进行财务核算或业务管理要求的单元体，不一定是实际中的部门机构（也就是指，如果该部门不进行财务核算，则没有必要在系统中设置该部门）。如果需要使用工资系统时，建议完整录入部门资料，以供工资系统引入部门信息。

职员条目用来设置企业各职能部门中需要对其进行核算和业务管理的职员信息，不必将公司所有的职员信息都设置进来。如生产部门就只需设置生产部负责人和各生产部文员即可，一般的生产人员在此没必要设置。若需要使用工资系统时，建议完整录入职员资料，以供工资系统引入职员信息。

仓库是用来存放物料的地方，同时是财务分仓核算材料成本的分类基础。为了方便核算和统一管理，仓库的命名方式通常与材料属性相关，如分为原材仓、半成品仓和成品仓等，原材仓又为五金仓、塑胶仓等。

供应商、部门、职员和仓库的管理方法与客户资料的管理方法类似，请读者自行将表 4-4～表 4-6 中资料录入系统。

3. 物料

用来设置企业中所涉及的所有物料资料，如原材料、半成品、产成品等物料。单独使用"账务处理"模块时根据管理要求确定是否对物料资料进行设置；使用业务系统时必须将物料资料设置，以供各种出、入库等单据引用物料信息。

物料管理在生产型企业中处于重要环节，只有正确设置物料属性，才能进行相关处理。如物料设置为"外购"属性，则系统在进行"采购建议"计算时，会生成采购建议单。系统还提供了最高库存、最低库存控制。

物料管理具有新增、修改、删除、复制、自定义属性、查询、引入引出和打印等功能，对企业所使用物料的资料进行集中管理。同其他核算项目一样，物料也可以分级设置，用户可以从第一级到最明细级逐级设置。

物料设置窗口含有 4 个选项卡——基本资料、物流资料、条形码和图片，如图 4-40 所示。每个选项卡同时包含不同的物料属性信息，不必对每一个属性进行设置，只要根据用户管理要求，具体设置对应物料的属性即可。

（1）基本资料。

"基本资料"选项卡主要是管理物料的一些基本信息，这些基本信息是各个系统都

图 4-40 "物料-新增"窗口

会使用的信息，如物料代码、名称、规格型号和计量单位等信息。

- **代码**：物料的编号，在系统中一个代码只能标识一个物料，可以是数字、字母，或者两者组合，建议中间不要带有特殊符号，如+、-、%等。在此录入该物料的长代码，如 1 是原材料，笔芯是原材料下的一种，则代码是"1.01"，代码的上下级以".（小数点）"间隔。代码在物料资料中是必录项目。

- **名称和全名**：两者都是物料名称，前者是该物料的具体名称，由用户手工录入，后者是包括上级名称在内的物料名称，类似长代码，由系统自动给出。名称是一个必录项目。

- **助记码**：为了物料方便记忆，可以为物料设置助记码。助记码为可选录项目。

- **规格型号**：录入物料的规格型号。为可选录项目。

- **辅助属性类别**：如果物料需要特殊属性，如颜色、尺寸来进行区分，则先在"辅助资料管理"中进行设置后，才能录入。为可选录项目。

- **物料属性**：物料属性，是物料的基本性质和产生状态。用户需要从系统设定的 3 种属性中选择，包括外购、组装件、自制物料。物料属性是必录项目。如果要使用"采购建议"功能，则属性必须设置正确，否则系统进行 MRP 计算时，计划出的单据是错误的。

——**自制**：指物料是由企业自己生产制造出的产成品。在系统中，如果是自制件，可以进行 BOM 设置，在 BOM 中，可以设置为父项，也可以设置为子项。

——**外购**：指从供应商处取得的物料，可以作为原材料来生产产品，也可以直接用于销售。在 BOM 设置中，不可以作为父项存在。

——**组装件**：在企业中存在组合销售业务，例如燃气灶、洗碗机作为厨具成套销售。在生产完工入库时按燃气灶、洗碗机入库，而在销售业务处理和相关单据处理时则以厨具作为物料销售出库。所以，我们把厨具称为组装件，而把燃气灶、洗碗机称为组装子件（或称散件/子件）。组装件是由多个物料组成，不在生产环节进行组合，而在仓库进行组装，组

装后在仓库又可以拆开用于其他组装件，或生产领用出库用于其他产品或单独销售。组装件和组装子件之间是一对多的关系。组装作业则指在仓库把多个库存组装子件组装成一个组装件的过程，而拆卸指将一个组装件拆卸成多个组装子件的过程，是组装业务的相反业务。

- **计量单位组**：选择该物料的采用计量单位所处的计量单位组。必录项目。
- **基本计量单位**：基本计量单位就是每个单位组中作为该物料的标准计量单位，其他计量单位都以它作为计算依据。每个物料必须有一个基本计量单位。
- **采购计量单位**：设置后采购系统的单据默认使用该计量单位；为可选录项目。
- **销售计量单位**：设置后销售系统的单据默认使用该计量单位；为可选录项目。
- **库存计量单位**：设置后库存系统的单据默认使用该计量单位；为可选录项目。
- **默认仓库**：默认仓库表明当前物料默认存放的仓库。在进行库存类单据的录入时，系统自动携带仓库信息，并且系统会根据仓存系统提供的选项"录单时物料的仓库和默认仓库不一致时给予提示"，来判断是否对仓库的确定予以提示，避免用户出现仓库的选择错误。为可选录项目。
- **来源**：如果是外购物料，则是该物料默认供应商；如果是自制物料，则是该物料默认生产部门，是为用户处理业务单据的方便性而设。为可选录项目。
- **数量精度**：数量精度，确定物料在单据和报表中数量数据显示的小数位数长度，用户根据需要可随时设定。
- **最低存量、最高存量、安全库存数量**：设置物料的最低存量、最高存量、安全库存数量。当系统有设置相关预警参数，在录入各业务单据时，当该物料的现存量与所设置的最低存量、最高存量和安全库存数量有冲突时，系统会弹出提示窗口。起控制企业现存的存货价值目的。为可选录项目。
- **备注**：对物料进行一些说明。

（2）物流资料。

"物流资料"选项卡是管理物料的一些物流信息，如保质期、是否采用业务批次管理和成本计价方法等设置。"物流资料"窗口如图4-41所示。

- **采购负责人**：当前物料的主要采购责任人员，该属性主要应用于采购报表的汇总选项。为可选录项目。
- **毛利率(%)**：毛利占销售收入的百分比，该字段目前只是在销售订单预评估时做参考使用。为可选录项目。

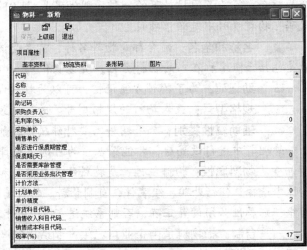

图4-41 "物流资料"窗口

- **采购单价**：该物料用于采购时以基本计量单位计算的标准采购单价，单位为本位币货币。为可选录项目。
- **销售单价**：该物料用于销售时以基本计量单位计算的标准销售单价，单位为本位币货币。为可选录项目。
- **是否进行保质期管理**：是否进行保质期管理是物料保质期管理的唯一确定依据。是食品、医药等行业的重要需求。

● **保质期（天）**：保质期用于确定具体的保质期限，系统要根据该期限确定物料是否到期，并相应提供到期日计算功能。该属性的作用是用来方便用户日常录入物料时自动带入单据相应字段，用户也可以修改。

● **是否需要库龄管理**：选中该选项，可以根据入库日期进行库龄分析，可以根据库龄输出相关报表。

● **是否采用业务批次管理**：选中此项，则该物料在进行业务单据处理时，必须录入批号，方可保存。

● **计价方法**：是指存货出库结转存货成本所采用的计价方法，如先进先出法、后进先出法和加权平均法等。系统对日常收发，根据该物料所选定的计价方法，通过存货核算系统进行成本核算、生成凭证等管理，并统一将业务资料按规则自动形成财务信息，传入账务处理系统。必选项目。

● **计划单价**：是指采用计划成本法计价时，物料所规定的计划单价。

● **单价精度**：确定物料在单据和报表中单价数据所显示的小数位数长度，用户根据需要设定。可随时修改。

● **存货科目代码**：物料作为存货对应的最明细会计科目，是物料重要的核算属性。可以通过设置凭证模板，在自动生成记账凭证时将核算类单据的相关采购成本、结转生产等成本直接对应归入该科目账户，还可以明细到该科目下挂的具体核算项目下，特别应用于库存单据的凭证处理中。必须录入数据的项目。

● **销售收入科目代码**：销售收入科目代码是当前物料用于销售时所对应的最明细会计科目，是物料重要的核算属性。录入后，可以通过设置凭证模板，在自动生成记账凭证时将销售发票的相关销售收入金额直接对应归入该科目账户，还可以明细到该科目下挂的具体核算项目下。必须录入数据的项目。

● **销售成本科目代码**：销售成本科目代码是当前物料用于结转销售成本时所对应的最明细会计科目，是物料重要的核算属性。录入后，可以通过设置凭证模板，在自动生成记账凭证时将销售出库单据的相关销售成本直接对应归入该科目账户，还可以明细到该科目下挂的具体核算项目下。必须录入数据的项目。

● **税率（%）**：指当前物料的税率。

（3）条形码。

该选项卡对物料的条形码信息进行管理。单击"条形码"选项卡，系统弹出"条形码管理"窗口，如图4-42所示，在该窗口可以进行条形码的设置和删除。

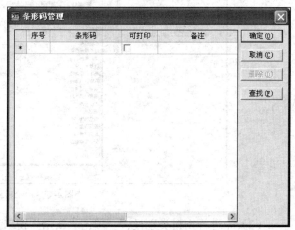

图4-42 "条形码管理"窗口

（4）图片。

"图片"选项卡是将物料的图片引入系统，以供不熟悉本物料的人员查看，例如物料的工程图纸，或者是物料实物图片等。单击"图片"选项卡，系统弹出"物料图片"窗口，单击"引入"按钮,系统弹出"引入图片"窗口,如图4-43所示。在窗口中选择物料图片的存放位置和文件名,单击"打开"按钮即可。单击"删除"按钮,可以将图片信息删除。

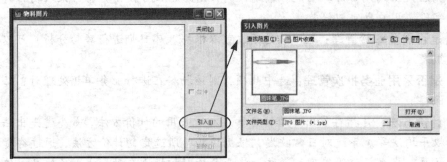

图4-43 "物料图片"管理窗口

下面以表4-7中数据为例,介绍物料档案的新增方法。

> **注意** 在首次进行物料档案新增时,请将"会计科目"先引入(即先练习4.2.7节),否则在新增物料时,存货科目未设置时不允许保存。

(1)在核算项目窗口,单击【核算项目】→【物料】,在右侧"内容"窗口任意位置单击鼠标,再单击工具栏上的"新增"按钮,弹出"新增"窗口,如图4-44所示。

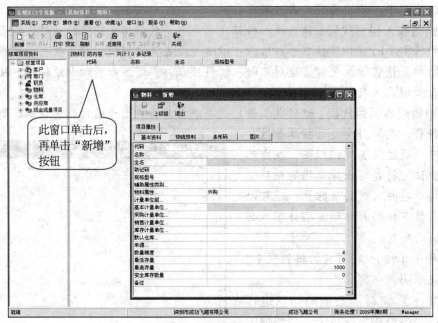

图4-44 "物料新增"窗口

(2)先进行物料类别设置。单击"新增"窗口工具栏上的"上级组"按钮,切换到"上级组"设置窗口,代码录入"1",名称录入"原材料",如图4-45所示。单击"保存"按钮保存设置。

用同样的方法将其他类别新增入账套,单击"关闭"按钮,退出新增窗口返回物料窗口。类别新增完成的窗口如图4-46所示。

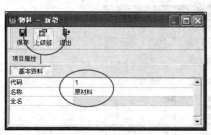
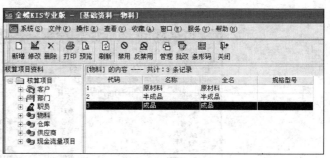

图4-45　新增类别　　　　　　　图4-46　类别新增完成窗口

（3）增加物料明细资料。再次单击工具栏上"新增"按钮，弹出"新增"窗口，在"基本资料"选项卡页面，代码录入"1.01"，名称录入"笔芯"，规格型号录入"蓝色"，物料属性选择"外购"，计量单位组选择"数量组"，基本计量单位选择"支"，其他项目保持默认值，如图4-47所示。

（4）切换到"物流资料"选项卡，在该页面中将计价方法选择"加权平均法"，存货科目代码选择"1403"，销售收入科目代码选择"6001"，销售成本科目代码选择"6401"，如图4-48所示。

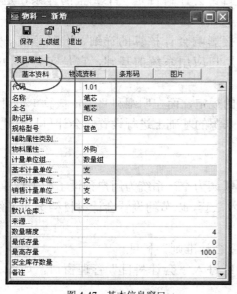
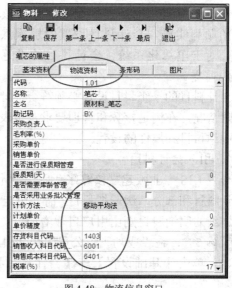

图4-47　基本信息窗口　　　　　　　图4-48　物流信息窗口

（5）单击"保存"按钮，保存资料录入。其他物料资料请自行录入。录入完成的窗口如图4-49所示。

> **注意**　1. 明细资料与上级资料的代码联系以"."（小数点）间隔。
> 2. 其他项目，如最高、最低库存和默认仓库等项目是否需要设置，由企业管理要求而定。读者可以在熟练操作KIS专业版系统后再学习其他项目设置后的管理要求变化。

如果对物料的属性设置不满意，可以随时进行修改。方法是：在"核算项目"管理窗口，选中需要修改的物料并双击，或者单击工具栏上的"属性"按钮，弹出"修改"窗口后，将所需修改内容录入后单击"保存"按钮即可。

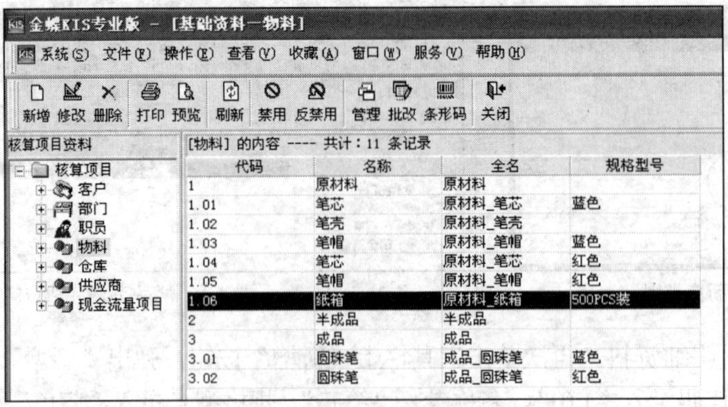

图 4-49 录入完成窗口

4.2.7 会计科目设置

会计科目是填制会计凭证、登记会计账簿、编制会计报表的基础。会计科目是对会计对象具体内容分门别类进行核算所规定的项目。会计科目是一个完整的体系，是区别于流水账的标志，也是复式记账和分类核算的基础。会计科目设置的完整性将影响会计过程的顺利实施，会计科目设置的层次深度直接影响会计核算的详细、准确程度。除此之外，对于电算化系统，会计科目的设置还是用户应用系统的基础，它是实施各种会计手段的前提。

会计科目的一级科目设置必须符合会计制度的规定，而在明细科目上，核算单位可以根据实际情况，在满足核算和管理要求及报表数据来源的基础上进行设置。会计科目设置的重点是明细科目和属性的设置。

1. 引入会计科目

金蝶 KIS 专业版建立核算账套后，会计科目默认为空，系统为用户预设了相关行业的一级会计科目和部分二级明细科目，需要用户先引入账套，以节约设置会计科目档案的工作量。更加详细的明细科目则由用户自行增加。

例 5：在"成功飞越公司"账套引入"新会计准则"科目。

（1）单击【基础设置】→【会计科目】，系统进入"会计科目"管理窗口，如图 4-50 所示。

（2）选择菜单【文件】→【从模板引入科目】，系统弹出"科目模板"窗口，如图 4-51 所示。

（3）单击"行业"项目的下拉按钮，可以自由选择所需要的行业科目。单击"查看科目"按钮，可以查看该行业下预设的会计科目，如图 4-52 所示。

（4）选择"新会计准则科目"行业科目，单击"引入"按钮，系统弹出"引入科目"窗口，单击"全选"按钮，如图 4-53 所示。

注意 如果不需要引入所有科目，则可以单独选择所需的科目，勾选代码前的方框再单击"确定"按钮即可。

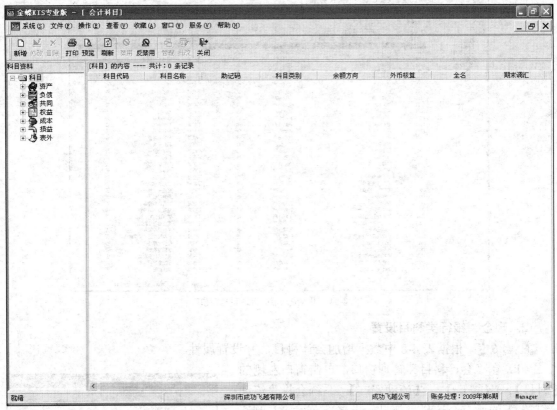

图 4-50 "会计科目"管理窗口

图 4-51 "科目模板"窗口

图 4-52 查看会计科目窗口

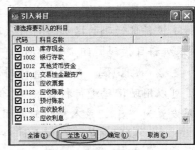

图 4-53 "引入科目"窗口

（5）单击"确定"按钮，引入所有会计科目。稍后系统弹出"引入成功"的提示，单击"确定"按钮返回"会计科目"窗口，引入成功后的"会计科目"窗口如图 4-54 所示。

若屏幕上未显示所引入的会计科目，单击工具栏上的"刷新"按钮即可显示。

系统已将会计科目分为资产、负债、共同、权益、成本、损益和表外 7 大类，查看相应类别下科目的方法是单击该类别前的"+"号，即可层层展开后查看。

图 4-54　引入成功后的会计科目窗口

2. 现金、银行类科目设置

例 6：根据表 4-8 中数据增加会计科目，并设置属性。

（1）在"会计科目"管理窗口，单击窗口左侧的【科目】→【资产】→【流动资产】，系统会将"流动资产"下的所有会计科目都显示出来。在窗口右侧选中"库存现金"科目，单击工具栏上的"新增"按钮，系统弹出"会计科目-新增"窗口，如图 4-55 所示。

- **科目代码**：会计科目的代码，在系统中必须唯一。科目代码必须首先增加上级科目代码，才能进行下级科目代码的增加。科目代码由"上级科目代码+本级科目代码"组成，中间用"."（小数点）分隔。

- **助记码**：在录入凭证时，为提高凭证录入速度可以用助记码进行科目录入。例如，"现金"的助记码设置为"xj"，录入凭证时科目代码处输入"xj"，系统将会自动获取"现金"科目。

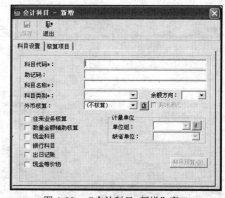

图 4-55　"会计科目-新增"窗口

- **科目名称**：录入会计科目的名称。
- **科目类别**：科目类别用于对科目的属性进行定义。系统已预设。
- **余额方向**：该科目余额默认的余额方向。该属性对账簿或报表输出数据有直接影响，系统将根据科目的默认余额方向来反映输出的数值。例如，将"现金"科目的余额方向改为"贷方"，则其借方余额在自定义报表中就会反映为负数。
- **外币核算**：指定该科目外币核算的类型。有如下 3 种方式。
  - ——**不核算外币**：不进行外币核算，只核算本位币。
  - ——**核算所有外币**：对本账套中设定的所有货币进行核算。
  - ——**核算单一外币**：只对本账套中某一种外币进行核算，要求选择一种进行核算的外币的名称。系统在处理核算外币的科目时，会自动默认在"币别"功能中输入的汇率。
- **期末调汇**：科目进行外币核算时，确定是否在期末进行汇率调整。
- **往来业务核算**：选中该项，科目核算往来业务时，凭证录入要求录入往来业务编号，以方便进行往来业务数据的核销处理。此项选择将影响到"往来对账单"和"账龄分析表"的输出。此项适合"账务处理"系统单独使用时设置。
- **数量金额辅助核算**：确定是否进行数量金额辅助核算。若进行数量金额辅助核算，要求选定核算的计量单位。此项适合标准财务模块单独使用时设置。如与物流模块进行数据共享，在存货模块已经可以看到数量、单价时，可以不设定为数量金额核算。
- **现金科目**：指定为现金类科目。出现金日记账和现金流量表时使用。
- **银行科目**：指定为银行科目。出银行日记账和现金流量表时使用。
- **出日记账**：选中此选项，则在明细分类账中按日统计金额。
- **现金等价物**：设定为现金等价物科目，供现金流量表取数使用。
- **预算科目**：设置预算科目，同时单击"科目预算"按钮，进行该科目的本年、本期、本笔的最高借方、贷方的控制。当录入凭证时系统会检测录入的金额是否超过预算，并进行提示。
- **核算项目**：多项目核算，可全方位、多角度地反映企业的财务信息，并且科目设置多项目核算比设置明细科目更直观、更简洁、处理速度更快。例如，企业的客户有 1 000 个以上，如果将往来客户设置成明细科目，则应收账款的二级明细科目至少达到 1 000 多条，而将往来客户设置成应收账款的核算项目，只要应收账款一个一级科目就可以。每一科目可设置 1 024 个核算项目的处理。

图 4-56　人民币科目

（2）录入科目代码"1001.01"，科目名称"人民币"，如图 4-56 所示。

（3）单击"保存"按钮，保存当前设置。其他会计科目请自行录入，一定要注意外币是否核算的选择。

> **注意**　会计科目新增完成，如想知道是否新增成功，单击【科目】→【资产】→【流动资产】→【现金】来查看。

3. 往来科目设置

往来科目在此指的是应收账款和应付账款科目。在会计工作中，需要知道应收、应付下每一明细账户的发生额和余额，所以在会计软件中要能处理每个往来单位的每一笔业务。往来类会计科目根据使用模块系统的不同，可以有不同的设置。

方式一：账务处理系统单独使用，采用增加二级明细科目的方式。如有客户 A，设置科目代码为"1122.01"，科目名称录入"A"即可。当录入凭证，涉及到 A 客户的业务时，在凭证录入界面会计科目获取"1122.01"即可。

方式二：账务系统单独使用，采用核算项目的方式。不用在应收账款下增加明细科目，而是直接更改应收账款的属性"核算项目",在录入凭证的"应收账款"科目后,系统同时提示录入"核算项目"信息,这样也能起到核算明细的功能。

方式三:账务系统与业务系统关联使用。在会计科目中可以不用设置明细科目,这样在账务系统中只能看到"应收账款"的总账数据,明细账是在应收、应付系统下查询,应收、应付系统提供了详细的业务处理功能,并且每一笔业务都能详细查询得到。

为了读者了解更多科目的设置方法,在本账套中结合方式二和方式三,即在往来科目下不设置明细但增加一个"核算项目"的功能。

例 7:根据表 4-9 中数据设置往来科目,并修改会计科目。

(1)在会计科目管理窗口,双击"1122-应收账款"科目,或单击工具栏上的"属性"按钮,系统弹出"会计科目修改"窗口,如图 4-57 所示。

(2)单击"核算项目"选项卡中的"增加核算项目类别"按钮,系统弹出"核算项目类别"选择窗口,如图 4-58 所示。

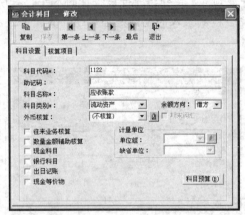

图 4-57 "会计科目修改"窗口

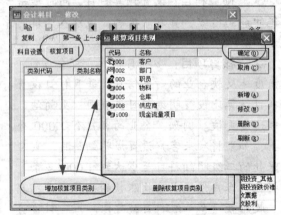

图 4-58 设置核算项目

(3)在"核算项目类别"窗口,选中"客户"选项,单击"确定"按钮,再单击"会计科目-修改"窗口中的"保存"按钮,保存设置。其他科目请读者自行设置。

注意 1.若要知道某笔业务是哪个客户的,哪个销售人员经手的,可以再增加一个核算项目,即"职员",这样在录入凭证涉及该科目时,系统会提示录入客户、职员信息,这样就起到了多核算的功能。

2.若用户单独使用"账务处理"系统,建议勾选"核算往来业务"条目,这样在录入凭证涉及该科目时,系统会提示录入往来业务的编号,并且在"往来对账单"和"账龄分析表"时能使用该业务号。

3.该科目使用后,则不能再为该科目新增核算项目类别。

4. 其他科目

其他科目请读者自行设置。当前录入的"科目名称"若与系统内已有的"科目名称"相同,系统则会弹出"提示"窗口,如图 4-59 所示。根据实际情况选择即可。

图 4-59 提示窗口

> **注意** 1．企业不断开展业务，在启用账套后，可随时增加新的科目。
> 2．在已发生业务的科目下，再增加一个子科目，系统会自动将父级科目的全部内容转移到新增的子科目，该项操作不可逆。例如，以前账套没有涉及外币，"现金"科目下的数据就是"本位币"数据，当企业由于业务需要涉及外币，在"现金"科目新增"人民币"子科目时，系统会自动将"现金"科目下已有的数据（所有发生额）转移到"人民币"下。

4.2.8 BOM

BOM（Bill Of Material，物料清单），是指物料（通常是成品或半成品）的组成情况。如一台计算机由几个 CPU、几根内存条、多少块硬盘、多少颗螺丝等物料组装而成，也叫产品结构清单或物料配方。正确设置 BOM 档案是金蝶 KIS 专业版系统采购建议计算的基本要求。

一个完整的 BOM 档案应该包括以下两项内容。

（1）物料关系。即一个成品或半成品由什么物料组成。如图 4-60 中的 BOM 档案所示，可以知道蓝色圆珠笔由蓝色笔帽、蓝色笔芯、笔壳和纸箱组成。

（2）数量关系。即一个成品或半成品由多少数量的物料组成，如图 4-60（或者图 4-61）中的 BOM 档案所示，1PCS 蓝色圆珠笔（或者红色圆珠笔）由 1 支笔帽等物料组成，但是纸箱只使用了 0.002 支。

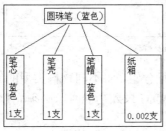
图 4-60 蓝色圆珠笔结构

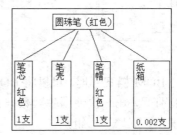
图 4-61 红色圆珠笔结构

BOM 档案的操作流程为：建立 BOM→审核 BOM→使用 BOM。
- 建立 BOM：即为新增录入 BOM 档案。
- 审核 BOM：再次确认 BOM 档案是否正确无误。
- 使用 BOM：审核后的 BOM 档案在进行采购建议和生产领料展开时，仍然无法使用该"BOM 档案"，只有使用后的 BOM 档案，才能被应用。

BOM 档案管理的功能有新增、修改、审核和使用等功能。

1．新增 BOM

例 8：根据图 4-60 或图 4-61，介绍 BOM 档案的新增方法。

（1）单击【基础设置】→【BOM】，系统弹出"BOM 过滤"窗口，如图 4-62 所示。

当系统内 BOM 档案较多时，可以使用过滤功能，快速定位到所需要的 BOM 档案上。在过滤窗口中可以设置 BOM 所处的组别，属于何种物料范围，BOM 单的编号；可以详细的查询

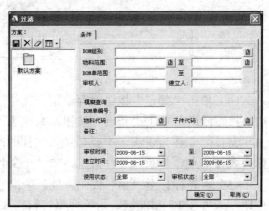
图 4-62 "BOM 过滤"窗口

在什么时间段建立的档案,在什么时间段审核的档案,以及当前的使用状态和审核状态。

(2)在此将审核时间和建立时间都修改为 2009-06-1~2009-06-30,其他保持默认值,单击"确定"按钮,系统进入"BOM 资料维护"窗口,如图 4-63 所示。

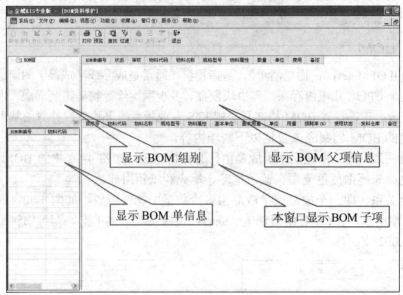

图 4-63 "BOM 资料维护"窗口

为了方便 BOM 档案管理,可以将 BOM 档案进行分组,将不同物料类型的 BOM 档案放置在不同的组别下。第一次使用生产数据管理中的 BOM 录入功能时,必须先建立组别。

在此新建立"圆珠笔"组别。

(3)单击菜单【编辑】→【新增组别】,系统弹出"新增组"窗口,代码录入"01",名称录入"圆珠笔",如图 4-64 所示。

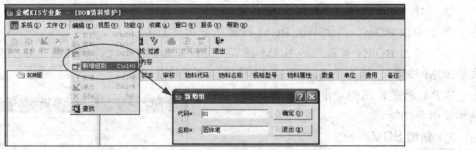

图 4-64 新增组别窗口

(4)单击"确定"按钮保存组别。选中"BOM 组"下的"圆珠笔",此时工具栏上的新增等按钮激活,单击"新增"按钮,系统进入"BOM 录入单据"窗口,如图 4-65 所示。

窗体上部称为表头,主要是录入父件的产品信息,如物料代码、数量等。窗体中部表格称为表体,主要是录入子件信息,如一个父件由什么物料组成等。

(5)将光标移至"物料代码"处,单击右侧的" "按钮,或者单击工具栏上的"资料"按钮,或者按 F7 功能键,系统弹出物料档案管理窗口,如图 4-66 所示。

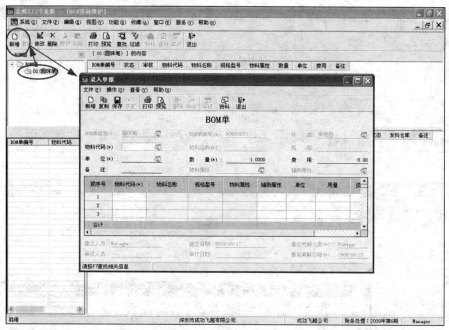

图 4-65 BOM 录入单据窗口

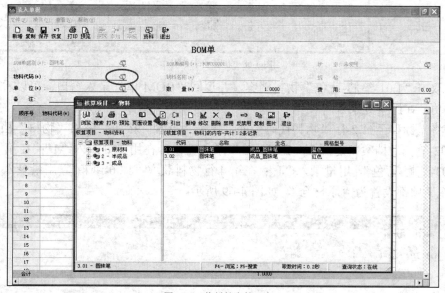

图 4-66 物料档案管理窗口

在窗口中系统只将能作为父件的物料显示出来。在该物料档案管理窗口中还可以进行物料的新增、修改和删除等操作。

(6) 在物料档案窗口中双击 "3.01-圆珠笔-蓝色" 档案，系统自动将该物料信息获取到 "BOM 单" 录入窗口，数量录入 "1"，如图 4-67 所示。

(7) 父件信息录入完成后，接下来录入子件信息。将光标移至表体第 1 行的 "物料代码" 处，单击工具栏上的 "资料" 按钮，弹出物料档案窗口，如图 4-68 所示。

71

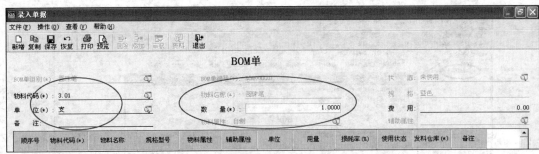

图 4-67 表头获取成功

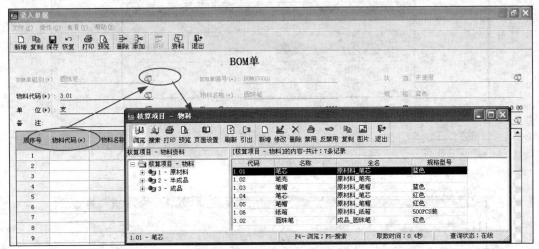

图 4-68 获取子件信息

(8) 双击"1.01-笔芯-蓝色"物料档案,并返回"BOM 单"录入窗口,可以看到获取物料信息成功,在用量处录入"1"。

(9) 将光标移至第 2 行"物料代码"处,单击"查看"按钮,弹出"物料"档案窗口。双击"1.02-笔壳"档案,返回到"BOM 单"录入窗口,在用量处录入"1";在第 3 行物料获取"1.03-笔帽-蓝色",用量录入"1";在第 4 行物料获取"1.06-纸箱",用量录入"0.002","发料仓库"项都设置为"原材仓",如图 4-69 所示。

图 4-69 子件录入界面

(10)单击"保存"按钮保存 BOM 档案。

(11)录入完成图 4-59 中的 BOM 档案后,再录入图 4-60 中的"圆珠笔-红色"BOM 档案,录入完成的 BOM 如图 4-70 所示。

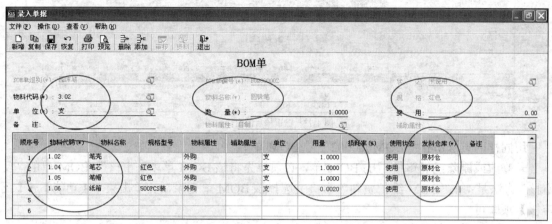

图 4-70 圆珠笔-红色 BOM 档案界面

(12)保存"圆珠笔-红色"BOM 档案。单击"关闭"按钮返回"BOM 资料维护"窗口。

损耗率是指设置该 BOM 在正常生产情况下可能产生的损耗比率。加入损耗率,是为了提前预备足量物料,以保证最终生产出来的产品数量能满足销售订单数量。在此处不录入"损耗率"是为了使以后的练习数据更直观,更容易。

2. BOM 档案的审核

BOM 档案的审核是再次确认所录入的数据是否正确的过程,并且 BOM 档案只有审核后才能"使用"。

审核刚才所录入 BOM 档案,操作方法如下。

(1)在"BOM 资料维护"窗口,选中"BOM000001"号 BOM,如图 4-71 所示。

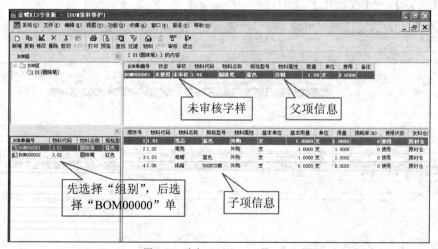

图 4-71 选中 BOM000001 号 BOM

(2)单击工具栏上"审核"按钮,系统弹出审核成功提示,单击"确定"按钮,同时父项信息窗口中的"未审核"字样更新为"已审核"字样,表示审核成功,如图 4-72 所示。

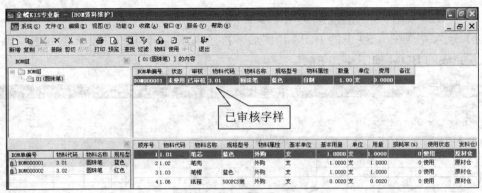

图 4-72　已审核后的窗口

用同样的方法审核"BOM000002"号 BOM 单。

若修改或删除已经审核后的 BOM 单，必须要先将该 BOM 单"反审核"。BOM 单的"反审核"方法是：在"BOM 维护资料"窗口中选择该 BOM 单记录后，单击菜单【功能】→【反审核】项即可。

3　BOM 档案的使用

BOM 档案审核后并不能在"采购建议"和"生产领料"模块中进行 MRP 计算时引用，必须要将 BOM 单设置为"使用"状态后才能被引用。

对刚才所审核后的 BOM 档案进行"使用"，操作方法如下。

（1）在"BOM 资料维护"窗口，选中要"使用"的 BOM 单记录，再单击工具栏上"使用"按钮即可。在窗口左下方选中"BOM000001"记录，单击工具栏上的"使用"按钮，稍后系统弹出"使用成功"提示，单击"确定"按钮，可以看到窗口右上方"状态"项目下已显示"使用"字样，表示使用成功，如图 4-73 所示。

请读者对其他 BOM 单进行"使用"操作。

（2）BOM 单的"反使用"方法是：在"BOM 维护资料"窗口中选择该 BOM 单记录后，单击菜单【功能】→【反使用】项即可。

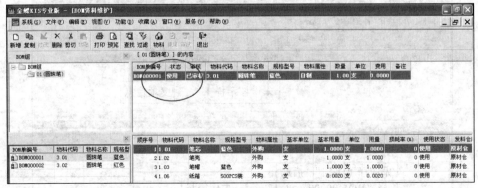

图 4-73　使用后的窗口

4.2.9　采购价格资料

采购价格资料是用于维护每一供应商所供应物料的价格信息的。在进行采购订单时，系统会自动首先引用该"价格"，以提高单据处理速度。

采购价格资料中可以同时针对同一物料，不同供应商设置不同的价格。例如，采购标准件 M16 螺丝，A 供应商为 1 元/条，B 供应商为 2 元/条，当设置"采购价格资料"并审核后，在进行"采购订单"处理时，系统会根据螺丝物料下达的供应商自动引用对应的价格资料。

采购限价处理同时也在"采购价格资料"中维护，当采购业务发生时下达的价格高于"最高限价"，单据保存时，系统会弹出超出最高限价提示窗口。

单击【基础设置】→【采购价格资料】，进入"采购价格管理"窗口，如图 4-74 所示。

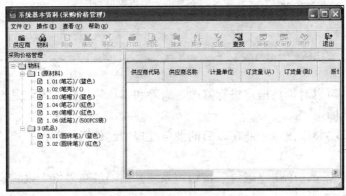

图 4-74 "采购价格管理"窗口

- **供应商**：工具栏中"供应商"按钮是用于查询所有供应商下不同物料的价格资料档案的。
- **物料**：工具栏中"物料"按钮是用于查询所有物料下不同供应商的价格资料档案的。

例 9：设置由"深圳东星文化用品公司"供应的、价格为"1 元/每支"的"1.01 笔芯-蓝色"，以此说明采购价格资料的处理方法。

（1）在"采购价格管理"窗口左侧选中"1.01 笔芯/蓝色"物料，单击"新增"按钮，系统进入"供应商供货信息"设置窗口。在此窗口中，供应商代码按 F7 功能键获取"01 深圳东星文化用品公司"，报价设置为"1"，如图 4-75 所示。

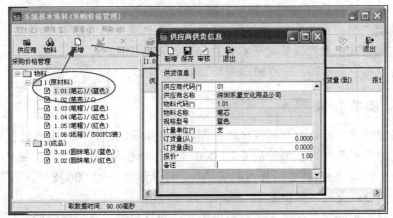

图 4-75 采购价格设置

（2）单击"保存"按钮保存设置。单击"关闭"按钮返回"采购价格管理"窗口，在右侧窗格可以看到设置成功的价格信息，如图 4-76 所示。

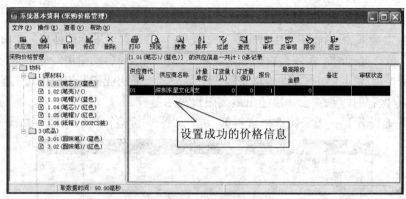

图 4-76　设置成功的价格信息

在右侧窗格,可以对价格信息进行修改、删除和审核等操作,方法是选中该条价格记录后,单击相应按钮即可。

(3) 价格信息必须审核后才能在以后的业务处理中起作用。单击"审核"按钮审核该条价格资料。

(4) 选中价格记录,单击"限价"按钮,系统弹出"最高限价"设置窗口,最高限价设置为"2",如图 4-77 所示。

图 4-77　供应商供货最高限价窗口

- **当前供应商**:当前设置只对选中的价格信息记录中的供应商有效。
- **所有供应商**:当前设置对所有供应商进行最高限价。

(5) 单击"确定"按钮,保存最高限价设置。

4.2.10　销售价格资料

销售价格资料维护是针对不同客户,不同销售订单量的销售单价资料进行维护。例如,在深圳科林公司购买笔时,订单量从 0~1 000 支时,单价是 10 元,订单量从 1 001~5 000 支时,单价是 9.5 元;而东莞丽明公司购买笔时,订单量从 0~1 000 支时,单价是 11 元,订单量从 1 001~5 000 支时,单价是 10 元。

当价格资料维护好后,在录入销售报价单和销售订单时,系统会根据客户信息和订单量信息,自动从价格资料中提取销售单价,如果系统识别无此客户的价格资料时,则单价需要操作人员手工录入。这样省去了手工录入单价容易出错的麻烦。当同一客户,同一订单量范围的单价经常变化时,建议不使用"价格资料维护"。

（1）单击【基础设置】→【销售价格资料】，系统进入"销售价格资料"管理窗口，如图 4-78 所示。

图 4-78 "销售价格资料"管理窗口

（2）在"销售价格资料"管理窗口，可以进行价格方案的新增、查看和修改等操作。单击"新增"按钮，系统进入"销售价格资料"维护窗口，如图 4-79 所示。

图 4-79 "销售价格资料"维护窗口

- **价格政策代号**：录入新增价格方案的编号。
- **价格政策名称**：录入新增价格方案的名称。
- **优先级**：设置本价格方案的优先级别。
- **周期设置**：如果价格方案需要进行"周期控制"，则单击"周期设置"按钮，系统弹出"周期设置"窗口，如图 4-80 所示。

在"周期设置"窗口，可以设置本价格是每天几点开始，几点结束；或者是一周中的某天的几点开始，几点结束；或者是每月的第几天或第几周的几点开始，几点结束。

- **组合类别**：可以针对客户与物料、客户类别与物料、物料与客户等多种组合方式进行价格方案设置。

在进行价格资料维护时，必须对上述项目进行设置

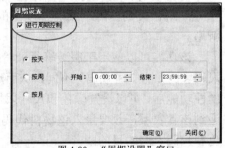

图 4-80 "周期设置"窗口

后方可录入"价格资料"。例如，价格政策编号录入"01"，价格政策名称录入"客户价格"，优先级保持默认值，组合类型选择"客户和物料"，单击"保存"按钮，保存政策信息，如图 4-81 所示。

图 4-81 价格政策录入

价格政策信息保存后，可以进行价格明细资料的维护。选择客户下的"深圳科林"，单击"新增"按钮，系统进入"价格明细维护"窗口，如图4-82所示。

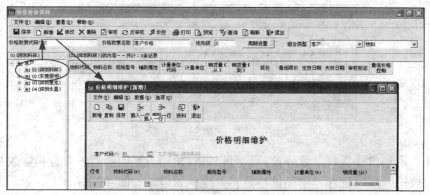

图4-82 "价格明细维护"窗口

在表单中录入某物料从什么数量到什么数量，是什么币别，报价是多少，以及什么日期生效和什么日期失效等，录入完成单击"保存"按钮即可。一个表单可以录入多个价格明细，即在同一表单中可以同时录入同一物料不同数量段的报价情况。

在本书实例账套中暂时不用设置销售价格资料。

4.2.11 物料辅助属性

物料辅助属性是针对核算项目"物料"管理项中的"辅助属性类别"进行对应管理的。当物料辅助属性类别和档案建立后，可以在新增"物料"的同时选中要使用的"辅助属性类别"，在业务单据处理时，系统要求同步录入对应的辅助属性档案。

物料辅助属性类别有基本类和组合类之分。基本类是指单一的辅助属性，如颜色、尺寸等；组合类则由两个或两个以上的基本类组成，新增组合类前必须先进行相应基本类的新增。

该功能可以应用于服装等行业管理中，如同一款衣服，由于颜色（例如有3种颜色）和尺码（例如有3种尺码）不同，从而形成不同的物料编码档案（共有9种编码）。当使用辅助属性功能后，可以设置颜色和尺寸属性，并同步设置对应的"属性档案"。在业务单据处理时，遇到该款衣服，只要录入该物料代码，然后依次选择颜色和尺码资料，即可达到管理不同颜色和尺码衣服的目的。

例10：辅助属性功能的应用效果。

（1）切换到"KIS演示账套"，如图4-83所示。

（2）单击【基础设置】→【物料辅助属性】，系统进入"物料辅助属性管理"窗口，如图4-84所示。

（3）选择"辅助属性"下的基本类或者组合类，单击"新增"按钮，可以进行属性类别的新增处理，如图4-85所示。

（4）新增属性档案。选中属性类别，如"颜色"，在右侧窗格单击，再单击"新增"按钮，系统弹出"新增基本辅助属性"窗口，代码录入"11"，颜色录入"不知道颜色"，如图4-86所示。

第 4 章 基础设置

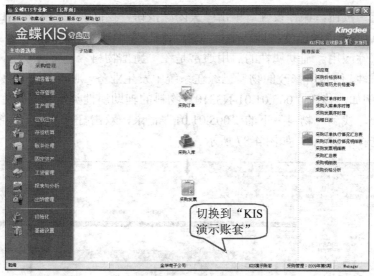

图 4-83 切换到 KIS 演示账套

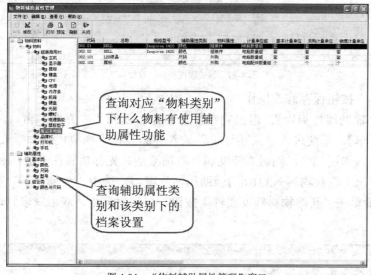

图 4-84 "物料辅助属性管理"窗口

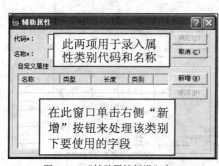

图 4-85 "辅助属性新增"窗口

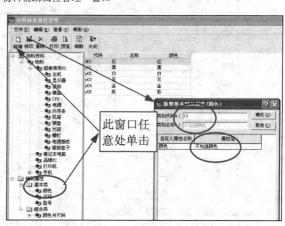

图 4-86 "新增基本辅助属性"窗口

单击"确定"按钮,保存设置,单击"关闭"按钮,返回属性档案显示窗口,可以看到新增成功的"11-不知道颜色"属性档案。

(5)辅助属性应用。辅助属性的启用通常是在"新增物料"档案时设定,也可以对物料档案修改辅助属性,但是所修改的物料已经在系统中发生业务,则该物料不能设置和修改"辅助属性类别"。例如,修改"005.01.01-N3310"物料的辅助属性类别为"颜色"。进入"核算项目"管理窗口,找到"物料"下的"005.01.01"记录,双击打开"修改"窗口,在"辅助属性类别"处选择"颜色",如图4-87所示。

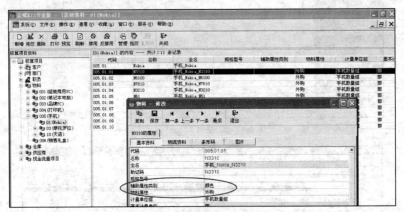

图4-87 辅助属性类别设置窗口

单击"保存"按钮保存修改操作。

(6)测试"辅助属性类别"。退出物料管理窗口,返回"主界面"窗口,单击【采购管理】→【采购订单】,系统进入"采购订单"录入界面。在"物料代码"框录入"005.01.01"后系统自动获取该物料档案,同时"辅助属性"项激活。光标放置在"辅助属性"处,按F7功能键,系统弹出"查找物料N3310的辅助属性"窗口,选中"全部显示"项,选中要使用的"颜色",然后单击"新增物料辅助属性"按钮,该颜色启用,双击获取到单据窗口中,如图4-88所示。

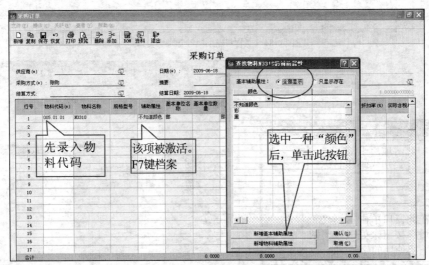

图4-88 辅助属性应用窗口

4.2.12 辅助资料

辅助资料项是用于对前面基础设置中的部分项目进行管理,如职员档案中的学历信息就是在"辅助资料"中管理的。

单击【基础设置】→【辅助资料】,系统进入"辅助资料"管理窗口,如图4-89所示。

在"辅助资料管理"窗口中可以进行新增、修改辅助资料等操作,操作方法可以参照前面的功能模块。当辅助资料新增完成后,可以在相应的基础设置中进行引用。例如,在文化程度中再新增一个"博士后"档案,然后可以在职员管理时选择"博士后"这一文化程度。

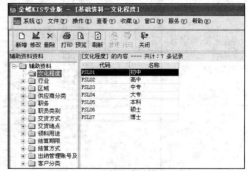

图4-89 "辅助资料管理"窗口

4.2.13 收支类别

收支类别是针对应收应付模块中的其他收入单和费用支出单而设计的,它分为收入类别和支出类别,分别对应其他收入费用单和相关报表引用。通过收支类别的定义,可以统计和核算非主营收支的资金分类,收支类别同时绑定会计科目,在生成凭证时引用。

单击【基础设置】→【收支类别】,系统进入"收支类别"管理窗口,系统默认无档案资料,用户要使用时根据实际情况录入即可。选中收入类别或支出类别,单击"新增"按钮,系统弹出"收支类别-新增"窗口,如图4-90所示。

图4-90 KIS演示账套中收支类别界面

在新增窗口中录入代码、名称和科目后,单击"保存"按钮保存即可。在"收支类别"窗口中,可以进行明细资料的修改、删除和禁用等操作。

4.2.14 单据设置

单据设置主要是针对业务系统中单据的编码规则以及单据保存后是否自动审核进行设置。

单击【基础设置】→【单据设置】,系统进入"单据设置"管理窗口,如图4-91所示。

选中要修改的单据类型,单击"修改"按钮,系统弹出"修改单据参数设置"窗口,如图4-92所示。

(1)编码设置。

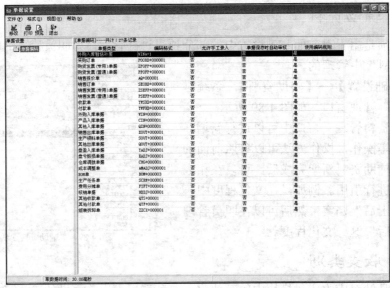

图4-91 "单据设置"窗口

该项目有以下3种格式。

● **自定义**：用户自定义字符串，可在格式栏直接录入字符串，注意字符串不包括''、'$'、'|'特殊字符，至少包括字母（大小写）、数字、中文等特殊字符。根据格式栏自定义字符串长度产生，锁定不可编辑。补位符和替代符无编辑意义。

● **日期**：支持yyyy/mm/dd、mm/dd/yy、yy/mm/dd、yyyy-mm-dd、mm-dd-yy、yy-mm-dd、yyyymmdd、yymm、mmyy、yy-mm、mm-yy 格式。注意，增加年月日格式。长度：根据格式长度系统产生，锁定不可编辑。补位符：锁定、不可编辑。替代符：如果单据不存在日期，能够替代的字符。

● **流水号**：整数值>=0，标志单据流水的起始值及当前单据流水号当前值。单据保存后根据最新的流水号进行更新，对应原当前值。长度：决定流水号的起始值及格式，以整数（正）表示，例如3表示从00X产生流水号，X为格式值。补位符和替代符：锁定、不可编辑。

（2）选项。

选项控制窗口如图4-93所示。

图4-92 "修改单据参数设置"窗口

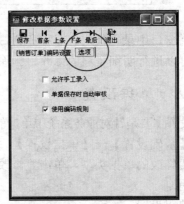

图4-93 选项控制窗口

- **允许手工录入**：选中该项，表示单据编码可手工修改；在不使用编码规则的情况下，此选项选中，且锁定不可编辑；如果使用编码规则，此选项激活可选中或不选中，默认不选中。
- **单据保存时自动审核**：选中该项，该单据保存后自动审核；反之，不审核，需要人工审核。
- **使用编码规则**：如果不选择"使用编码规则"项，单据编码将不会根据编码规则产生，默认不选中，需要用户手工维护单据编码；如果选中该项，则按照编码规则产生单据编码，如果设置使用编码规则，必须设置编码项目组合，包括流水号的定义。

4.2.15 条形码规则

在 KIS 专业版中，物流条形码应用方案有两种，一种是条码等同于代码，如物料 A 的代码是 6903193417011，通过条码输入设备可以直接扫描输入该条码，系统转换条码为物料代码。系统认为这种条码不需要解析。

另一种是高级应用方式，条码包含较多的信息，如物料 A 的代码、保质期、批号、金额等信息。可以通过扫描条码将这些信息一次性录入到单据。这种情况下的条码需要解析。

不需要解析的条码主要是指符合国家条码管理委员会规定的条形码。一些企业如果在内部管理中只是为了简化录入、提高物料录入准确率，也可能使用不需要解析的企业内码。这种条码必须录入到系统中。

需要解析的条码是指条码包含较多的信息，在制单时希望通过扫描直接将这些信息填到单据上去。这种条码不需要输入到系统中，而只需要制定条码规则、指定单据与条码的关联关系就可以了。

1. 不需要解析的条形码的设置

所有核算项目都支持条形码的设置。以核算项目"物料"为例进行说明，其他的核算项目可以参考进行处理。

在核算项目管理窗口，选中要设置条形码的物料记录，双击进入修改窗口，单击"条形码"选项卡，进入条形码设置窗口，如图 4-94 所示。

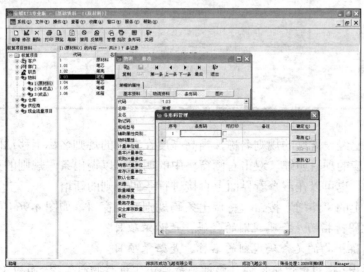

图 4-94 条形码设置窗口

条形码设置窗口支持一品多码的设置，但不允许一个条码对应多个物料。条形码项目支持录入也支持扫描；"可打印"列为可勾选项，但只能有唯一一条记录能勾选。该列非必选项，可由客户随时更改选项，被勾选的条形码可以在单据套打中获取打印，必须由客户在对应的套打模板中（如：采购入库单）设置条形码字段。备注字段用来对条形码字段作进一步说明，为非必录项。

对条形码项目进行手工录入或扫描后，自动新增一条分录，并将光标移动到新增分录的条形码项目处。

将光标停在准备删除的分录上，按删除按钮，可对整条分录进行删除。

直接将光标停留在准备删除的备注上，使用 delete 或 backspace 键对备注进行删除，或删除后进行修改；单击确定按钮，对修改或删除结果进行保存。

对于已经设置过条形码的物料，可以单击物料属性项目"条形码"的按钮进入条形码设置窗口进行查看、修改、删除等操作。

2. 需要解析的条形码的设置

需要解析的条形码，不能将条形码设置在物料属性的条形码选项卡中，而必须设置条形码规则并且将条形码规则与单据进行关联。

单击【基础设置】→【条形码规则】，系统进入"条形码规则"窗口，如图4-95所示。

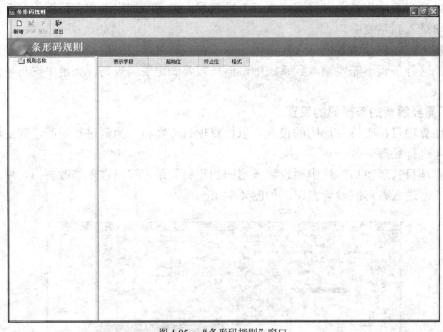

图 4-95 "条形码规则"窗口

左侧窗格是已经设置好的规则名称，当高亮度在左侧的规则名称上移动时，右侧窗格中将出现该规则对应的项目明细。双击右侧窗格中的明细可以调出条码规则的查看界面，并可以对之进行修改。也可以在该查看界面上直接进行条码规则的新增。

单击工具栏上的"新增"按钮，将调出条码规则新增窗口，如图4-96所示。

- **规则代码**：指的是条码规则的代码，是必录项目。
- **规则名称**：指的是条码规则的名称，是必录项目。
- **企业标识**：指的是企业内部自己订制条码用于进行物料管理，而为了与标准条码(用于物料流通的条码）相区别，企业一般会给自己订制的条码规定一个企业标识。当然，也允许不使用企业标识。非必录项目。

- **起始位、终止位**：含义类似于"从"与"至"的含义。比如条码6903193418116，从第1位至第3位，也就是690，表示的含义是"中国"。那么，起始位是1，终止位是3。

- **表示字段**：是从系统中提炼出来的在单据上和物料上有可能用到的项目，用来标志条码的含义。如从第4位到第8位表示的是金额，那么在选择起始位和终止位后，表示字段就应该选择为"金额"。

- **格式**：指的是字段的格式。共有3种格式：文本型、数值型、日期型。对于每个字段都必须指定数据格式。文本型的字段格式默认就是文本型，并且不允许修改。

图 4-96　条形码规则定制窗口

4.2.16　条形码关联

定义好规则之后，进入条码关联窗口对条码与单据进行关联。通过指定关联关系，将来在制作单据时，可以通过关联关系来解析条码信息。

单击【基础设置】→【条形码关联】，系统进入"条形码关联"窗口，如图4-97所示。

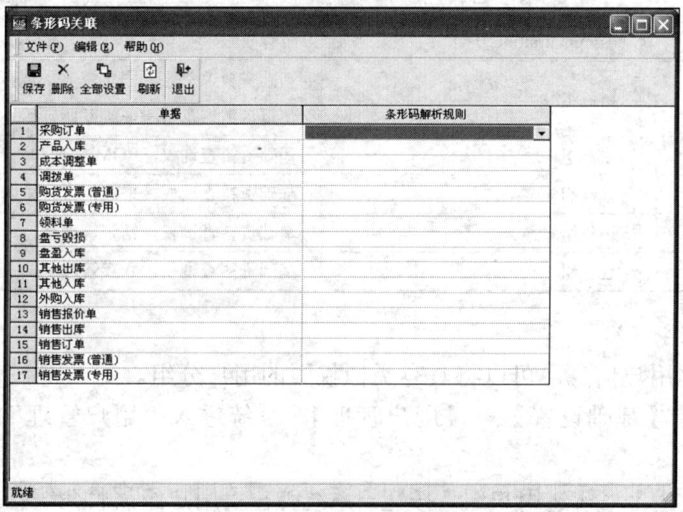

图 4-97　"条形码关联"窗口

在对应单据类型下选择所要采用的"条形码解析规则"后，单击"保存"按钮保存设置。

定义好条码规则与单据的关联关系，并且使用条码打印软件打印出条码之后，要使用条码的解析功能，还必须将单据状态设置成需要进行条码解析的状态。例如，外购入库单。在新增外购入库单窗口，将菜单【查看】→【选项】→【条形码解析】选中，这样，才能在条码录入后按照与外购入库单关联的条码规则进行条码的解析，如图4-98所示。

图 4-98　启用条形码解析功能

选中"条形码解析"后,就可以在单据录入时将条形码按照指定的解析规则进行解析。

4.2.17　用户管理

用户管理是指对使用该账套的操作人员进行管理。对用户使用账套的权限进行控制,可以控制哪些用户可以登录到指定的账套,可以使用账套中的哪些子系统或哪些模块等。

系统中预设有 1 个用户(manager 即系统管理员用户)和两个用户组,用户可以在系统中增加用户并进行相应的授权。

例 11:根据表 4-11 中的数据进行用户管理。

表 4-11　　　　　　　　　　成功飞越公司账套的用户

用　户　名	用　户　组	权　　限
陈静	Administrators	所有权限
何陈钰	财务组	基础资料、总账、固定资产、现金管理、工资和存货核算使用,销售发票和采购发票
张强	生产组	基础资料查询权,BOM 管理和生产任务管理
张琴	采购组	基础资料查询权,采购建议和采购管理
郝达	销售组	基础资料查询权,销售管理
王平	仓存组	基础资料查询权,仓存管理

1. 新增用户组

为了方便管理用户信息,可以将具有类似权限的用户分组。

(1)单击菜单【基础设置】→【用户管理】,系统进入"用户管理"窗口,如图 4-99 所示。

(2)单击工具栏上"新建用户组"按钮,系统弹出"用户组属性"窗口,录入"财务组"、"财务核算",如图 4-100 所示。

(3)设置完成后单击"确定"按钮,进行保存,这时在"用户管理"窗口下方可以看到已经新增的"财务组"内容。可采用同样方法新增其他用户组。

2. 新增用户(如"何陈钰")

(1)单击工具栏上"新建用户"按钮,系统弹出"新增用户"窗口,如图 4-101 所示。

(2)在"用户"选项卡页面的"用户姓名"框中录入"何陈钰",其他项保持默认值。

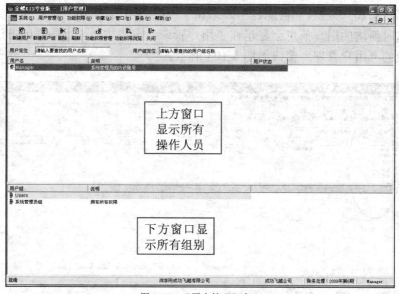

图 4-99 "用户管理"窗口

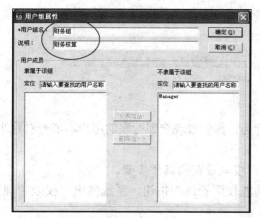

图 4-100 新增用户组窗口

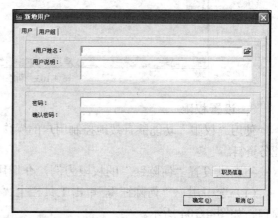

图 4-101 "新增用户"窗口

（3）在"用户组"选项卡中，选中"财务组"，如图 4-102 所示。

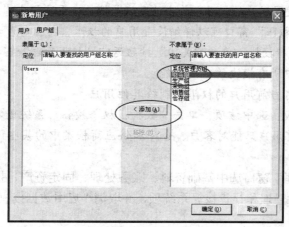

图 4-102 用户组设置窗口

（4）单击"添加"按钮，"何陈钰"即隶属于"财务组"。单击"确定"按钮，保存新增用户设置，这时新增的用户信息会显示在"用户管理"窗口中，采用同样的方法增加其他用户。新增完成的"用户管理"窗口如图4-103所示。

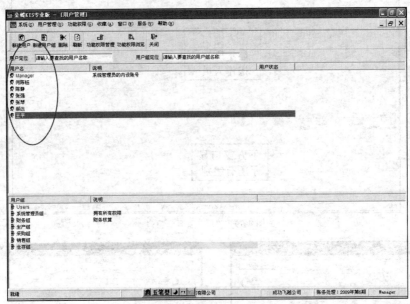

图4-103　新增用户成功窗口

3. 设置权限

使用"权限"功能能有效地控制用户的操作行为，如管理现金银行账的用户不能查看往来业务资料。

下面以设置"何陈钰"的权限为例，介绍用户权限设置的具体步骤。

（1）选中用户"何陈钰"，单击工具栏上"功能权限管理"按钮，系统弹出"权限管理"窗口，如图4-104所示。

● **权限组**：系统中所涉及的权限内容列表，在方框中打勾表示选中。其中查询权表示只能查看，管理权表示可以修改、删除等。

● **高级**：详细设置用户的权限。单击"高级"按钮，系统弹出"用户权限"窗口，如图4-105所示。在"用户权限"窗口可以详细设置用户的权限，打上勾表示选中。单击"授权"按钮对所选中的功能进行授权，单击"关闭"按钮返回"权限管理"窗口。

● **查询权**：选中所有模块的查询功能。

● **权限复制**：将当前用户的权限复制给其他用户。

● **启用数据授权**：选中该项，单击"数据授权"按钮，系统进入"数据授权"窗口。在本窗口可以设置当前用户只能对客户、仓库和供应商档案中的某些记录有操作权限，如图4-106所示。

（2）在"权限管理"窗口选中基础资料、账务处理、固定资产、报表、财务分析、出纳管理、工资、应收应付管理和存货核算系统项，并取消"启用数据授权"的选中，如图4-107所示。

图 4-104 "权限管理"窗口

图 4-105 高级权限设置窗口

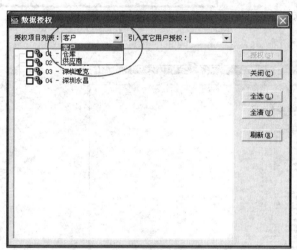
图 4-106 数据授权窗口

图 4-107 选中权限并授权

（3）单击"授权"按钮，保存权限功能。其余用户的权限可用同样方法设置。
"数据权限"的设置方法同字段权限的设置方法类似，读者可以自行练习。

> **注意** 由于权限设置是一项比较复杂的工作，在学习本书账套中，为了每一位操作人员在"实例"练习时能顺利操作，每一位操作人员可以选择所有模块的"查询权"和"管理权"。
> 在实际工作中，作为"权限"分配者，一定要仔细测试每一位操作人员的权限是否符合企业的安全要求。

4．修改、删除用户

可以在用户属性中修改用户信息。用户删除是指将未使用本账套的用户从系统中删除。已发生业务的用户不能被删除，但可利用"用户属性"设置功能，勾选"此账号禁止使用"项，则该用户不能再使用该账号登录本账套。

单击菜单【用户管理】→【属性】，系统弹出"用户属性"窗口，在"用户属性"窗口中，可以修改该用户的名称、密码和隶属的组别，以及是否禁用。

当某些用户未使用该账套时，为便于管理可以将该用户从系统删除，方法是在"用户管理"窗口选中要删除的用户，单击菜单【用户管理】→【删除】按钮即可。

4.2.18 上机日志

"上机日志"功能用于记录什么时间，哪个用户，进行了何种操作，以及操作的结果，以便于留下操作查找线索。上机日志系统设定为 5 000 条记录，超出 5 000 条记录，系统即按照先进先出的方式删除上机日志记录，保留最新的 5 000 条记录。上机日志记录可进行查看、引出、打印等项处理。

单击菜单【基础设置】→【上机日志】，系统弹出"过滤条件"窗口，如图 4-108 所示。

在过滤窗口中，可以输入用户名称、使用模块名称和时间范围等条件。

条件设置完成，单击"确定"按钮，系统将满足条件的上机日志显示出来，如图 4-109 所示。

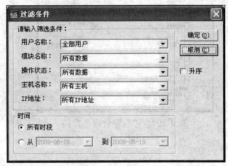

图 4-108　上机日志过滤窗口

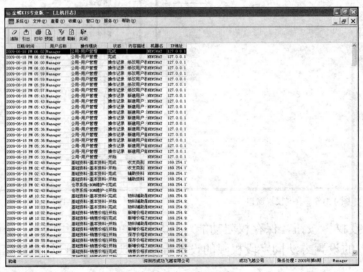

图 4-109　上机日志记录窗口

上机日志记录可以进行打印、引出和清除等操作。

4.3　习题

（1）写出系统设置流程？
（2）会计期间能否设置为 13 个期间？
（3）业务系统是否必须与账务处理同一期间启用？
（4）在物料档案新增时，明细资料与上级资料的代码使用什么方式联系？
（5）BOM 档案要在什么状态下才能被"采购建议"和"生产领料"模块引用。

第5章 初始化

学习重点

通过本章的学习，了解初始化的意义、每一模块初始化数据的准备、初始化数据的录入，以及各模块之间初始化数据录入的先后次序。

5.1 初始化设置流程

账套初始化是会计软件系统中十分重要的工作，它是整个工作的基础。初始化数据的好坏，将直接影响到系统后期的运行质量。

初始化设置流程：初始化准备→系统参数设置→基础资料设置→初始数据录入→结束初始化。

- **初始化准备**：充足的初始化准备工作能让整个系统的初始化设置工作顺利进行。初始化设置准备工作包括准备账套启用时各会计科目的期初余额、本年累计借方金额、本年累计贷方金额，以及准备物料的期初结存数据等。
- **初始数据录入**：初始数据是根据所需使用的模块系统录入，如用户只购买了账务处理、报表与分析系统，则只需录入各会计科目的期初余额、本年累计借方发生额、本年累计贷方发生额；若是在年初启用账套，则只需录入年初余额。
- **启用系统**：启用系统即为结束初始化工作，所有期初数据录入完成后，可以结束初始化工作。只有结束初始化工作后才能进行日常的业务处理，如仓存日常的出入库业务等。

单击【初始化】主功能选项，系统切换到"初始化"明细窗口，如图5-1所示。

- **科目初始数据**：录入会计科目启用时的期初数据。针对"账务处理"模块。
- **固定资产初始数据**：录入固定资产初始卡片。针对"固定资产"模块。
- **现金流量初始数据**：录入启用期间时的现金流量初始数据。针对"报表与分析"中的"现金流量表"。
- **启用财务系统**：是指财务模块的初始化工作完成，可以结束初始化工作。
- **存货初始数据**：录入启用期间时仓库所存有的物料数量和金额。针对存货核算和仓存管理模块。
- **暂估入库单**：录入启用期间前已入库处理，但未开具采购发票的外购入库单。针对存货核算管理和采购管理模块。
- **未核销出库单**：录入启用期间前已经出库处理，但未开具销售发票的销售出库单。针对销售管理模块。

图 5-1 初始化明细窗口

- **启用业务系统**：是指业务模块的初始化工作完成，可以结束初始化工作。
- **出纳初始数据**：录入启用期间时现金银行各科目的期初数据。针对"出纳管理"模块。
- **启用出纳系统**：是指出纳模块的初始化工作完成，可以结束初始化工作。
- **应收应付初始数据**：录入启用间时客户和供应商的初始数据。针对"应收应付"模块。

实际初始化处理时是根据账套中所需要使用的模块进行初始化操作。如果账套中只使用账务处理系统时，则只需要录入"科目初始数据"即可，如果账套中只使用仓存管理系统时，则只需要录入"存货初始数据"。

本书中"成功飞越公司"账套将使用所有系统，所以各模块的初始数据都必须录入。当使所有系统时，建议初始化处理流程为先业务初始化，再财务初始化，这样方便将业务中的部分数据传递到"科目初始数据"中，以提高初始化工作的效率。

5.2 业务系统初始化

业务系统初始化是指存货初始数据、暂估入库单和未核销出库单 3 种业务数据处理。

5.2.1 存货初始数据

存货初始数据是录入启用期间时仓库所存有的物料数量和金额，也就是每一种物料在不同的仓库中，启用时的期初数量、期初金额、本年累计入库数量、本年累计出库数量等。

单击【初始化】→【存货初始数据】，系统进入"存货初始数据"录入窗口，如图 5-2 所示。窗口左侧显示账套中仓库档案，窗口右侧显示不同仓库下各物料的期初数据。期初数据窗口各项目说明如下。

- **物料代码**：录入物料代码，可单击工具栏"查看"按钮或按 F7 键获取。
- **物料名称、规格型号、计价方法**：由系统根据选择的物料代码直接录入，用户不能另行设置。
- **辅助属性**：根据基础资料物料定义，没有辅助属性不允许录入。按 F7 键获取。
- **单位**：该物料的常用计量单位，由系统根据选择的物料代码直接录入，用户可以使用快捷键 F7 另行改为同组的其他计量单位。系统最终会根据用户录入的数据自动换算成基本单位计量。

- **批次/顺序号**：物料采用的计价方法为分批认定法、先进先出法、后进先出法要使用到该字段；物料要进行业务批次管理时要使用到该字段。当物料不进行批次管理但采用保质期管理时，仍可调出批次录入的窗口。录入时，注意批次不允许用户录入，保质期允许录入，但保质期的录入规则和原有一致，不进行更改。
- **年初数量**：启用期所在年度的年初存货数量余额，用户不必录入，由系统根据平衡公式算出。平衡公式是：年初数量=期初数量－本年累计收入数量＋本年累计发出数量。
- **年初金额**：在启用期所在年度的年初存货金额余额，平衡公式是：年初金额=期初金额－本年累计收入金额＋本年累计发出金额。
- **本年累计收入数量**：启用期所在年度至启用期前的期间为止的时间段中，企业累计的存货收入数量，用户根据实际情况录入。
- **本年累计收入金额**：启用期所在年度至启用期前的期间为止的时间段中，企业累计的存货收入金额。
- **本年累计发出数量**：启用期所在年度至启用期前的期间为止的时间段中，企业累计的存货发出数量，用户根据实际情况录入。
- **本年累计发出金额**：启用期所在年度至启用期前的期间为止的时间段中，企业累计的存货发出金额。
- **期初数量**：在启用期当期的期初存货数量余额，用户根据实际情况录入。
- **期初金额**：在启用期当期的期初存货金额余额。
- **生产日期/采购日期**：是采用保质期管理的物料所必须录入的数据。
- **入库日期**：录入入库日期，用于计算库龄。默认为启用账套的期间的前一天。
- **保质期**：采用保质期管理的物料所必须录入的数据，系统由【基础设置】→【核算项目】→【物料】中的<保质期（天）>中自动带入。
- **有效期至**：有效期至=生产日期/采购日期－保质期。

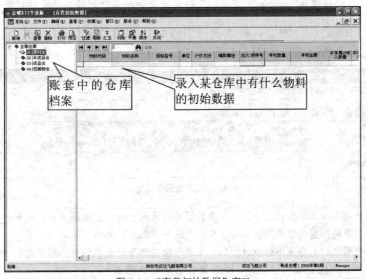

图 5-2 "存货初始数据"窗口

例 1：新增表 5-1 中物料初始数据。

（1）先选择"原材仓"，然后将光标放置到"物料代码"处，单击工具栏上"查看"按钮，系统弹出"核算项目-物料"窗口，如图5-3所示。

表5-1　　　　　　　　　　　　　　物料初始数据

仓库名称	物料代码	物料名称	本年累计收入数量	本年累计收入金额	本年累计发出数量	本年累计发出金额	期初数量	期初金额
原材仓	1.01	笔芯-蓝色	50000	5000	40000	4000	10000	1000
原材仓	1.02	笔壳	50000	15000	40100	12030	9900	2970
成品仓	3.01	圆珠笔	40000	24000	35000	21000	5000	3000

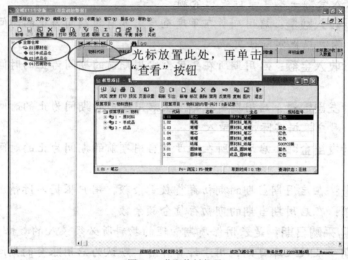

图5-3　获取物料代码

小技巧　　光标放置"物料代码"处时，按下键盘上"F7"功能键，系统同样可以弹出"核算项目-物料"窗口，可以称"F7"功能键为"万能查询键"。

在"核算项目-物料"窗口，可以即刻对物料进行新增、修改和审核等操作。

（2）双击"1.01 笔芯"物料，将该物料引入到"初始数据录入"窗口，按表5-1数据录入初始数据，录入成功的窗口如图5-4所示。

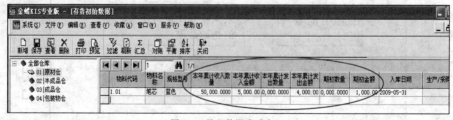

图5-4　录入数据成功窗口

提示　本年累计收入和本年累计发出，这两项数据是否录入视各企业管理而定。如果销售管理系统与财务系统同时启用，则必须录入，否则会导致无法与"总账"数据一致。

当物料采用的计价方法为分批计价法、先进先出法和后进先出法时，则"批次/顺序号"需要录入。

采用计划成本法的物料，差异金额需要根据实际情况录入。

（3）单击"新增"按钮，继续录入表5-1中其他物料的期初数据，新增成功后的窗口如图5-5所示。

图 5-5　新增录入窗口

（4）单击"保存"按钮，保存初始数据的录入。

在存货初始化时，系统提供将存货初始数据自动转为财务初始数据，同时传递到账务处理系统，减轻了账务系统初始化工作，避免手工录入容易造成的错误。在"初始化数据"录入窗口，单击工具栏上"对账"按钮，系统进入"对账"窗口，如图 5-6 所示。

窗口中显示由物料属性中所设置的"存货科目代码"，并根据录入的初始数据汇总到"总账"中的会计科目。单击"传递"按钮，系统弹出提示窗口，如图 5-7 所示。

图 5-6　"对账"窗口

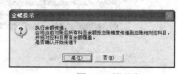

图 5-7　提示窗口

单击"是"按钮，系统则将初始数据传递到"总账"系统。单击"录入"按钮，返回初始数据录入状态。

5.2.2　暂估入库单

此功能是录入截止启用期间前已经收到货物，但是还未开具采购发票进行核算的外购入库单，以暂估入库核算成本的单据。录入暂估入库单是为了在开具采购发票时，重新核算材料入库成本。

单击【初始化】→【暂估入库单】，系统弹出"条件过滤"窗口，保持默认值，单击"确定"按钮，系统进入"暂估入库单"单据管理窗口，如图 5-8 所示。

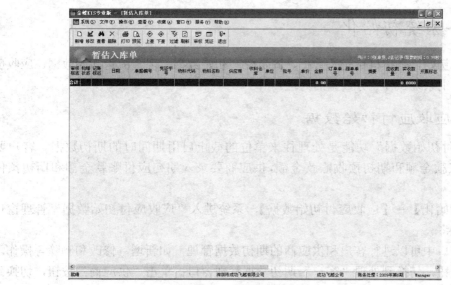

图 5-8　"暂估入库单"窗口

在单据管理窗口可以进行"暂估入库单"的新增、修改和删除等操作。暂估入库单的操作方法可以参照后面的 13.2.2 小节。

5.2.3 录入启用期前的未核销销售出库单

此功能是录入在系统启用期前已经开具销售出库单，但是尚未开出销售发票的单据，录入本单据是为了以后系统方便进行发票的核销处理工作。

单击【初始化】→【未核销出库单】，系统弹出"条件过滤"窗口，在此保持默认值，单击"确定"按钮，系统进入"未核销出库"单据管理窗口，如图 5-9 所示。

在单据管理窗口可以进行"未核销销售出库单"的新增、修改和删除等操作。具体操作方法可以参照后面的 12.2.3 小节。

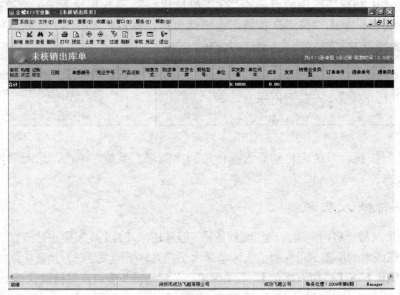

图 5-9 "未核销出库单"窗口

5.3 财务系统初始化

财务系统初始化是指科目初始数据、固定资产初始数据、现金流量初始数据、应收应付初始数据和出纳系统 5 种业务数据的处理。

5.3.1 应收应付初始数据

"应收应付初始数据"功能是处理往来单位的截止启用期间时的期初数据。客户要录入期初应收账款金额和期初预收账款金额，供应商要录入期初应付账款金额和期初预付账款金额。

单击【初始化】→【应收应付初始数据】，系统进入"应收应付初始数据"管理窗口，如图 5-10 所示。

在管理窗口中可以进行客户和供应商的期初数据管理，如新增、修改和删除等操作。单击"客户"按钮，切换到处理"客户"期初数据管理窗口；单击"供应商"按钮，切换到处理"供应商"期初数据窗口。

第5章 初始化

图 5-10 "应收应付初始数据"管理窗口

1. 应收初始数据

应收初始数据是指录入所有"客户"的初始数据。下面以表 5-2 中数据为例,介绍"客户"初始数据处理方法。

表 5-2 客户初始数据

客　　户	日　　期	应收账款	预收账款	期初余额	本年累计借方	本年累计贷方
深圳科林	2009-05-31	28 600.00		28 600.00	120 000.00	91 400.00
东莞丽明	2009-05-31	8 800.00		8800.00	20 000.00	12 000.00
深圳爱克	2009-05-31	25 000.00		25 000.00	90 000.00	65 000.00

(1)首先选择正确的币别,在此选择"人民币",并将光标置"客户代码"处,单击工具栏上的"查看"按钮,系统弹出"客户"档案窗口,如图 5-11 所示。

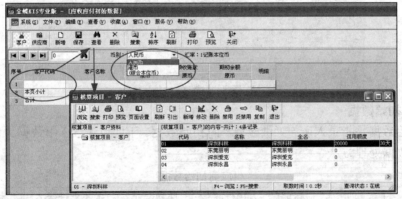

图 5-11 获取客户档案窗口

(2)双击"01 深圳科林"客户记录,弹出初始化管理窗口。单击"明细"下的打"√"按钮,系统进入"应收应付初始余额录入"窗口,如图 5-12 所示。

往来初始数据有两种处理方法。一种是余额法,即将截止启用期间时该客户所有未收到"应收账款金额"和"预收账款金额"汇总为一条记录录入;该方法能简单、快速地完成初始化,缺点是在以后的核销时不能明细知晓所收到款为某某销售发票的货款。另一种是明细法,即将截止启用期间时该客户所有未收到"应收账款金额"和"预收账款金额"一条一条进行录入;优点是在以后收到货款时,能有效地知晓为某某销售发票的金额,并且方便未来往来对账处理,缺点是工作量大。在此暂时采用第一种方法。

(3)在"应收账款"的"原币"下录入"28 600",单击"保存"按钮保存录入。单击"关闭"按钮返回"应收应付初始数据"管理窗口,系统将所保存的数据返写到相应项目下。

97

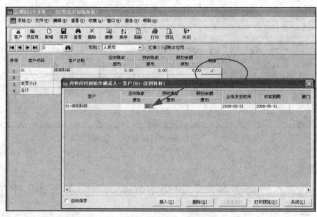

图 5-12 "应收应付初始余额录入"窗口

若要修改初始数据时,可以单击对应"客户"的"明细"按钮,进入"应收应付初始余额录入"继续修改并保存即可。

(4)将光标放置第二行,按照前面步骤录入其他客户的初始数据,单击"保存"按钮保存数据,录入完成的窗口如图 5-13 所示。

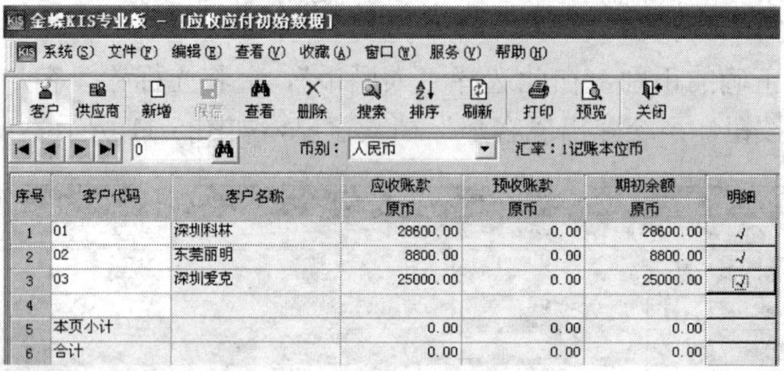

图 5-13 客户初始数据录入完成窗口

2. 应付初始数据

应付初始数据是指录入所有"供应商"的初始数据。下面以表 5-3 中数据为例,介绍"供应商"初始数据处理方法。

表 5-3 　　　　　　　　　　　供应商初始数据

供 应 商	日 期	应付账款	预付账款	期初余额	本年累计借方	本年累计贷方
东星公司	2009-05-31	11 000.00		11 000.00	42 000.00	53 000.00
专一塑胶	2009-05-31	5 000.00		5 000.00	25 000.00	30 000.00

(1)单击工具栏上"供应商"按钮,切换到"供应商"初始数据窗口,如图 5-14 所示。

图 5-14 供应商初始数据窗口

(2)将光标放置"供应商代码"处,单击工具栏上的"查看"按钮,系统弹出"供应商"档案管理窗口。双击"深圳东星文化用品公司",并返回"初始数据"管理窗口。

(3)单击"明细"列下的打"√"按钮,系统进入"应收应付初始数据余额录入"窗口,在"应付账款"的原币下录入"11 000",如图 5-15 所示。

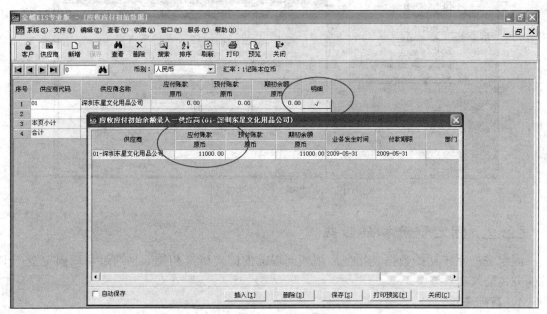

图 5-15　录入供应商初始数据

(4)单击"保存"按钮保存录入,单击"关闭"按钮返回初始数据管理窗口。以同样的方法录入"深圳专一塑胶制造厂"的初始数据,录入完成的窗口如图 5-16 所示。

图 5-16　供应商初始数据录入完成窗口

3.传递到科目初始化

传递到科目初始化是指将应收应付的初始数据传递到"科目初始数据"中,以减少手工录入"科目初始数据"的麻烦,并且可以同时确保双方模块的初始数据统一。

选择菜单【文件】→【传递到科目初始化】,系统弹出"应收应付初始数据传递到总账科目初始数据"窗口。客户应收账款对应"1122"科目,客户预收账款对应"2203"科目,供应商应付账款对应"2202"科目,供应商预付账款对应"1123"科目,如图 5-17 所示。

单击"确定"按钮,系统会弹出提示窗口,根据要求进行选择,在此选择"是"按钮,稍后弹出传递成功提示窗口。

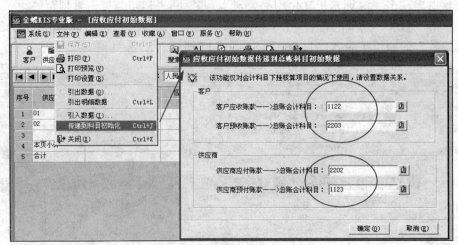

图 5-17　传递到科目初始化菜单

5.3.2　固定资产初始数据

固定资产系统初始数据是指把启用期间以前的固定资产初始数据通过新增固定资产卡片的方式录入到系统中。

1. 基础资料

固定资产的基础资料主要包括资产类别、变动方式、使用状态、折旧方法和存放地点，这些资料都要在初始化之前设置完成。

（1）资产类别。

为了方便管理固定资产，可以对固定资产卡片进行资产分类管理。以表 5-4 中数据为例，介绍"卡片类别"的操作方法。

表 5-4　　　　　　　　　　　　　固定资产卡片类别

代码	类别	常用折旧方法	净残值率
01	办公设备	平均年限法（基于入账原值和预计使用期间）	10%
02	机械设备	工作量法	10%
03	运输类	平均年限法（基于入账原值和预计使用期间）	10%

① 单击【固定资产管理】→【资产类别】，系统弹出"固定资产类别"管理窗口，如图 5-18 所示。

在此可进行资产类别的新增、删除、修改等操作。

② 在"固定资产类别"管理窗口上单击"新增"按钮，系统弹出"固定资产类别、新增"窗口，如图 5-19 所示。

● **代码**：设定类别代码。

● **名称**：设定类别的名称。

● **卡片编码原则**：设定编码原则，如 B001，则录入该类别下的第一张卡片为 B001，录入第二张卡片时系统会自动改为 B002。

③ 录入代码"01"、名称"办公设备"、预设折旧方法处获取（按 F7 功能键）"平均年限法（基于入账原值和预计使用期间）"、录入净残值率为"10"，选中"由使用状态决定是否提折旧"项，单击"新增"按钮，继续增加表 5-4 中的数据。新增完成后单击"关闭"按钮返回"固定资产类别"窗口，结果如图 5-20 所示。

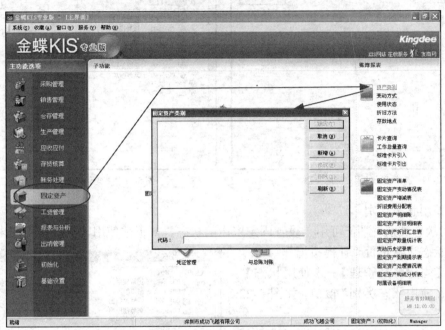

图 5-18　"固定资产类别"管理窗口

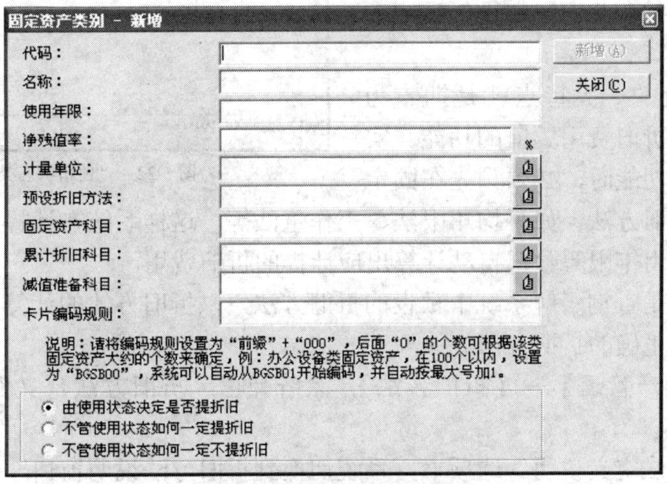

图 5-19　新增固定资产类别窗口

（2）变动方式。

变动方式是指固定资产的增加和减少方式，如购入、接受捐赠及出售等。

单击【固定资产管理】→【变动方式】，系统弹出"变动方式类别"窗口，如图 5-21 所示。

在窗口中可以对变动方式进行新增、修改、删除或打印等操作。在此采用默认值，以后可以随时在此窗口中进行设置。

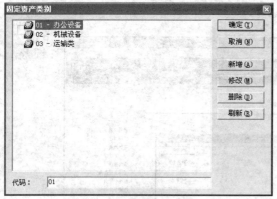

图 5-20 新增成功的固定资产类别

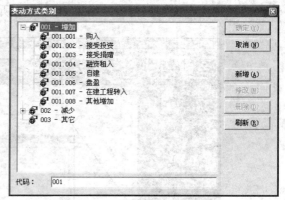

图 5-21 "变动方式类别"窗口

（3）使用状态类别。

"使用状态类别"功能可用于设置固定资产的状态，如正常使用、融资租入或未使用等，并可根据状态设置是否"计提折旧"。

单击【固定资产管理】→【使用状态】，系统弹出"使用状态类别"窗口，如图 5-22 所示。

在窗口中可以对使用状态类别进行新增、修改、删除或打印等操作。在此采用默认值，以后可以随时在此窗口中进行设置。

（4）折旧方法。

固定资产系统的一大特点就是期末为用户提供自动计提折旧费用凭证的功能。实现自动计提折旧的功能时，必须预先在固定

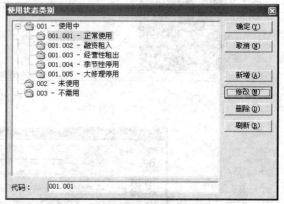

图 5-22 "使用状态类别"窗口

资产卡片设置好折旧方法，如平均年限法、工作量法等，这样系统在计提固定资产折旧时会根据折旧方法、使用年限等数据自动计算出应计提的折旧费用。

折旧方法功能是查询了解系统中预设的折旧方法，以折旧方法的计算公式，以方便在后期卡片处理时选择正确的折旧方法。

单击【固定资产管理】→【折旧方法】，系统弹出"折旧方法定义"窗口，如图 5-23 所示。

单击"折旧方法定义说明"选项卡，系统切换到折旧方法说明窗口，在此窗口可以查看各折旧方法定义的说明。单击"折旧计算公式说明"选项卡，系统切换到折旧计算公式说明窗口，在此窗口可以查看各折旧方法在计提折旧时的公式是如何计算的。

（5）存放地点维护。

为了使固定资产方便管理，金蝶 KIS 专业版提供了"存放地点"管理功能，这样在卡片中能清晰地了解哪个部门使用、存放在什么地点。下面以表 5-5 中数据为例，介绍"存放地

点"的具体操作方法。

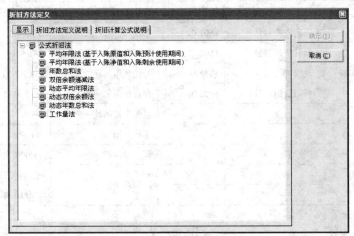

图 5-23 "折旧方法定义"窗口

表 5-5 存放地点

代 码	名 称
01	办公室
02	生产车间
03	车库

单击【固定资产管理】→【存放地点】，系统弹出"存放地点"窗口。单击"新增"按钮，系统弹出"存放地点-新增"窗口，录入代码"01"、名称"办公室"，如图 5-24 所示。

单击"新增"按钮，继续新增表 5-5 中的数据。新增完成后单击"关闭"按钮返回"存放地点"窗口，如图 5-25 所示。

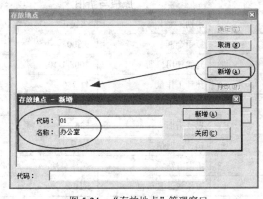

图 5-24 "存放地点"管理窗口

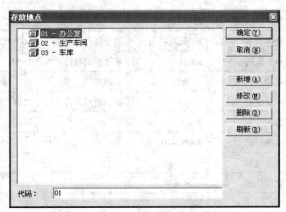

图 5-25 存放地点录入成功

2. 初始卡片录入

基础资料设置完成后，下一步是录入初始卡片。以表 5-6～表 5-8 中数据为例，介绍卡片的具体录入方法。

表 5-6　　　　　　　　　　　　　固定资产 1

基 本 信 息		部门及其他		原值与折旧	
资产类别	办公设备	固定资产科目	1601.01	币别	人民币
资产编码	B001	累计折旧科目	1602	原币金额	180 000
名称	瑞风商务车	使用部门	总经办	开始使用日期	2009-2-1
计量单位	辆	折旧费用科目	6602.08	预计使用期间数	60
数量	1			已使用期间数	3
入账日期	2009-2-1			累计折旧	8 100
存放地点	车库			预计净残值	18 000
使用状况	正常使用			折旧方法	平均年限法（基于入账原值和预计使用期间）
变动方式	购入				

表 5-7　　　　　　　　　　　　　固定资产 2

基 本 信 息		部门及其他		原值与折旧	
资产类别	办公设备	固定资产科目	1601.01	币别	人民币
资产编码	B002	累计折旧科目	1602	原币金额	4 800
名称	办公计算机 1	使用部门	总经办	开始使用日期	2009-2-6
计量单位	台	折旧费用科目	6602.06	预计使用期间数	60
数量	1			已使用期间数	3
入账日期	2009-2-6			累计折旧	216
存放地点	办公室			预计净残值	480
使用状况	正常使用			折旧方法	平均年限法（基于入账原值和预计使用期间）
变动方式	购入				

表 5-8　　　　　　　　　　　　　固定资产 3

基 本 信 息		部门及其他		原值与折旧	
资产类别	机械设备	固定资产科目	1601.02	币别	人民币
资产编码	J001	累计折旧科目	1602	原币金额	9 800
名称	丝印机	使用部门	生产部	开始使用日期	2008-1-10
计量单位	台	折旧费用科目	5101.03	预计工作量	11 250
数量	1			已使用工作量	960
入账日期	2009-1-10			累计折旧	836.2
存放地点	生产车间			预计净残值	980
使用状况	正常使用			折旧方法	工作量法
变动方式	购入			工作量计量单位	h

（1）单击【初始化】→【固定资产初始数据】，系统进入"初始化"窗口，同时系统弹出"卡片及变动-新增"窗口，如图 5-26 所示。

● **基本信息选项卡**：必填项为资产类别、资产编号、资产名称、计量单位、数量、入账日期、经济用途、使用状况和变动方式等。

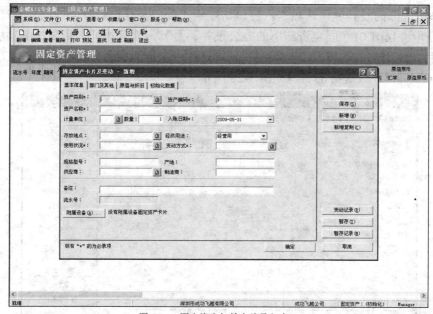

图 5-26 固定资产初始卡片录入窗口

- **部门及其他选项卡**：必填项包括固定资产科目、累计折旧科目、使用部门、折旧费用分配和核算项目。
- **原值与折旧选项卡**：所有选项都要设置。
- **初始化数据选项卡**：若固定资产为年中启用时，在"新增"窗口中同时会有"初始化数据"选项卡。年初原值、年初累计折旧、年初减值准备由系统自动生成，其他选项根据实际情况录入。

（2）在基本信息窗口，资产类别处按 F7 键获取"办公设备"，录入资产编号"B001"、资产名称"瑞风商务车"，计量单位处按 F7 键获取"辆"，数量为"1"，入账日期修改为"2009-2-1"，存放地点按 F7 键获取"车库"，使用状况按 F7 键获取"正常使用"，变动方式按 F7 键获取"购入"，其他项采用默认值，设好的窗口如图 5-27 所示。

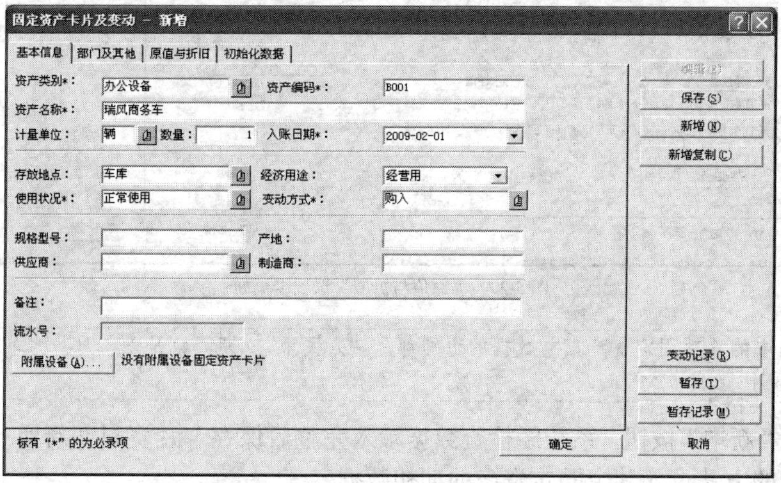

图 5-27 基本信息窗口

（3）单击"部门及其他"选项卡，窗口切换到"部门及其他"界面。固定资产科目处按F7功能键获取"1601.01（固定资产下的办公设备科目）"，累计折旧科目处按F7功能键获取"1602"科目，使用部门处按F7功能键获取"总经办"，折旧费用分配科目处按F7功能键获取"6602.06"科目，设置好的窗口如图5-28所示。

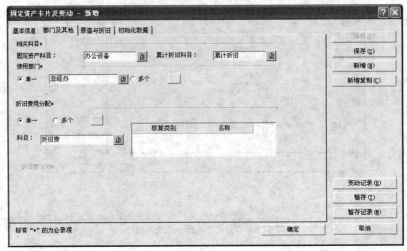

图5-28 "部门及其他"选项卡页面

（4）单击"原值与折旧"选项卡，窗口切换到"原值与折旧"界面。币别选择"人民币"，原币金额录入"180 000"，开始使用日期修改为"2008-02-01"，录入预计使用期间数"60"、已使用期间数"3"、累计折旧"8100"，选择折旧方法"平均年限法（基于入账原值和预计使用期间）"，设置好的窗口如图5-29所示。

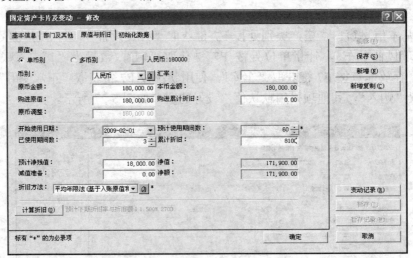

图5-29 "原值与折旧"选项卡页面

注意 本例中的4项固定资产期初数据的币别都是"人民币"。期间数是以"月"为单位，"60"即是60个月。

（5）单击"新增"按钮，系统经检查数据录入完整后保存卡片资料并新增一张空白卡片。请读者用同样的方法录入其余固定资产的期初数据。

3. 将初始数据传送总账

将初始数据传送总账是指将固定资产期初余额传到"科目初始数据"中。

单击菜单【文件】→【将初始数据传送总账】，系统弹出提示，单击"是"按钮，稍后系统提示传递成功。

5.3.3 科目初始数据

科目初始数据是指录入各会计科目的本年累计借方发生额、本年累计贷方发生额和期初余额。涉及外币的要录入本位币、原币金额，涉及数量金额辅助核算的科目要录入数量、金额，涉及核算项目的科目要录入各明细核算项目的数据。

例2：根据表 5-9 中数据录入科目初始数据。

表 5-9　　　　　　　　　　　　科目初始数据

科目代码	科目名称	方向	本年累计借方	本年累计贷方	期初余额
1001.01	人民币	借	150 000.00	145 000.00	5 000.00
1002.01	工行东桥支行 125	借	1 000 000.00	243 017.80	756 182.20
1122	应收账款	借	230 000.00	268 400.00	62 400.00
1601.01	办公设备	借	184 800.00		184 800.00
1601.02	机械设备	借	9 800.00		9 800.00
1602	累计折旧	贷		9152.20	9 152.20
2202	应付账款	贷	67 000.00	83 000.00	16 000.00
4001.01	何陈钰	贷		500 000.00	500 000.00
4001.02	王成明	贷		500 000.00	500 000.00

（1）单击【初始化】→【科目初始数据】，系统进入"科目初始余额录入"窗口，如图 5-30 所示。

> **注意**
> 1. 录入数据时选择正确的"币别"，选择外币时系统会自动切换到外币录入窗口。
> 2. 白色框表示可以录入数据，黄色框表示由明细数据汇总而得。
> 3. 核算项目上有打勾的表示单击切换到"核算项目初始余额录入"窗口。
> 4. 有数量金额辅助核算的科目，选中时系统会自动切换到数量、金额录入状态。
> 5. 若是年中启用账套，则必须录入本年累计借方金额和本年累计贷方金额。
> 6. 年初金额由以下计算公式得出：借方年初余额＝期初余额+本年累计贷方发生额－本年累计借方发生额；
> 贷方年初余额＝期初余额+本年累计借方发生额－本年累计贷方发生额。

（2）以表 5-9 中的数据录入"人民币"科目初始数据。双击"1001.01 人民币"的"本年累计借方"，使该栏呈录入状态，录入"150 000"，按下键盘"回车（Enter）"键，表示录入成功。采用同样的方法录入其他科目金额，录入成功后的窗口如图 5-31 所示。

（3）由于应收应付只传递期初余额，未传递本年累计发生数，所以需要补录。单击"应收账款"科目下"核算项目"栏的打勾位置，系统弹出"核算项目初始余额录入"窗口，按

表 5-9 录入本年累计借方和本年累计贷方，如图 5-32 所示。单击"保存"按钮保存录入。采用同样的方法按照表 5-9 录入"应付账款"下的累计发生数。

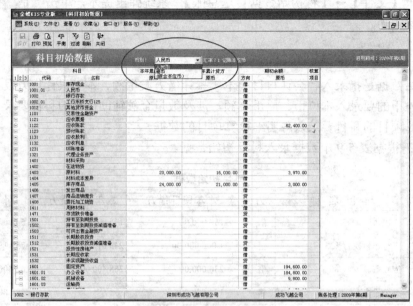

图 5-30 "科目初始数据"窗口

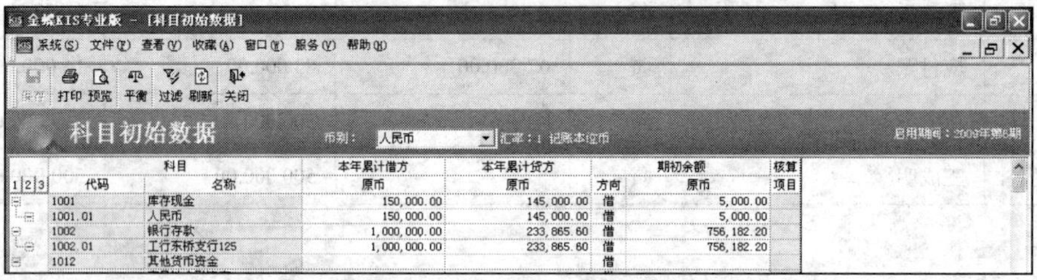

图 5-31 录入科目初始数据成功窗口

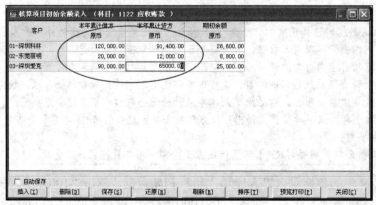

图 5-32 录入累计发生数窗口

（4）其他数据请读者自行录入。录入完成后需查看数据是否平衡，可单击工具栏上的"平衡"按钮，系统会弹出"试算借贷平衡"窗口，如图 5-33 所示。若试算不平衡，则返回"科目初始余额录入"窗口检查数据，至试算平衡为止。

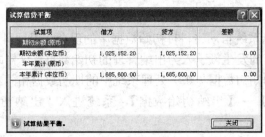

图 5-33 试算平衡

> **注意** 外币科目有初始数据时,试算平衡一定要选择"综合本位币"状态。只有试算平衡后,才能结束初始化,启用账套。

5.3.4 现金流量初始数据

现金流量初始数据是指账套为年中启用时,需要对启用前的现金流量的数据进行录入,系统才能计算"全年"的现金流量表。

单击【初始化】→【现金流量初始数据】,系统进入"现金流量初始数据录入"窗口,如图 5-34 所示。

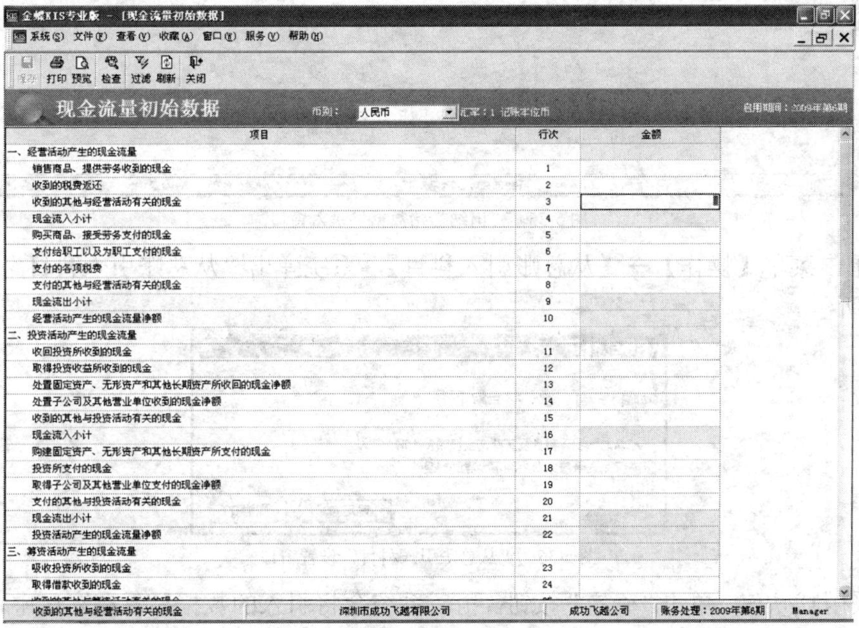

图 5-34 "现金流量初始数据"录入窗口

窗口中金额列,白色单元格可以录入金额,绿色单元格由白色单元格汇总而得。在录入窗口输入正确的数据后,单击"保存"按钮即可保存现金流量初始数据。

5.3.5 出纳初始数据

出纳初始数据涉及单位的现金科目和银行存款科目的引入,期初余额、累计发生额录入,银行未达账、企业未达账初始数据的录入和余额调节表的平衡检查及综合币的定义等内容。

1. 从总账引入科目

从总账引入科目是指系统自动将科目初始数据中的现金和银行科目引入出纳管理系统，并且同步将科目初始数据下的发生额引入为出纳管理的初始数据。这样即可以提高工作效率，又能保证出纳管理系统中的期初数据与账务处理系统中的期初数据相同。

（1）单击【初始化】→【出纳初始数据】，系统进入"出纳初始数据"录入窗口，如图 5-35 所示。

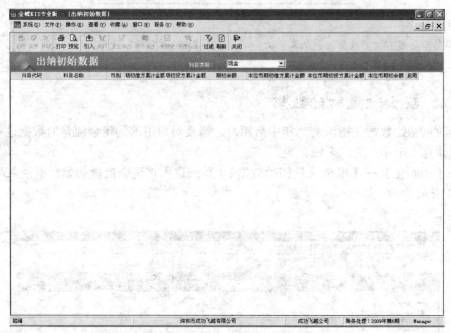

图 5-35　"出纳初始数据"录入窗口

（2）单击菜单【操作】→【从总账引入科目】，系统弹出"从总账引入科目"设置窗口，如图 5-36 所示。

图 5-36　"从总账引入科目"设置窗口

（3）采用默认值，单击"确定"按钮。稍后系统会将引入的数据显示在窗口中，如图 5-37 所示。

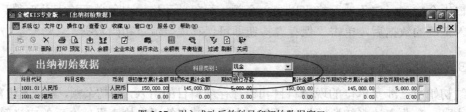

图 5-37　引入成功后的科目和初始数据窗口

> **注意**
> 1．设置核算"所有币别"的科目，会自动分币别引入多个账户。
> 2．从总账引入的科目，其科目属性必须有选择"现金科目"或"银行科目"，否则科目不能引入；引入时只引入总账中的明细科目。
> 3．切换现金、银行科目的方法是单击"科目类别"右侧的向下箭头按钮，属银行存款科目的要添好"银行账号"，如图5-38所示。

图5-38　录入银行账号

4．引入科目时系统会自动将数据引入，不用再从总账中引入余额。

（4）启用、禁用、删除。

结束初始化后，系统会自动将所有引入的科目默认为启用状态。如果暂时不需要使用，可以对其进行禁用。也可启用已被禁用的科目，将光标置于已被禁用的科目上，单击【启用】按钮即可。

对启用的科目也可以进行禁用处理。将光标置于已启用的科目上，单击【禁用】按钮即可。

对不需要且没有使用过的科目可以删除。将光标置于想删除的科目上，单击【删除】按钮即可。

2．未达账

未达账设置包括企业未达账和银行未达账设置。所谓未达账项，就是结算凭证在企业与银行之间（包括收付双方的企业及双方的开户银行）流转时，一方已经收到结算凭证做了银行存款的收入或支出账务处理，而另一方尚未收到结算凭证尚未入账的账项。

（1）企业未达账。

企业未达账是指银行已收、企业未收，或者银行已付、企业未付。单击工具栏上"企业未达"按钮，系统切换到"企业未达账"窗口，如图5-39所示。

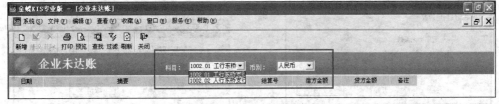

图5-39　"企业未达账"窗口

选中未达账的科目，如"1002.01 工行东桥支行125"，单击工具栏上的"新增"按钮，系统弹出"企业未达账-新增"窗口，如图5-40所示。

必填项有科目、币别、日期、结算方式和金额。

（2）银行未达账。

银行未达账是指企业已收、银未收，或者企业已付、银未付。在"初始数据录入"窗口，单击工具栏上的"银行未达"按钮，系统切换到"银行未达账"窗口。单击工具栏上的"新增"按钮，系统弹出"银行未达账-新增"窗口，在此窗口中，必填项有科目、币别、日期和金额。

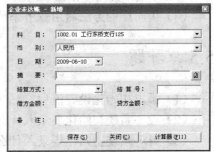

图5-40　录入企业未达账

3. 余额调节表

存在未达账时，企业单位银行存款日记账的余额和银行对账单的余额往往是不相等的，可以通过单击工具栏上的"余额表"进行查看。

具体调整方法如下：银行存款日记账的余额＋银行已收、企业未收的金额－银行已付、企业未付的金额＝调整后（企业账面）的余额；银行对账单的余额＋企业已收、银行未收的金额－企业已付、银行未付的金额＝调整后（银行对账单）的余额。调整后两者的余额相等，表明企业和银行存款账相符。

4. 平衡检查

平衡检查是指检查所有的银行存款科目的余额调节表是否都平衡，系统会给予相应提示。

5.4 启用系统

启用系统是指各模块的期初数据已经录入完成，并且正确完误后，可以结束化工作了，即为启用系统。启用系统之后各模块才能进行正常的业务操作。

启用系统包括启用财务系统、启用业务系统和启用出纳系统。这3项可根据所要使用的模块确定是否启用。如果只使用财务系统时，并且未启用"业务系统"模块，最好不要使用"启用业务系统"功能，否则，启用后所涉及的期初数据只能用调整方式录入系统，这样会使用部分报表不直观。

例 3：在"成功飞越公司"账套中启用所有系统。

（1）单击【初始化】→【启用出纳系统】，系统弹出"启用出纳系统"窗口，如图 5-41 所示。

> **注意** 若"出纳系统"已经启用，则窗口中"反启用出纳系统"项激活，并选中。

（2）单击"开始"按钮，系统弹出提示窗口，如图 5-42 所示。

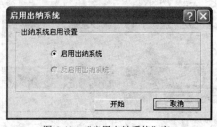

图 5-41 "启用出纳系统"窗口

图 5-42 提示窗口

（3）单击"确定"按钮，稍后系统弹出启用成功提示。单击"确定"按钮结束启用工作。

（4）用同样的方法启用业务系统和财务系统。

5.5 习题

（1）画出初始化设置流程？
（2）业务系统初始化要录入什么数据？
（3）财务系统初始化要录入什么数据？

第 6 章 账务处理

学习重点

通过本章的学习，了解账务处理模块主要包括的功能，了解凭证录入、修改、审核、查询和过账等操作方法，了解期末处理工作的方法，学会账簿查询操作。

6.1 概述

会计任务包括设置核算科目账户、填制凭证，然后对其审核、记账，最后统计各种账表，这些都是会计软件最基本的功能。账务处理系统就是用来完成这些基本功能的。

账务处理系统是金蝶 KIS 专业版的核心，可以进行凭证填制、审核和记账等工作，同时它可接收来自各业务系统的凭证（如固定资产的计提折旧凭证、各种材料采购凭证）。账务处理系统在月末会根据转账来定义自动生成结转凭证，自动结转损益凭证等。

账务处理系统根据填制的凭证经"过账"处理后生成相应的账簿报表，如总分类账、明细分类账和科目余额表等。可以随时查询，并设置各种条件来满足企业各种业务需求。

如果核算单位的账务非常简单，涉及往来款、库存等业务较少时，单独使用账务处理系统就可以实现财务核算的基本要求。

1. 系统结构图

系统结构图反应了账务处理系统与其他系统的数据传递关系，如图 6-1 所示。账务处理系统是金蝶 KIS 专业版的核心，能与其他业务系统通过凭证进行无缝的数据连接，业务系统的凭证也可自行在账务处理系统中处理，并且报表、现金流量表和财务分析都可以从账务处理系统中取数。

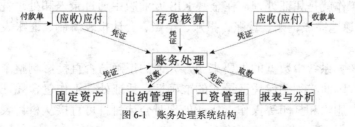

图 6-1 账务处理系统结构

2. 操作流程

账务处理系统的操作流程如图 6-2 所示。

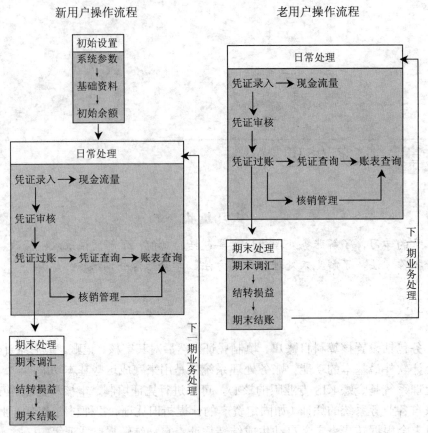

图 6-2 账务处理系统操作流程图

新用户需从系统初始化开始，老用户则因已经完成初始设置，所以可直接处理日常业务。系统初始化结束以后，随着公司的业务开展，还有许多基础资料需要设置，如银行科目的新增、客户和供应商的新增等，可以随时在凭证录入时处理。账务处理的系统参数设置和基础资料设置请参照第 4 章的内容，账务处理的初始化余额请参照第 5 章中的 5.3.3 小节的内容。

6.2 凭证处理

会计的基础工作就是凭证处理，在金蝶 KIS 专业版中通过录入和处理凭证（审核、修改凭证等），可以快速地完成记账、算账、报账、结账、会计报表编制、证账表的查询和打印等任务。

凭证是会计核算系统中数据的主要来源，凭证的正确与否直接影响整个会计信息系统的真实性、可靠性，因此必须确保凭证录入的准确性。凭证处理工作包含凭证录入、审核、过账、查询、修改、删除和打印等操作。凭证处理时会计科目可直接从科目表中获取并自动校验分录平衡关系，保证录入数据的正确。

下面以表 6-1～表 6-3 为例，详细介绍"凭证处理"过程。

表 6-1　　　　　　　　　　2009-6-1 郝达报销出差费

日期	摘要	会计科目	借方	贷方
2009-6-1	郝达报销费用	6 601.01 差旅费	850	
	郝达报销费用	1 001.01 人民币		850

表 6-2　　　　　　　　　　2009-6-1 收到王成明港币投资款

日期	摘要	会计科目	币别	汇率	原币金额	借方	贷方
2009-6-1	实收投资款	1 002.02 人行东桥支行 128	HKD	0.881 3	100 000	88 130	
	实收投资款	4 001.02 王成明					88 130

表 6-3　　　　　　　　　　2009-6-1 收到深圳科林款

日期	摘要	会计科目	辅助核算项目	借方	贷方
2009-6-1	收到货款	1 002.01 工行东桥支行 125		1 000	
	收到货款	1 122 应收账款	01—深圳科林		1 000

6.2.1 凭证录入

凭证录入的重点是录入具有不同科目属性对应的内容，如科目有外币属性时如何录入汇率，科目设有核算项目时如何录入核算项目，科目设有辅助数量金额核算时如何录入单价和数量等。

为了体现不同操作人员有不同的权限，请以"何陈钰"的身份登录"成功飞越公司"账套进行操作。

若已用某个用户的身份登录到账套，则更改操作员。单击主界面窗口上的菜单【系统】→【重新登录】，系统弹出"系统登录"窗口。在此窗口中用户名输入"何陈钰"，密码此时为空，如图 6-3 所示，单击"确定"按钮即可更换操作员。

图 6-3　"系统登录"窗口

若还没有启动"金蝶 KIS 专业版"，双击桌面上的"金蝶 KIS 专业版"图标，系统弹出"系统登录"窗口，用户名直接录入"何陈钰"，如图 6-3 所示，单击"确定"按钮，即可以"何陈钰"身份登录。

1. 一般凭证录入

一般凭证是指会计科目属性没有设置辅助核算和外币核算等特殊属性的凭证，是日常账务处理中最简单、也是最能体现会计电算化中凭证录入过程的凭证。

例1：根据表 6-1 中数据进行一般凭证录入操作。

（1）在主界面窗口，单击【账务处理】→【凭证录入】，系统进入"记账凭证-新增"窗口，如图 6-4 所示。

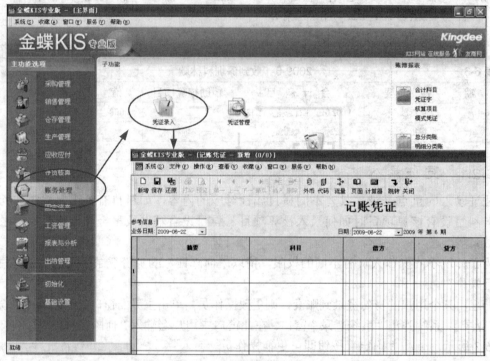

图 6-4 "记账凭证-新增"窗口

金蝶 KIS 专业版系统为用户提供了仿真凭证录入界面，使用户更容易掌握凭证录入方法。"记账凭证-新增"窗口各项含义如表 6-4 所示。

表 6-4   "记账凭证-新增"窗口项目

项 目	说 明
参考信息	凭证的辅助信息，可作为凭证查询的条件。可为空
业务日期	凭证录入日期，可修改
日期	凭证业务日期，可修改。日期只能是当前会计期间的日期或以后的日期，不能是以前的日期。如当前会计期间是 2009 年 1 月，则日期可以是 2009-1-1 以后的任意日期
凭证字	选择要使用的凭证字，如记、收、付、转等凭证字
凭证号	所选择凭证字下的第几号凭证，系统采用递增方式自动填充
附件数	凭证的附件数，如有几张单据、发票等
序号	凭证的顺序号，系统自动生成
摘要	录入摘要内容

续表

项 目	说 明
科目	录入会计科目代码或按F7功能键获取,一定是最明细科目。如在本账套中,收到10元人民币,录入时不能选择"1 001-库存现金",而一定要选择"1 001.01-人民币"
借方	录入借方金额
贷方	录入贷方金额
合计	自动累加生成
结算方式	科目中录入的是银行科目时激活此项,包含支票、商业汇票等方式。若勾选"账务处理参数"中的"银行存款科目必须输入结算方式和结算号"选项,则必须录入结算方式,反之可以不录
结算号	与结算方式对应的号码
经办	该笔业务的经办人,可为空
往来业务	录入的会计科目属性中设有"往来业务核算"时,录入业务编号,以供查询和往来账核销处理时使用

(2)日期修改为"2009-6-1"。可以单击日期直接修改,也可以单击日期右侧的下拉按钮进行选择,如图6-5所示。

(3)凭证字采用默认的"记"字,凭证号自动生成,附件数录入"1"。

(4)摘要录入"郝达报销费用"。摘要录入有两种方法,一种是光标移到摘要栏直接输入"郝达报销费用";另一种是建立摘要库,也就是为经常使用的摘要(如销售产品、应收货款和报销费用等摘要)建立一个库,日后使用时可直接选取,以提高工作效率。在此介绍第二种方法的操作步骤。

将光标移到摘要栏,按F7键或单击工具栏上的"代码"按钮,系统弹出"财务摘要库"窗口,如图6-6所示。

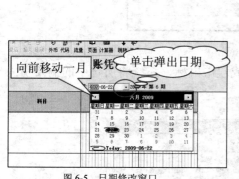

图6-5 日期修改窗口

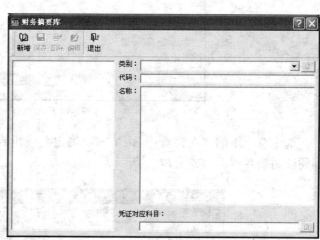

图6-6 "财务摘要库"窗口

- **类别**:选择类别。单击"新增"摘要时,"▣"按钮激活,单击该按钮进入"摘要类别"窗口。单击"新增"按钮,摘要类别名称录入"总类",如图6-7所示。单击"保存"按钮保存录入,单击"退出"按钮返回"财务摘要库"窗口。
- **代码**:为摘要定义一个代码。
- **名称**:录入摘要内容。例如录入"报销费用",如图6-8所示。

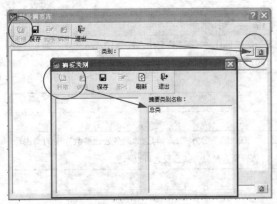
图6-7 摘要类别窗口

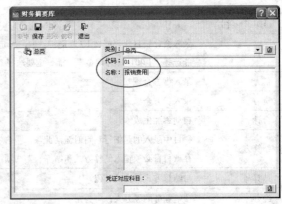
图6-8 录入摘要内容窗口

- **凭证对应科目**：可以针对摘要预先设置会计科目，当获取该摘要时，系统会自动将所设置的会计科目带出。

单击"保存"按钮保存摘要录入，摘要库录入成功窗口如图6-9所示。

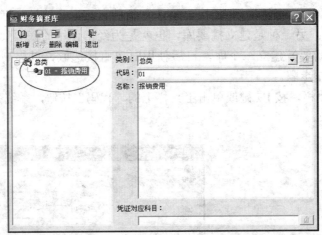
图6-9 摘要库窗口

选中总类下的"报销费用"，单击"确定"按钮或双击鼠标，系统将所选中的摘要引入到凭证的摘要栏下，如图6-10所示。

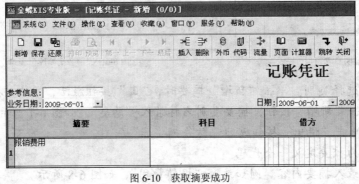
图6-10 获取摘要成功

所获取的摘要可以修改，例如在报销费用前加入"郝达"字样。

（5）按下"Enter（回车）"键或单击"科目"项，按F7键获取会计科目，系统弹出"会计科目"窗口，切换到"损益"选项卡，如图6-11所示。

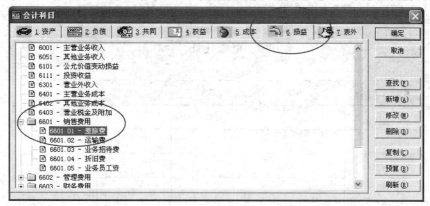

图6-11　"会计科目"窗口

在"会计科目"窗口可以进行科目的新增、修改和删除等操作，若所选科目前有"+"图标，则表示非明细科目，单击"+"号可以展开明细科目。选中"6 601.01 差旅费"，单击"确定"按钮，系统会将所选中的科目引入到凭证的"科目"项中，如图6-12所示。

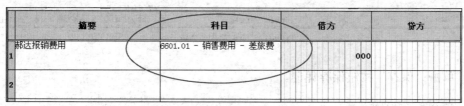

图6-12　获取科目成功

（6）按下"Enter"键，这时光标会自动移动到"借方"项，录入"850"，如图6-13所示。

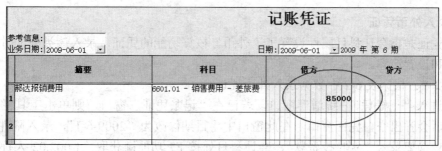

图6-13　录入借方金额

（7）按下"Enter（回车）"键，光标移动到第二条分录，摘要可按F7键获取"报销费用"，并加入"郝达"。在科目处按 F7 键获取"1 001.01 人民币",录入贷方金额"850",第二条分录录入完成后的窗口如图 6-14 所示。

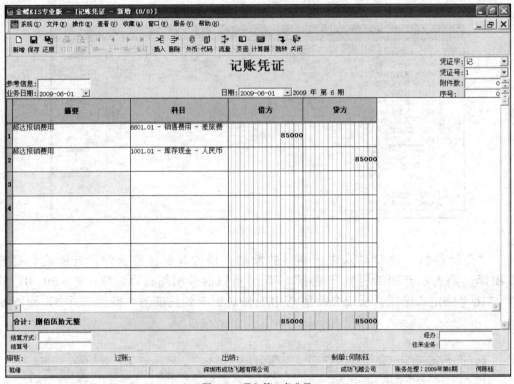

图 6-14　录入第二条分录

(8) 单击"保存"按钮保存凭证。

> **注意**　录入凭证时的快捷键有:
> 　　F7 键:获取代码。　　　　　Ctrl+F7 键:自动借贷平衡。
> 　　F4 键:新增凭证。　　　　　F12 键:保存当前凭证。
> 　　".."(不是两个句号,是两个小数点,注意输入法全半角的转换):复制上一分录的摘要。
> 　　"//":当前凭证有多条分录时,只复制第一条分录的摘要。

2. 录入外币凭证

外币凭证是指会计科目属性设置了"外币"核算功能的凭证,录入该类凭证时的重点是选择币别和设置汇率。

例 2:根据表 6-2 中数据录入外币凭证。

(1) 进入"记账凭证-新增"窗口,若已在"记账凭证"窗口,则单击工具栏上的"新增"按钮后会弹出空白凭证窗口,在此窗口中将日期修改为"2009-6-1",录入附件数"1",第一条分录摘要录入"实收投资款",会计科目处按 F7 功能键获取"1 002.02 人行东桥支行 128"。这时请注意"记账凭证"窗口格式的变化,结算方式选择"支票",结算号为"2009124",如图 6-15 所示。

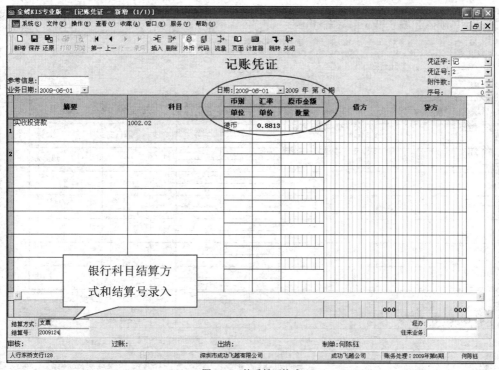

图 6-15 外币凭证格式

这是因为在初始设置中,已将"1 002.02 人行东桥支行 128"会计科目的属性设置为外币核算中的"港币",当系统检测到科目属性有核算外币功能后会自动转换录入格式。

> **注意** 1．若该科目是核算所有币别,则可以在港币位置处按 F7 键进行币别修改。
> 2．若所选择科目有设置为"数量金额辅助核算"时,则凭证格式会更换为数量金额式凭证格式,会要求在"计量单位"基础上录入单价和数量,自动核算出金额。

(2)汇率保持"0.8813"不变,录入原币金额"100 000",这时在借方金额栏会自动核算出本币金额,如图 6-16 所示。

图 6-16 录入原币金额

(3)将光标移动到第二条分录,在摘要列录入"实收投资款",在科目中获取"4 001.02-王成明",光标移至"贷方金额"处,按下键盘 Ctrl+F7 组合键,结果如图 6-17 所示。保存当前凭证。

> **注意** 选择结算方式和录入结算号,是因为考虑日后要与出纳管理系统连接使用。若用户不使用出纳管理系统,结算方式和结算号可以不录。

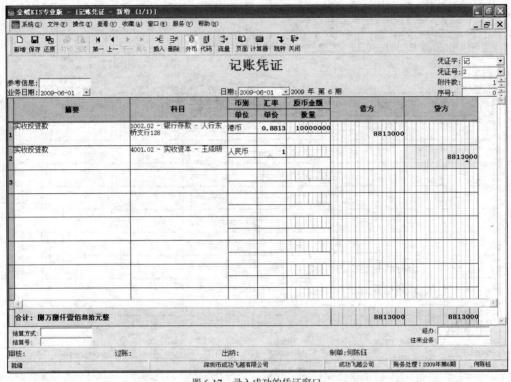

图 6-17 录入成功的凭证窗口

3. 录入核算项目凭证

核算项目凭证是指会计科目属性设有项目辅助核算功能的凭证。录入时要正确选择"核算项目代码"。

例3：根据表 6-3 凭证录入核算项目凭证。

（1）在"记账凭证-新增"窗口，修改凭证日期，摘要录入"收到货款"，科目处获取"1 002.01 工行东桥支行 125"，结算方式选择"支票"，结算号录入"2009125"，录入借方金额"1 000"。

（2）光标移至第二条分录，摘要录入"收到货款"，科目获取"1 122 应收账款"，按下"Enter"键，这时光标会移到窗口下方的"客户"项处，这是因为系统检测到"1 122 应收账款"科目有设置"客户"辅助核算功能，所以自动引用设置。按 F7 功能键，系统弹出"客户"档案管理窗口，如图 6-18 所示。

（3）双击"深圳科林"客户，并返回新增凭证窗口，贷方录入"1 000"，此时请注意第二条分录中的"会计科目"的显示状态，如图 6-19 所示。

（4）单击"保存"按钮保存当前凭证。

注意 1. 若科目属多个项目核算时，在科目项下会同时显示出来。

2. 通过挂核算功能，可以减轻基础设置工作，同时能满足工作需要。如果使用最多的是"销售费用"类下明细科目要核算"每一位业务员"时，以手工新增科目方式，需要增加几十或者上百个科目，而通过挂核算项目为"职员"，只要设置二级明细科目并设置"职员"辅助核算，在实际凭证录入时再选择正确的职员代码即可。

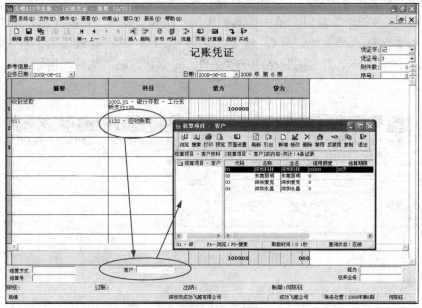

图 6-18 获取客户信息

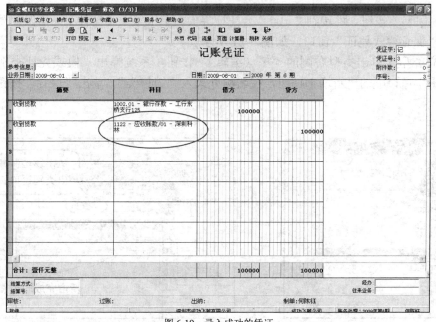

图 6-19 录入成功的凭证

4. 记账凭证窗口中常用的菜单和工具按钮

（1）文件菜单。

- **保存模式凭证**：为了提高录入速度，可以将经常使用的凭证类型保存起来以供调用，如经常使用的销售产品、报销费用等凭证。

注意 建议调出所需要的模板凭证后再建立档案。

例 4：增加"报销费用"类凭证，保存模式凭证。

在"记账凭证-新增"窗口上单击工具栏中的"跳转"按钮，系统弹出"凭证跳转到…"过滤窗口，查询名称选择"凭证号"，包含参数录入"1"，单击查询按钮，系统将查询条件显示在右侧窗格中，再单击右侧窗格中的"条件"记录，这时"跳转"按钮激活，如图 6-20 所示。

图 6-20 凭证跳转

单击"跳转"按钮，跳转到"记-1"号凭证界面。单击菜单【文件】→【保存模式凭证】，系统弹出"保存模式凭证"窗口，如图 6-21 所示。

先建立类型。单击类型右侧的"…（编辑）"按钮，系统弹出"模式凭证类别"窗口，单击"编辑"窗口下的"新增"按钮，在名称处录入"销售类"，单击"保存"按钮，结果如图 6-22 所示。

图 6-21 "保存模式凭证"窗口

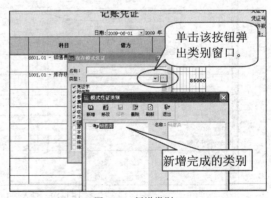

图 6-22 新增类别

单击"确定"按钮返回"保存模式凭证"窗口，录入名称"报销费用"，选择类型"销售类"，如图 6-23 所示。

单击"确定"按钮保存模式凭证，并返回凭证窗口。

● **调入模式凭证**：将保存的模式凭证调出使用。

例 5：以何成越总经理报销出差费用人民币 1 200 元为例，介绍通过调用模式凭证方式增加凭证。

在"记账凭证-新增"窗口中单击菜单【文件】→【调入模式凭证】，系统弹出"模式凭证"窗口，如图6-24所示。

图6-23 录入模式凭证信息窗口

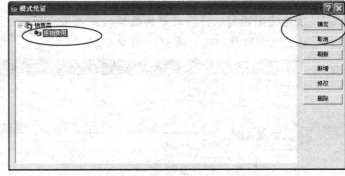

图6-24 "模式凭证"档案窗口

在模式凭证窗口中可以进行"模式凭证"的新增、修改、删除等操作。选中"报销费用"模式凭证，单击"确定"按钮，系统引入了"模式凭证"。

引入的凭证有摘要、科目和客户，只需录入金额和修改摘要即可。摘要修改为"何成越报销费用"，第1条分录借方金额处录入"1 200"，第2条分录贷方金额处录入"1 200"，结果如图6-25所示。

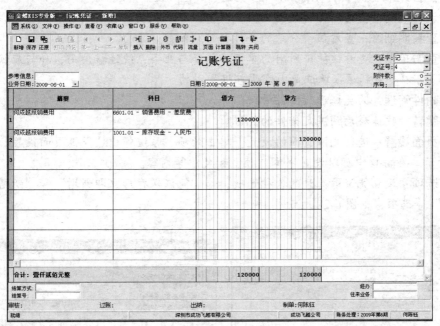

图6-25 调入模式凭证并修改

单击"保存"按钮保存凭证。

- **使用套打**：选中该项并使用已经设置好的套打格式进行打印，并可使用金蝶公司的套打纸，使得输出格式美观。不选中该项则以普通方式进行打印。

- **套打设置**：包括套打格式的设计、引入及引出等，请参考打印凭证一节。

（2）操作按钮。
- **还原**：取消对凭证所做的修改。
- **出纳复核**：单击该按钮，凭证窗口下方"出纳"处显示复核人的"用户名"。已经复核过的凭证，单击该按钮则取消复核。
- **现金流量项目**：将科目中的数据指定为某个现金流量项目的数据。选择该功能，系统弹出"现金流量项目指定"窗口，如图6-26所示。

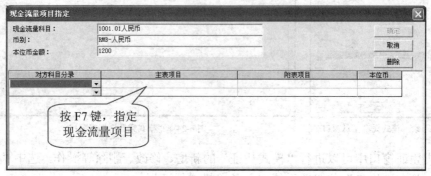

图6-26 指定现金流量项目

- **预算控制**：若科目的属性设有"预算科目"时，弹出预算控制窗口。

（3）查看按钮。
- **查看外币/数量**：将凭证显示格式切换为外币/数量格式。
- **查看代码**：查看光标所处项目的代码，如获取摘要、会计科目代码。
- **查看明细账**：查看该条分录的会计科目明细账。
- **查看单据**：查看该凭证所附的单据。账套与业务系统连接使用，如与应收、应付系统连接时，可以查看到该张凭证是由哪些单据生成的。
- **附件管理**：为凭证进行附件管理。
- **跳转**：快速移动到满足条件的凭证。
- **页面设置**：进行凭证页面的设置。单击此项，系统弹出"凭证页面设置"窗口，如图6-27所示。在窗口中可以设置字体、颜色和尺寸等内容。
- **选项**：设置凭证录入时的各种选项，如"凭证保存后立即新增"和"新增分录借贷自动平衡"等选项，如图6-28所示。

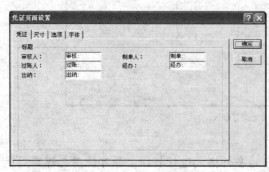

图6-27 凭证页面设置

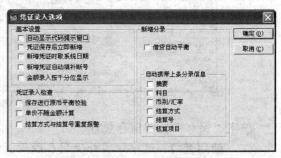

图6-28 "凭证录入选项"设置窗口

"凭证录入选项"窗口各项目含义如表6-5所示。

表 6-5　　　　　　　　　　　　　凭证录入选项

项　　目	解　　释
自动显示代码提示窗口	选中该项，在录入有代码的基础资料时，系统会自动显示所有代码。如录入会计科目时录入 5，系统会自动将代码为 5 开头的所有会计科目显示出来，这样可提高工作效率。不选中该项则不显示代码，但按 F7 键可以获取代码
凭证保存后立即新增	选中该项，凭证保存后，立即新增一张空白凭证。适用于一次处理多张凭证。反之，新增凭证时需单击"新增"按钮
新增凭证时取系统日期	新增凭证时取计算机当前的日期
新增凭证时自动填补断号	当系统中的凭证号有断号情况时，新增凭证的凭证号会自动更新为断号号码
金额录入按千分位显示	选中此项，金额以千分位隔断显示
保存进行原币平衡校验	进行原币的校验
单价不随金额计算	数量金额核算的会计科目，在录入凭证时，默认为"单价×数量=金额"。选中该项，金额不会自动计算出来，需手工录入单价、数量、金额
结算方式与结算号重复报警	当结算方式与结算号重复时弹出提示
借贷自动平衡	录入凭证时，一旦增加分录系统默认为借贷平衡。如第 1 条分录借方 1 000 元，当录入第 2 条分录时，贷方也会自动显示 1 000 元
摘要、科目、币别/汇率、单位、单价、数量、原币、本位币、结算方式、结算号、核算项目	选中某些项目，则在录入凭证时，系统自动携带上条分录中所选中的项目

（4）收藏菜单。

收藏是管理将经常需要使用的单据和报表等收藏到该菜单下，待要使用时直接从该菜单下打开，以提高工作效率。用户可以自身需求自定义收藏菜单，单击菜单【收藏】→【收藏夹定制】，系统弹出"收藏夹定制"窗口，如图 6-29 所示。

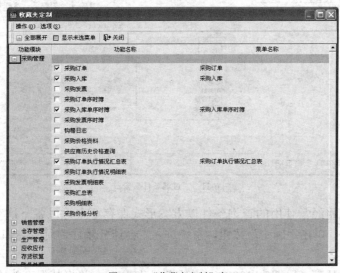

图 6-29　"收藏夹定制"窗口

打勾表示要求在收藏菜单下显示,反之,不显示。

6.2.2 凭证管理

"凭证管理"功能可以对凭证进行查询、新增、审核、修改和删除等操作。

单击【账务处理】→【凭证管理】,系统弹出"过滤"窗口,如图 6-30 所示。

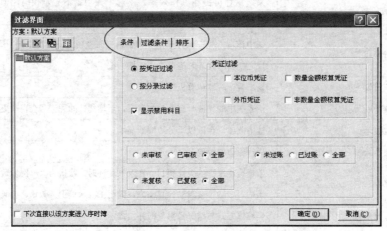

图 6-30 "凭证过滤"窗口

在凭证过滤时,用户在"条件"选项卡中可以设置只过滤本位币或外币凭证,以及是否审核、是否过账和是否复核等条件。

在"过滤条件"选项卡可以设置组合条件进行查询,如查询日期等于、大于、小于某个日期,查询客户在某个时间段的业务往来资料,如图 6-31 所示。

在"排序"选项卡窗口可以设置查询结果中凭证资料的排序方式,默认以时间先后次序排列。

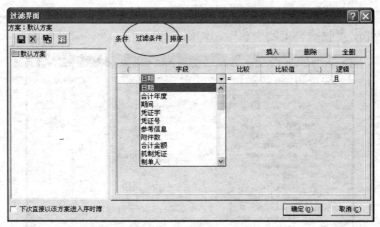

图 6-31 "过滤条件"窗口

查询时还可以将经常使用的查询条件以方案形式保存下来,以备下次查询使用。

保持默认条件,单击"确定"按钮,系统进入"会计分录序时簿"窗口,如图 6-32 所示。

1. 凭证查询

下面通过查询凭证(日期为 2009-6-1、凭证号小于 3),并将其保存为方案 A 来介绍查询方案的设置方法。

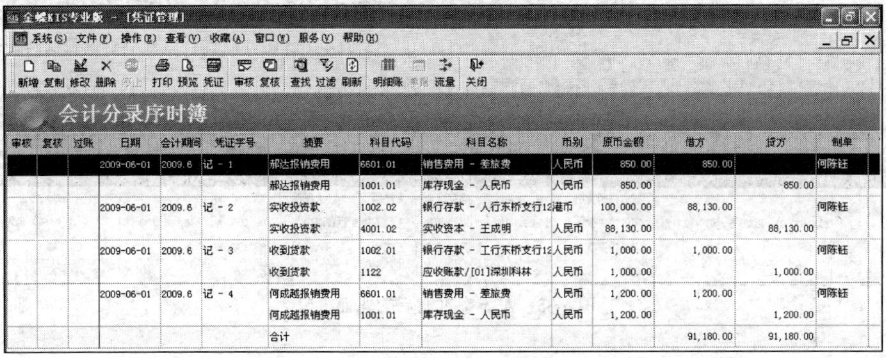

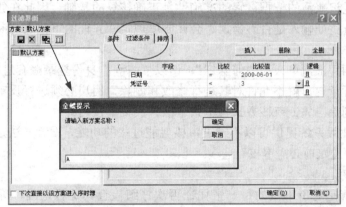

图 6-32 "会计分录序时簿"窗口

（1）单击工具栏上的"过滤"按钮，系统弹出"过滤"窗口。在"过滤条件"选项卡，第 1 条件的字段的下拉列表中选择"日期"，在"比较"框中设置"="，比较值录入"2009-6-1"，逻辑选择"且"，第 2 条件字段选择"凭证号"，比较设置为"<"，比较值录入"3"，条件设置完成。

（2）单击窗口上的"另存为"按钮，系统弹出"保存设置"窗口，录入"A"，如图 6-33 所示。

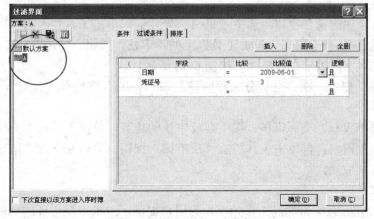

图 6-33 保存过滤方案窗口

（3）单击"确定"按钮，返回"过滤"窗口，在"设置方案"中选择"A"，如图 6-34 所示。

图 6-34 设置成功的 A 方案窗口

(4) 单击"确定"按钮,将显示满足条件的凭证,如图 6-35 所示。

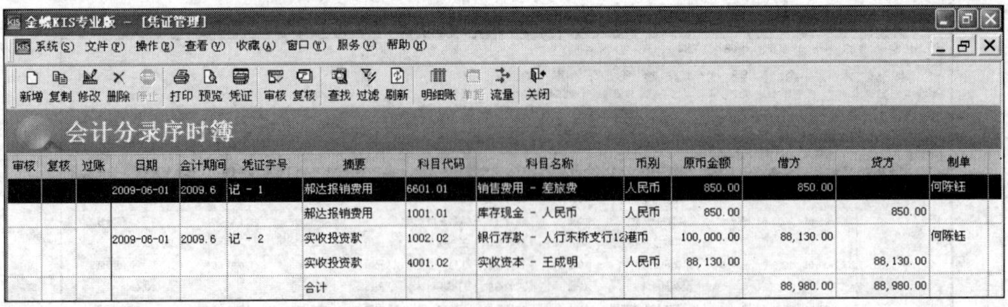

图 6-35 A 方案过滤后的凭证窗口

> **注意** 1. 不需要设置的方案和要在过滤窗口删除的方案,选中并单击"删除"按钮即可。
> 2. 请注意窗口下部的"未审核、已审核、全部"和"未过账、已过账、全部"的设置。如果有时自己认为系统中有满足条件的凭证而没有显示出来,查看一下这两个选项是否设置错误,这是用户经常忽略的选项。

2. 凭证审核

记账凭证是登记账簿的依据,它的准确性是正确核算的基础。因此在凭证记账前必须经专人审核,以检查凭证输入是否有错误。会计制度规定,凭证的审核人与制单人必须不能为同一操作人员。

因本账套中的凭证制单人为"何陈钰",请以"陈静"身份登录账套进行凭证审核。

凭证一旦进行审核,就不允许对其进行修改和删除,用户必须进行反审核操作后才能对凭证进行修改和删除。凭证审核方式有单张审核、成批审核两种。

金蝶 KIS 专业版系统提供可以不经过审核就能过账的功能,设置方法是更改账务处理系统参数中的"凭证过账前必需审核"选项。

(1) 单张审核。

单张审核方式是对所审核的每一张凭证再次仔细检查其是否正确,确认无误后即可审核。下面以审核第 1 号凭证为例,介绍单张的审核方法。

以"陈静"身份登录本账套,查询凭证进入"会计分录序时簿"窗口,不设置条件,将所有凭证显示。

在"会计分录序时簿"窗口,选中"记-1"号凭证,单击工具栏上的"审核"按钮,系统进入"记账凭证-审核"窗口。单击工具栏上的"审核"按钮,如果窗口左下方的"审核"项显示审核人的名字,表示审核成功,如图 6-36 所示。

关闭"审核"窗口,在"会计分录序时簿"窗口,若审核列有"打勾",就表示该凭证已被审核。

反审核(取消审核)类似审核。选中要反审核的凭证,单击工具栏上的"审核"按钮,系统弹出"审核"窗口,再单击工具栏上"反审核"按钮,窗口左下方"审核"处无用户名显示就表示反审核成功。

(2) 成批审核。

金蝶 KIS 专业版系统为提高工作效率,为用户提供了成批审核凭证的功能。此功能只对未过账凭证并且制单人不是当前操作员的凭证有效。

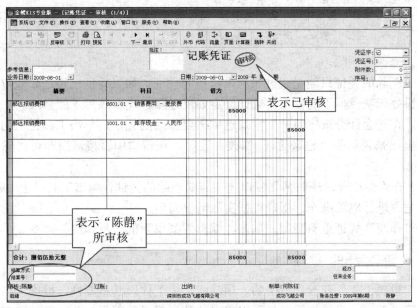

图 6-36 审核凭证窗口

例 6：成批审核本账套中所有凭证。

在"会计分录序时簿"窗口，单击菜单【操作】→【成批审核】，系统弹出"成批审核凭证"窗口，如图 6-37 所示。

窗口中有两个选项——审核未审核的凭证和对已审核的凭证取消审核，两个选项只能选择其一。

在窗口中选择"审核未审核的凭证"项后，单击"确定"按钮，稍后系统会弹出成功提示。

单击"关闭"按钮。成批审核成功后的"会计分录序时簿"窗口如图 6-38 所示。

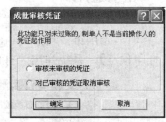

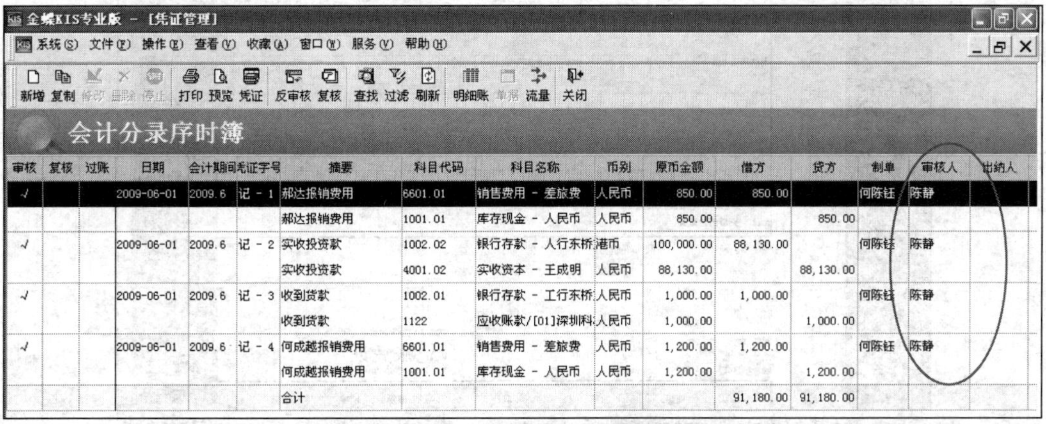

图 6-37 "成批审核凭证"窗口

图 6-38 审核成功的凭证窗口

> **注意** 1. 已经提示审核成功的凭证,如果在"会计分录序时簿"中的"审核"项中未显示"审核人"的名字,单击工具栏上的"刷新"按钮即可。
> 2. 成批反审核(取消审核)的方法是在"成批审核凭证"窗口,选中"对已审核的凭证取消审核"选项,单击"确定"按钮。

(3)凭证修改、删除。

要修改或删除的凭证只能是未过账和未审核的凭证。如果凭证已经过账或审核,删除和修改功能按钮处于灰色,不能使用,凭证一定要反过账、反审核后才能修改。

修改时,在"会计分录序时簿"窗口选中需要修改的凭证,单击工具栏上的"修改"按钮,系统弹出该张凭证的"记账凭证-修改"窗口,在窗口中直接修改即可,然后单击"保存"按钮。

删除时,在"会计分录序时簿"窗口选中需要删除的凭证,单击工具栏上"删除"按钮,系统会提示是否进行删除操作,用户根据实际情况而定。

如果对"作废"凭证重新启用,单击"编辑"菜单下的"反作废"命令。

6.2.3 凭证打印

凭证打印也属于"凭证管理"中的一项功能,为了体现其重要性,按排一小节讲述。

凭证正确处理后,可以将凭证打印出来,并装订成册妥善保管。凭证打印在会计电算化中也是财务业务资料的另一种备份形式。金蝶 KIS 专业版系统为用户提供了两种凭证打印方式,一种是普通打印,另一种是套打打印,下面分别介绍这两种方法。

1. 普通打印

普通打印就是指使用普通白纸并不"使用套打"功能进行格式设定的打印,步骤如下。

(1)先预览格式情况。在"会计分录序时簿"窗口,单击菜单【文件】→【打印凭证】→【打印预览】,系统弹出"打印预览"窗口,如图 6-39 所示。

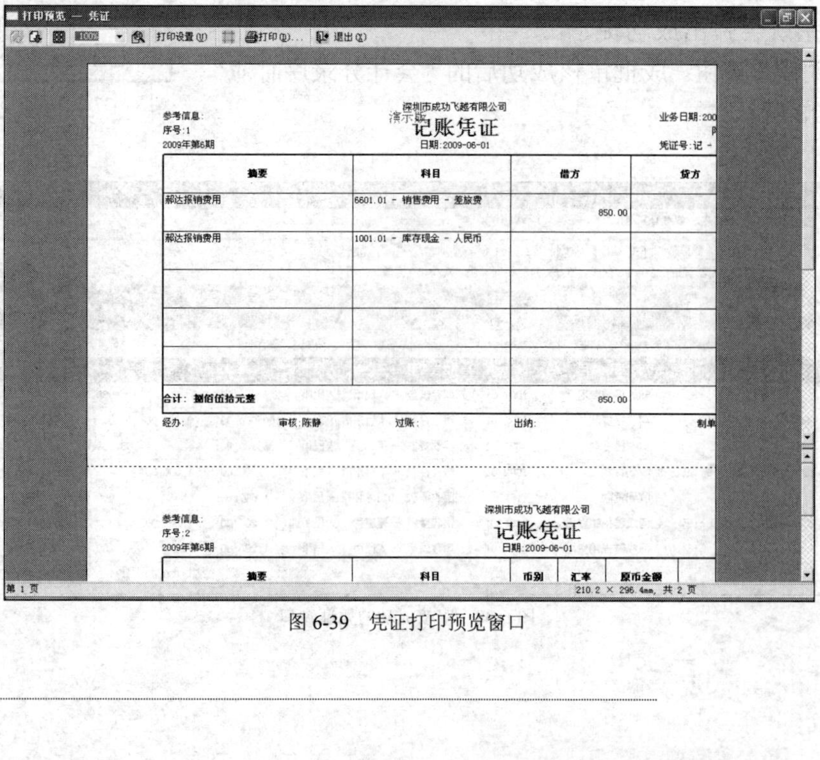

图 6-39 凭证打印预览窗口

通过预览发现以下几个问题。
- 纸张方向不对或纸张过大，怎么办？
- 若涉及外币和数量式的凭证如何打印？
- 如参考信息等项目不想打印怎么办？

（2）设置打印纸张大小。假设使用 24cm×12cm 的打印纸（这种打印纸张在文具店有售），设置步骤如下。

首先，确认打印机是否具有自定义纸张功能。

然后，单击"开始"菜单"设置"下的"打印机和传真机"选项，系统弹出"打印机和传真机"窗口。选中使用的打印机名称，再单击"文件"菜单下的"服务器属性"命令，系统弹出"打印服务器属性"窗口。选中"创建新格式"项，将"宽度"修改为"24cm"，"高度"修改为"12cm"（此数值由用户实际所使用的打印纸张大小设定），表格名录入"凭证纸"，如图 6-40 所示。

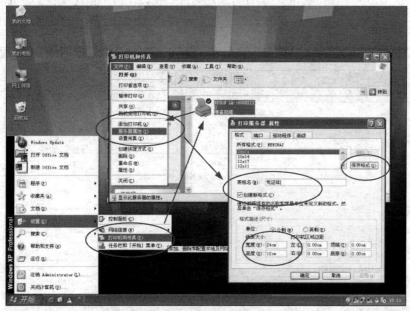

图 6-40 自定义"凭证纸"尺寸

最后，单击"保存格式"按钮保存所设置的格式。单击"关闭"按钮退出窗口。

（3）切换到金蝶 KIS 专业版"打印预览"窗口，单击工具栏上"打印设置"按钮，系统弹出"打印设置"窗口。在窗口中可以选定打印机的名称、纸张大小和方向等，纸张大小选择刚才设置的"凭证纸"，如图 6-41 所示。

（4）单击"确定"按钮返回"打印预览"窗口，这时请注意打印格式的变换。在预览窗口发现纸张高度太小，那么可以更改纸张大小（通常不采用，因纸张大小是固定的）或调整分录的高度，在此采用第二种方法。

（5）单击"退出"按钮返回"会计分录序时簿"窗口，单击菜单【文件】→【打印凭证】→【页面设置】，系统弹出"凭证页面设置"窗口。单击"尺寸"选项卡，切换到尺寸修改窗口，在窗口中请注意右下方的"单位"选择，选择单位"厘米"，修改栏目高度下的分录高度为"1"，如图 6-42 所示。

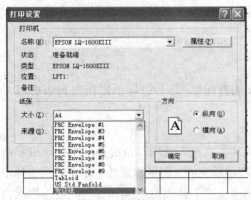
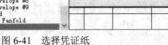

图 6-41　选择凭证纸

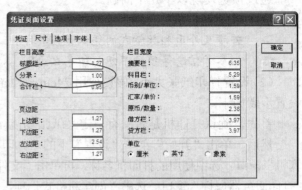

图 6-42　修改分录高度窗口

（6）单击"确定"按钮，返回"会计分录序时簿"窗口，再单击【文件】→【打印凭证】→【打印预览】，系统弹出"打印预览"窗口，如图 6-43 所示。这表示所设置的高度起作用。

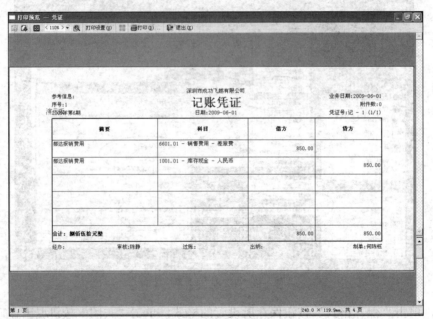

图 6-43　修改分录高度后的打印格式窗口

（7）设置凭证为外币/数量时的打印格式。单击菜单【文件】→【打印凭证】→【页面设置】，系统弹出"凭证页面设置"窗口，切换到"选项"窗口，如图 6-44 所示。

在窗口中有人民币大写合计、打印外币、打印数量 3 个选项。打印外币和打印数量建议选中"自动"，这样系统在打印凭证时，检测到外币或数量时，会将外币和数量打印出来，如果没有选中"自动"项则不打印外币或数量。"每张凭证打印分录数"是指打印时一张凭证上打印几条分录。

（8）各选项设置完成后单击"确定"按钮，返回"会计分录序时簿"窗口。单击【文件】→【打印凭证】→【打印预览】，系统弹出"打印预览"窗口，单击窗口左上方的"向下翻页"按钮，查看第二张凭证的格式，如图 6-45 所示。

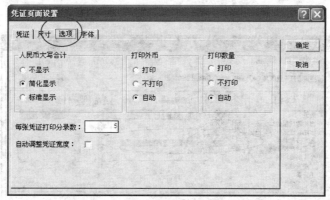

图 6-44 选项设置窗口

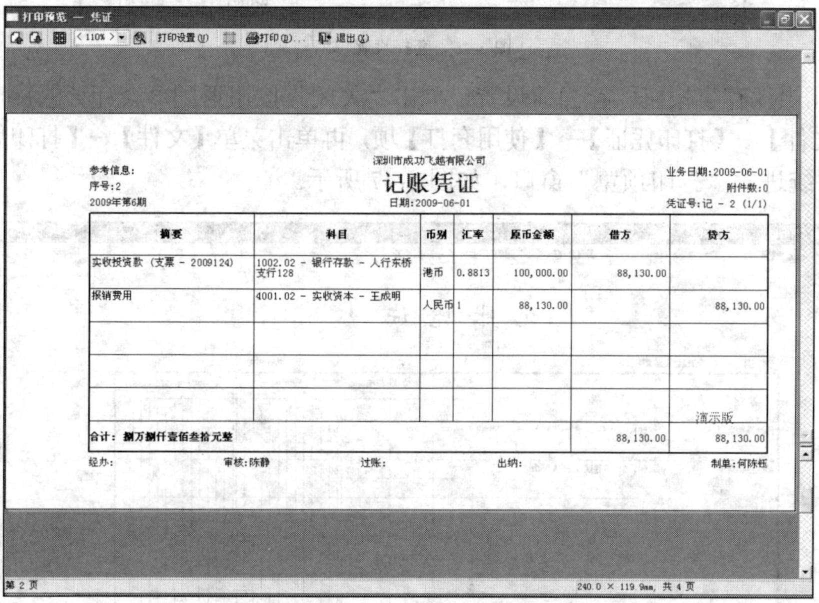

图 6-45 外币打印格式窗口

（9）格式符合要求，即可单击菜单【文件】→【打印凭证】→【打印】进行凭证打印了。

注意 1．若使用的是演示版，则在打印时会显示红字"演示版"字样。
2．在"凭证页面设置"时，请多次切换到"打印预览"窗口，查看设置所起的效果。

2. 套打设置

金蝶 KIS 专业版系统为满足某些单据和账表的特定需要，提供了功能强大、操作方便的套打功能。金蝶系统已经预先为用户设计好凭证、账务处理、明细账、多栏式明细账、数量金额明细账、发票和各种出入库单据类型的套打打印输出格式。

例 7：将"会计分录序时簿"中的凭证以"套打"形式打印。

（1）在"会计分录序时簿"窗口单击菜单【文件】→【打印凭证】→【套打设置】，系统弹出"套打设置"窗口。在"凭证"行"对应套打"列，单击下拉按钮，系统弹出列表，例如选择"金蝶记账凭证（外币、数量）"项，如图 6-46 所示。

单击"预览"按钮可以查询所选择的套打格式，若对格式不满意可以单击"设计"按钮进行修改。

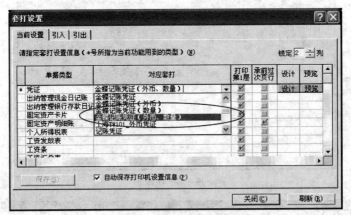

图 6-46 套打设置窗口

（2）单击"保存"按钮保存当前设置，单击"关闭"按钮返回"会计分录序时簿"窗口。单击菜单【文件】→【打印凭证】→【使用套打】项，再单击菜单【文件】→【打印凭证】→【打印预览】，系统进入"打印预览"窗口，如图 6-47 所示。

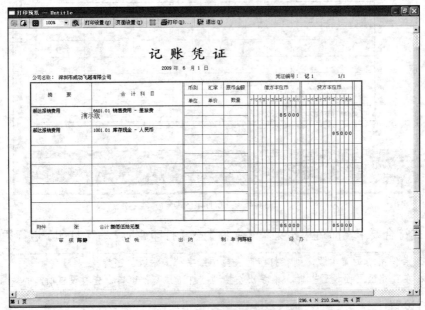

图 6-47 套打格式预览窗口

> **注意** 1. 因系统中预设的格式与专用的金蝶凭证套打纸（金蝶公司有售）规格相同，若用户使用该种纸张，则先在打印机的服务器属性自定义纸张，之后再返回选择打印纸张。在购买套打纸之后，金蝶销售人员会为用户调整打印机。
> 2. 设置不同打印格式时多用"打印预览"功能进行查看。
> 3. 打印格式设置完成，建议先放一张打印纸测试输出效果。
> 4. 若一次只想打印某一张凭证，可以在"会计分录序时簿"窗口选中要打印的凭证，双击进入"凭证-查看"窗口进行打印，也可以在打印时设置打印范围。
> 5. 使用套打时，可以使用"过滤"功能，将需要打印的凭证筛选出来，然后设置套打格式。

6.2.4 凭证过账

凭证过账是指系统根据已录入的凭证的会计科目将其登记到相关的明细账簿。只有本期的凭证过账后才能期末结账。过账操作步骤如下。

（1）在主界面窗口，单击【账务处理】→【凭证过账】，系统弹出"凭证过账"窗口，如图 6-48 所示。

（2）在窗口中用户根据需要设置相应选项，在此采用默认值。单击"开始过账"按钮，稍后系统弹出过账情况信息窗口。

（3）单击"关闭"按钮，以凭证查询的方式进入"会计分录序时簿"窗口查看是否过账完成，过账成功的凭证会在过账项目下显示过账人的用户名，如图 6-49 所示。

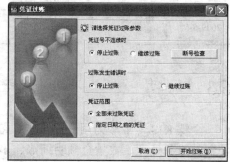

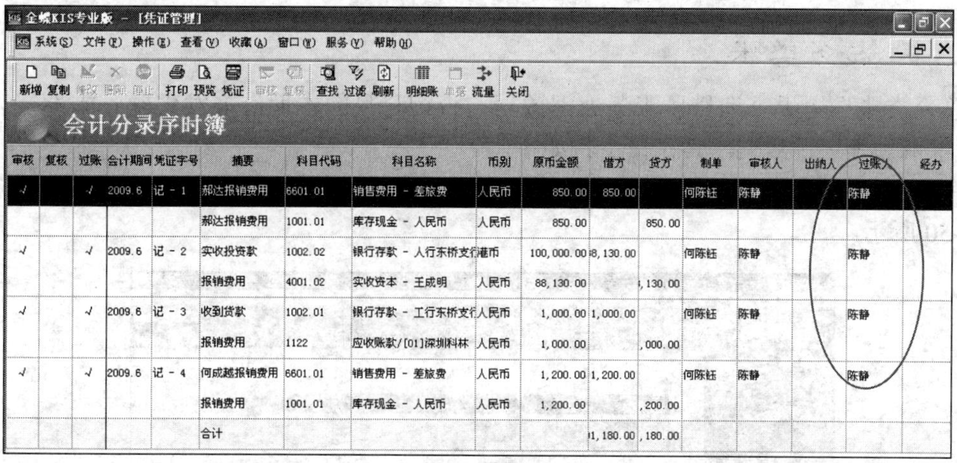

图 6-48 "凭证过账"窗口

图 6-49 查询过账人窗口

> **注意** 理论上已经过账的凭证不允许修改，只能采取补充凭证或红字冲销凭证的方式进行更正。因此，在过账前应该对记账凭证的内容仔细审核，系统只能检验记账凭证中的数据关系是否错误，而无法检查其业务逻辑关系。
>
> 金蝶 KIS 专业版为用户提供了反过账功能，在"会计分录序时簿"窗口单击菜单【操作】→【反过账】即可。

> **提示** 读者可自行以"何陈钰"身份录入表 6-6 中的凭证，以备后面操作时使用，并以"陈静"身份审核和过账所有凭证。

表 6-6　　　　　　　　　　　　凭证练习

日　期	摘　要	会 计 科 目	辅助核算项目	借　方	贷　方
2009-6-2	提备用金	1 001.01　人民币		5 000	
		1 002.01　工行东桥支行 125			5 000
2009-6-2	行政部报销费用	5 501.01　伙食费		1 000	
		6 602.04　伙食费		1 200	
		1 001.01　人民币			2 400

续表

日 期	摘 要	会计科目	辅助核算项目	借 方	贷 方
2009-6-5	生产使用材料	5 001.01.01 直接材料		333	
		1 403 原材料			333
2009-6-5	销售深圳科林产品	1 122 应收账款	客户-01 深圳科林	1 234	
		主营业务收入			1 234

6.3 账簿

金蝶 KIS 专业版为用户提供了详细的账簿查询功能，账簿有总分类账、明细分类账、数量金额账务处理、数量金额明细账、多栏账、核算项目分类账务处理和核算项目明细账等。

> **注意** 账簿报表下的会计科目、凭证字和核算项目与"基础设置"下的功能相同，应用方法请参照"基础设置"章节。

6.3.1 总分类账

"总分类账"用于查询科目账务处理数据，查询科目的本期借方发生额、本期贷方发生额和期末余额等项目数据。其操作步骤如下。

（1）在主界面窗口，单击【账务处理】→【总分类账】，系统弹出"过滤条件"窗口，如图 6-50 所示。

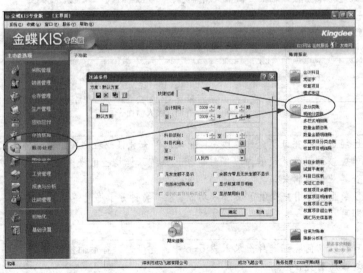

图 6-50 总分类账过滤窗口

- **无发生额不显示**：选中该项，不显示在期间范围内没有发生业务的科目。
- **包括未过账凭证**：选中该项，科目的汇总数据含有未过账凭证，反之，汇总数据只有已过账凭证。
- **余额为零且无发生额不显示**：选中该项，不显示科目余额为零且在期间范围内无发生额账务处理。

● **显示核算项目明细**：选中该项，科目下有核算项目的显示核算项目明细数据，反之不显示。

● **显示核算项目所有级次**：选中上一项，再选中该项，当核算项目有分级时，核算项目显示到最明细，反之，只显示核算项目的第一级数据。

● **显示禁用科目**：选中该项，若禁用科目下有数据也显示出来，反之不显示。

（2）保持默认值，单击“确定”按钮，系统进入“总分类账”窗口，如图6-51所示。

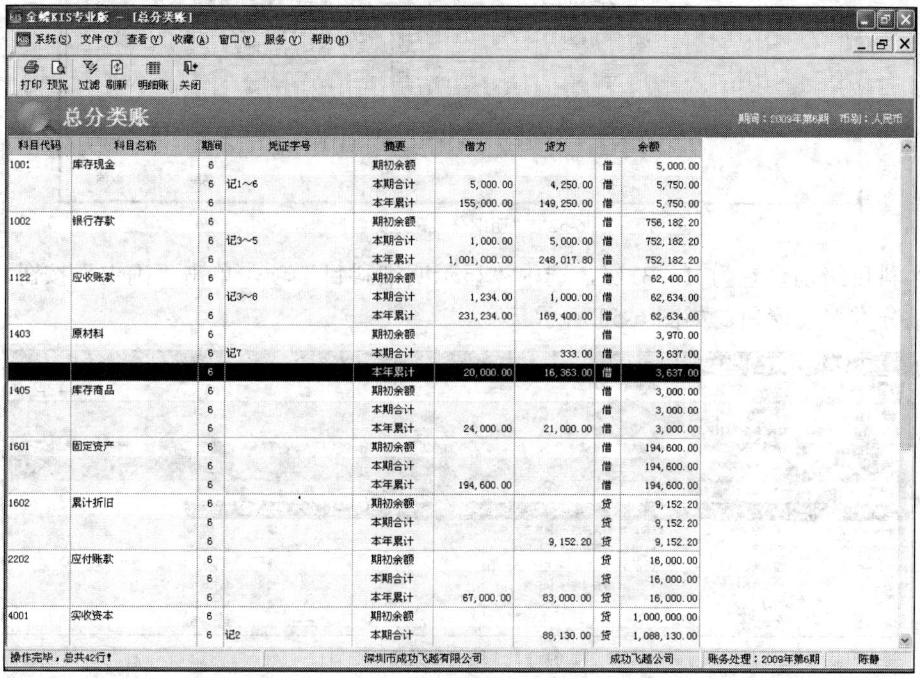

科目代码	科目名称	期间	凭证字号	摘要	借方	贷方	余额	
1001	库存现金	6		期初余额			借	5,000.00
		6	记1～6	本期合计	5,000.00	4,250.00	借	5,750.00
		6		本年累计	155,000.00	149,250.00	借	5,750.00
1002	银行存款	6		期初余额			借	756,182.20
		6	记3～5	本期合计	1,000.00	5,000.00	借	752,182.20
		6		本年累计	1,001,000.00	248,017.80	借	752,182.20
1122	应收账款	6		期初余额			借	62,400.00
		6	记3～8	本期合计	1,234.00	1,000.00	借	62,634.00
		6		本年累计	231,234.00	169,400.00	借	62,634.00
1403	原材料	6		期初余额			借	3,970.00
		6	记7	本期合计		333.00	借	3,637.00
		6		本年累计	20,000.00	16,363.00	借	3,637.00
1405	库存商品	6		期初余额			借	3,000.00
		6		本期合计			借	3,000.00
		6		本年累计	24,000.00	21,000.00	借	3,000.00
1601	固定资产	6		期初余额			借	194,600.00
		6		本期合计			借	194,600.00
		6		本年累计	194,600.00		借	194,600.00
1602	累计折旧	6		期初余额			贷	9,152.20
		6		本期合计			贷	9,152.20
		6		本年累计		9,152.20	贷	9,152.20
2202	应付账款	6		期初余额			贷	16,000.00
		6		本期合计			贷	16,000.00
		6		本年累计	67,000.00	83,000.00	贷	16,000.00
4001	实收资本	6		期初余额			贷	1,000,000.00
		6	记2	本期合计		88,130.00	贷	1,088,130.00

图6-51 “总分类账”窗口

（3）单击“查看”和“文件”菜单，可以查看明细账，设置页面属性，套打或按科目分页打印等。

6.3.2 明细分类账

“明细分类账”用于查询各科目下的明细账数据。

（1）在主界面窗口，单击【账务处理】→【明细分类账】，系统弹出“过滤条件”窗口，如图6-52所示。

● **按期间查询**：查询会计期间范围为某期间至某期间。

● **按日期查询**：查询为某天至某天范围。

● **只显示明细科目**：选中该项，当科目级别为多级别时，明细账只显示最明细科目的数据。

● **强制显示对方科目**：选中该项，同时显示对方科目。

● **显示对方科目核算项目**：选中该项，对方科目下有核算项目的同时显示。

● **按明细科目列表显示**：选中该项，则以明细科目列表格式显示。

● **高级和过滤条件选项卡**：可以设置更详细的过滤条件。

● **排序选项卡**：设置明细账的排序条件。

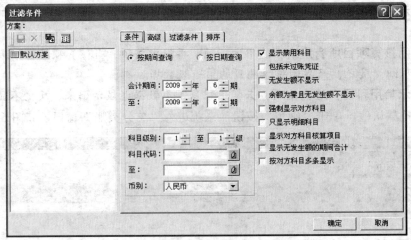

图 6-52 "明细分类账过滤"窗口

（2）科目级别设置为 1~3 级，选中"显示明细科目"项，单击"确定"按钮，系统弹出"明细分类账"窗口，如图 6-53 所示。

图 6-53 "明细分类账"窗口

单击"第一、上一、下一、最后"按钮查询不同科目的明细账，单击"账务处理"按钮查看该科目的账务处理数据。

6.3.3 多栏式明细账

不同企业的科目设置情况不同，因此多栏式明细账需要用户自行设定。

例8：查询"销售费用"的多栏账。

（1）在主界面窗口，单击【账务处理】→【多栏式明细账】，系统弹出"多栏式明细分类账"窗口，如图 6-54 所示。

- **多栏账名称**：选择已设计好的多栏账。
- **会计期间**：查询期间范围。
- **设计按钮**：进行多栏账的设计管理，如新增、修改或删除等。

（2）设计"销售费用多栏账"。单击"设计"按钮，系统弹出"多栏式明细账定义"窗口，如图 6-55 所示。

（3）单击"新增"按钮，进入"多栏式明细账定义-新增"窗口，在会计科目处按 F7 键获取"6 601 销售费用"科目，再单击窗口右下角的"自动编排"按钮，系统会自动将该科目下的明细科目排列出来。币别代码选择"人民币"，多栏账名称保持默认值，如图 6-56 所示。

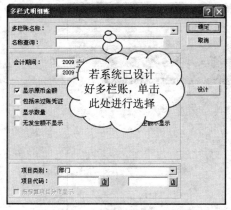
图 6-54 "多栏式明细账"过滤窗口

图 6-55 "多栏式明细账定义"窗口

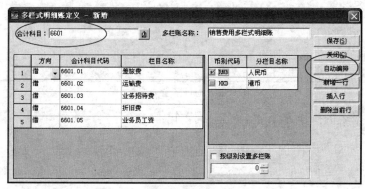
图 6-56 "多栏式明细账定义—新增"窗口

（4）单击"保存"按钮保存当前设置，并返回"定义"窗口。在"定义"窗口选中"制造费用多栏明细账"，单击"确定"按钮，返回"多栏式明细分类账"窗口。

（5）多栏账名称选择刚才所设计的"销售费用多栏明细账"，单击"确定"按钮，系统弹出"多栏式明细账"窗口，如图 6-57 所示。

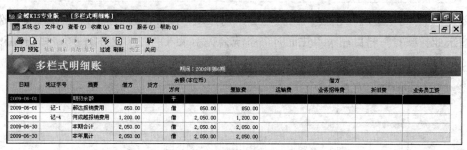
图 6-57 "多栏式明细账"窗口

6.3.4 科目余额表

通过科目余额表可查询账套中所有会计科目的余额情况。可设置查询期间范围和查询级次等。

在主界面窗口，单击【账务处理】→【科目余额表】，系统弹出"过滤条件"窗口。在窗口中可以设置查询条件，单击"高级"按钮可以进行更复杂的条件设置。科目级别设为"2"，单击"确定"按钮，系统进入"科目余额表"窗口，如图 6-58 所示。

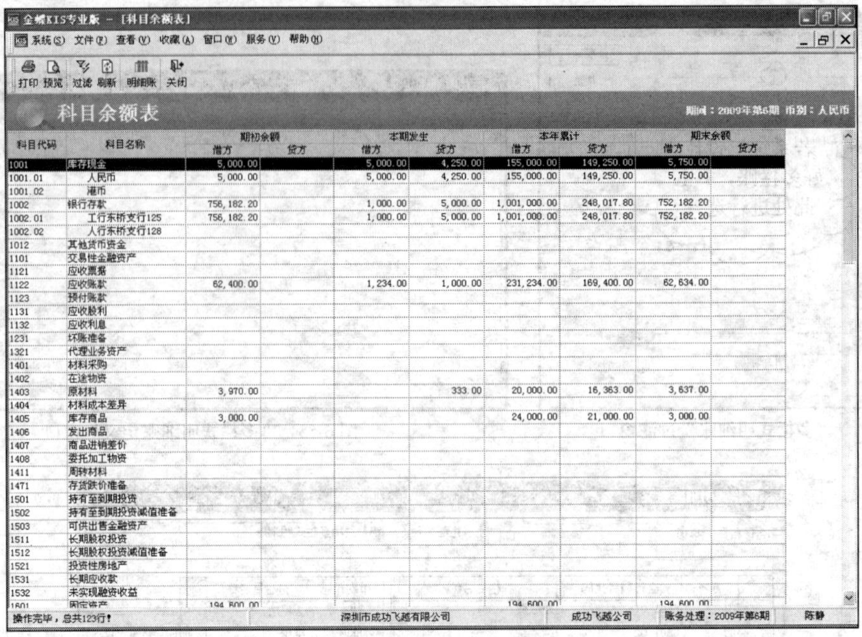

图 6-58 "科目余额表"窗口

其他账簿和报表的操作方法基本同前面操作。

6.4 往来

往来管理提供了核销管理、往来对账单和账龄分析表等功能。要应用这些功能的前提是科目的属性必须设置"往来业务核算"。该功能适用于"账务处理"单独使用。

> **注意** 由于本书的写作思路考虑为应收和应付系统与"账务处理"系统连接使用模式,所以本节中的所有实例图片来源其他账套。本节将介绍账务处理系统单独使用时,并且选中账务处理参数中的"启用往来业务核销"选项后,"往来管理"子功能的使用方法。

初始化预设"1 122 应收账款"和"2 202 应付账款"属性,选中"往来业务核算"选项。已设置"往来业务核算"科目在录入凭证时,系统会提示录入"往来业务编号",如图 6-59 所示。

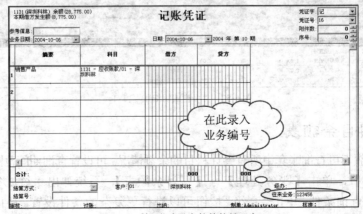

图 6-59 科目往来业务核算的凭证窗口

6.4.1 往来核销

要使用"往来核销"功能有以下几个前提。

（1）会计科目属性包含"往来业务核算"选项。

（2）涉及往来业务核算科目的凭证，往来业务编号一定要录入（或F7键获取），因为核销的原理是根据同一业务编号，不同方向进行核销的。

（3）一定要选中账务处理参数中的"启用往来业务核销"选项。

因本账套初始没有设置往来业务核算，涉及应收、应付的凭证暂没有录入业务编号，所以，在此只讲原理，不讲操作。下面举例说明。

例如，10月1日销售A公司产品，凭证如下。

  借：应收账款-A公司-123（业务编号） RMB5000
   贷：主营业收入   RMB5000

10月2日销售A公司产品，凭证如下。

  借：应收账款-A公司-131（业务编号） RMB680
   贷：主营业收入   RMB680

10月3日销售A公司产品，凭证如下。

  借：应收账款-A公司-133（业务编号） RMB1000
   贷：主营业收入   RMB1000

假设10月5日收到A公司货款5 500元，凭证如下。

  借：银行存款   RMB5500
   贷：应收账款-A公司-123   RMB5000
   贷：应收账款-A公司-131   RMB500

通过该张收款凭证可以知道，所收款项为123号单据的5 000元和131号单据的500元，并且131号还欠180元。

往来核销功能就是对上述凭证的同一会计科目，同一核算项目或同一业务编号，但是不同方向的金额进行核销处理，以便了解每张单据的款项已付、未付和欠款等情况。

往来核销是为了详细知道每个业务编号的核销情况。若公司管理要求只要知道客户的本期借方发生额、本期贷方发生额，则两项相减即可知道客户的期末余额（欠款数），而不用业务编号核销管理。

该功能适合于"账务处理"系统单独使用，用户要求知道详细的往来业务的情况。因本账套中有使用应收应付系统，在这两个系统中能详细了解客户往来情况，所以在"账务处理"系统就不必再重复管理。

6.4.2 往来对账单

"往来对账单"可用于查询会计科目设有"往来业务核算"属性的科目借方额、贷方额和余额。

在主界面窗口，单击【账务处理】→【往来对账单】，系统弹出"过滤条件"窗口。会计科目按F7键获取，选择对应项目类别，单击"确定"按钮，系统进入"往来对账单"窗口，如图6-60所示。

若要查看其他客户的对账单，单击工具栏上的"上一、下一"按钮进行查询。

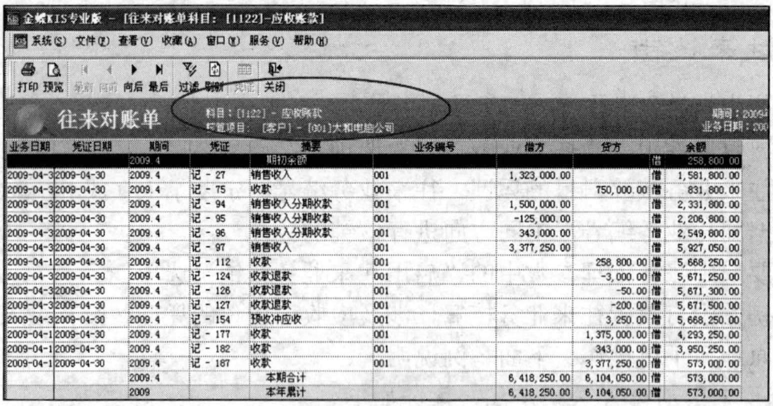

图 6-60 "往来对账单"窗口

6.4.3 账龄分析表

"账龄分析表"可用于对设有往来核算科目的往来款项余额的时间分布进行分析。

在主界面窗口,单击【账务处理】→【账龄分析表】,系统弹出"过滤条件"窗口,如图 6-61 所示。

- **会计科目**:选择要查询的会计科目。为空时,系统会自动将设有往来业务核算的科目显示出来。
- **账龄分组**:录入天数后,标题会自动更改,可增加或删除行。

项目类别选择"客户",单击"确定"按钮,系统进入"账龄分析表"窗口,如图 6-62 所示。

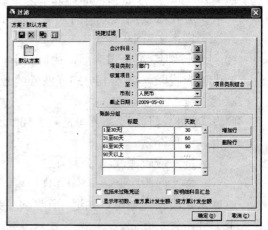

图 6-61 账龄过滤窗口

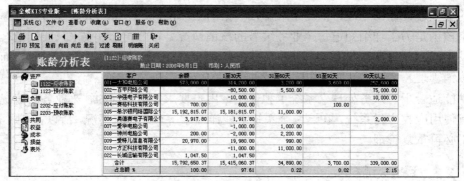

图 6-62 "账龄分析表"窗口

6.5 期末处理

当期凭证业务处理完成后,可以进行期末处理,即期末调汇、自动转账、结转损益和期末结账操作。

> **注意** 1. 若用户单独使用"账务处理"系统，可以开始期末处理。若用户与固定资产、应收应付和业务等系统连接使用，则建议业务系统先结账后再进行期末处理工作。
> 2. 建议先出完资产负债表、损益表后，再进行期末结账。

6.5.1 自动转账

期末转账凭证用于将相关科目下的余额转入到另一相关科目下。例如将制造费转入生产成本科目，可以直接录入，即查看相关科目下的余额，用"凭证录入"功能将余额转出；也可以使用自动转账功能，定义好转账公式，在期末只要选中要转账的项目，生成凭证即可，这样即简单又提高效率。

例9：定义"制造费用转生产成本"的自动转账凭证。

（1）在主界面窗口，单击【账务处理】→【自动转账】，系统弹出"自动转账凭证"窗口，如图6-63所示。

（2）单击"新增"按钮，录入名称"制造费用转生产成本"，选择机制为凭证"自动转账"。按转账期间右边的编辑按钮，系统弹出"转账期间"设定窗口，单击"全选"按钮，单击"确定"按钮，返回"自动转账凭证"窗口。

（3）在第一条分录中录入凭证摘要"制造费用转生产成本"，科目获取"5001.01.03 制造费用转入"，选择方向"自动断定"，选择转账方式"转入"。

（4）单击"新增行"按钮，在第二条分录中录入摘要"制造费用转生产成本"，科目获取"5 101.01 伙食费"，方向"自动断定"，转账方式为"按公式转出"，公式方法为"公式取数"。公式定义可单击"下设"按钮，系统弹出"公式定义"窗口，如图6-64所示。

图6-63 "自动转账凭证"窗口

图6-64 公式定义窗口

单击窗口右侧的"公式向导"按钮，系统弹出"报表函数"窗口，选择"ACCT"函数，单击"确定"按钮，系统进入"公式向导"窗口。科目获取"5 101.01 伙食费"，取数类型获取"Y 期末余额"，如图6-65所示。

单击"确认"按钮，返回"公式定义"窗口，单击"确定"按钮，返回"自动转账凭证"窗口。

（5）按步骤（4）录入剩余的科目，结果如图6-66所示。

（6）单击"保存"按钮，并返回"自动转账凭证"窗口，选中刚才所建立的转账凭证方案，如图6-67所示。

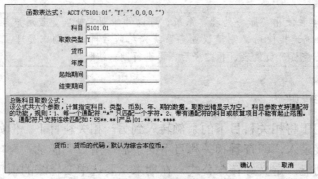

图 6-65 设置公式

图 6-66 新增录入完成窗口

图 6-67 设置成功窗口

单击"生成凭证"按钮,系统会根据所设置的转账凭证方案生成一张记账凭证。由于本练习账套数据暂时不全,所以在此不用"生成凭证"操作。

生产成本转库存商品和库存商品转主营业成本的自动转账凭证请读者自行设置。

6.5.2 期末调汇

期末调汇是指在期末自动对有外币核算和设有"期末调汇"的会计科目计算汇兑损益,生成汇兑损益转账凭证及期末汇率调整表。

(1)在主界面窗口,单击【账务处理】→【期末调汇】,系统弹出"期末调汇"窗口,如图 6-68 所示。

（2）假设调整汇率为"0.88"。调整汇率录入"0.88"，单击"下一步"按钮，系统进入下一窗口，在窗口中"汇兑损益科目"处按 F7 键获取"6603.03-调汇"科目，选择正确的凭证字，录入正确的摘要，如图 6-69 所示。

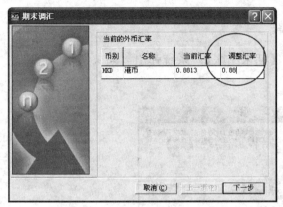

图 6-68　调整汇率

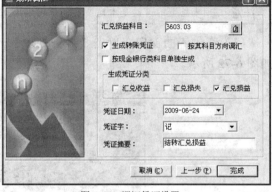

图 6-69　调汇凭证设置

（3）科目获取成功，勾选"汇兑收益"选项，单击"完成"按钮，稍后系统弹出提示："已经生成凭证"，表示调汇成功。

（4）查看生成的凭证。单击【账务处理】→【凭证管理】，设定过滤条件后进入"会计分录序时簿"窗口，即可看到生成的凭证。

6.5.3 结转损益

结转损益是指将损益类科目下的所有余额结转到"本年利润"科目，并生成一张结转损益的凭证。

> **注意**　在结转损益前，一定要将本期的凭证都过账，包括自动转账生成的凭证。

（1）在主界面窗口，单击【账务处理】→【结转损益】，系统进入"结转损益"向导窗口。在该窗口中单击"下一步"按钮，系统进入"损益类科目对应本年利润科目"窗口，如图 6-70 所示。

（2）单击"下一步"按钮，进入设置窗口，如图 6-71 所示。

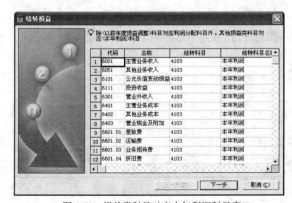

图 6-70　损益类科目对应本年利润科目窗口

图 6-71　凭证设置窗口

(3) 根据实际情况设置后,单击"完成"按钮。稍后系统弹出已生成一张某字某号的凭证。

6.5.4 期末结账

本期会计业务全部处理完毕后,可以进行期末结账处理,本期期末结账后,系统才能进入下一期间进行业务处理。

注意 期末结账的前提是本期所有凭证已过账完毕。

(1) 在主界面窗口,单击【账务处理】→【期末结账】,系统弹出"期末结账"窗口,如图 6-72 所示。

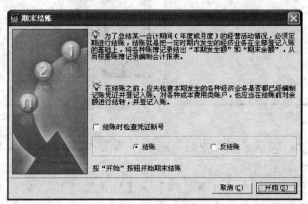

图 6-72 "期末结账"窗口

金蝶 KIS 专业版系统为用户提供了结账和反结账功能。选中"结账"项,勾选"结账时检查凭证断号",则凭证中有断号时弹出提示,提示用户是否结账。

(2) 项目设置完成后,单击"开始"按钮即可结账。

注意 因账务处理系统与固定资产、应收和应付等系统连接使用,所以一定要固定资产、应收和应付等系统结账后才能进行账务处理模块的结账。

6.6 习题

(1) 审核凭证时对审核人有什么要求?
(2) 在"会计分录序时簿"中选中要修改、删除的凭证,但是修改、删除功能是灰色,要如何处理?
(3) 凭证打印方式有几种?
(4) 期末转账凭证有几种生成方式?
(5) 账务处理模块期末结账的前提是什么?

第 7 章　报表与分析

学习重点

通过本章的学习，了解如何查询报表，如何修改报表格式，进行公式修改和定义，如何打印报表，自定义报表，进行报表分析和现金流量表操作。

7.1　概述

金蝶 KIS 报表系统主要处理资产负债表、利润表等常用的财务报表，并可以根据管理需求自定义报表，还可以由计算出来的报表数据进行各种报表分析工作，以及提供现金流量表的查询。

报表系统与账务处理系统联用时，可以通过 ACCT、ACCTCASH 等取数函数从账务处理系统的科目中取数；与供应链系统联用时，可以通过函数从工业供应链中取数。

报表的界面显示为一个表格，操作与 Excel 表格类似。

报表系统没有初始设置和期末结账，主要用于查询报表、修改格式和修改公式，然后输出。

报表系统与其他系统的关系如图 7-1 所示。

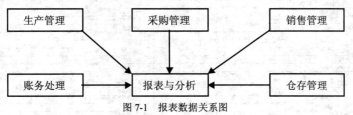

图 7-1　报表数据关系图

7.2　报表处理

报表系统为用户预设了部分行业的报表模板，如资产负债表、利润表和利润分配表等。用户也可以利用公式向导更改取数公式，可以通过页面设置更改输出格式。下面以处理资产负债表为例，介绍报表的处理方法。

7.2.1　查看报表

例 1　以"陈静"身份登录练习账套。

（1）在主界面中，单击【报表与分析】→【资产负债表】，系统进入"资产负债表"窗口，如图 7-2 所示。

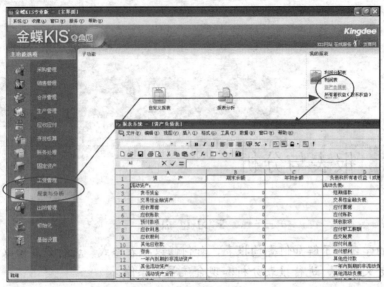

图 7-2 "资产负债表"窗口

（2）单击菜单【数据】→【报表重算】，计算出来的数据如图 7-3 所示。

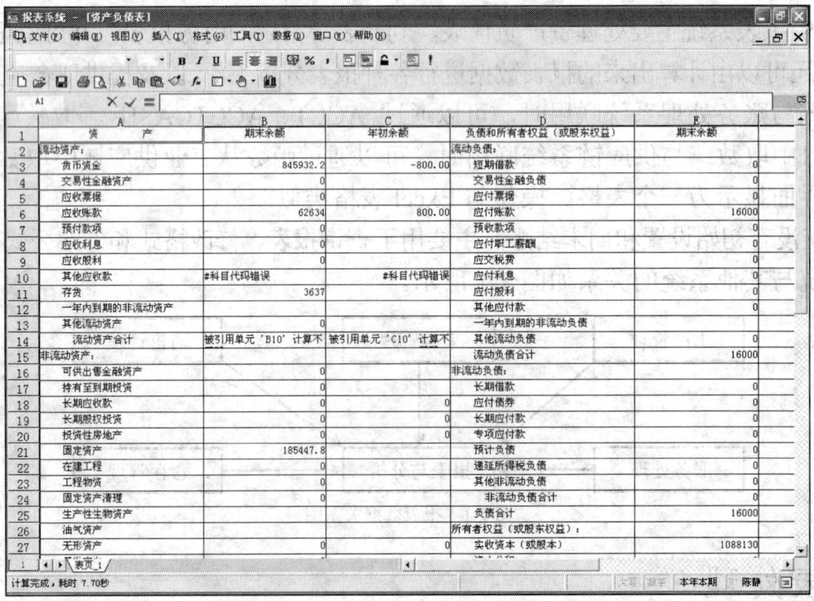

图 7-3 报表数据计算

（3）修正 B10 和 C10 单元格。在 B10 和 C10 单元格显示"#科目代码错误"，经核查，公式中的科目代码"1221 其他应收款"科目在"会计科目"中未设置，所以产生错误。返回基础设置中的"会计科目"中新增"1221 其他应收款"科目后，再进行报表重算，报表则不会产生类似错误。

> **注意** 发现公式有错误时，要检查公式中的科目代码是否引用正确，如果把没有的代码也引用进来，只要把错误代码修改为正确的代码即可。若科目代码引用正确，则可能是多输入了某些字符，如空格、逗号或文字等，这些都不易查到，因此可以直接重新录入公式。

7.2.2 打印报表

报表输出为求美观，随时要对报表格式进行设置，如列宽、行高、字体和页眉页脚等内容。

例 2 设置格式，输出"资产负债表"。

（1）修改列宽。方法有两种，一种是用鼠标拖动修改列宽。如修改 C 列的宽度，将光标移到 C、D 列之间的竖线位置，当光标变成↔箭头时按住左键拖动，将列宽拖动至适当位置即可；另一种是选定要修改的列，单击菜单【格式】→【列属性】，系统弹出"列属性"窗口，修改列宽为 250，如图 7-4 所示。

（2）修改对齐方式。检查发现数值例的有些单元格对齐方式不统一，选中要修改的数值列或单元格，单击工具栏上的"▤▤▤（对齐方式）"按钮进行对齐选择。有左对齐、居中对齐和右对齐等选择方式。

（3）设置打印时使用的纸张大小和方向。单击工具栏上的"打印预览"按钮，系统进入"打印预览"窗口。在该窗口如果发现该报表分两页输出，高度刚好打印完，宽度还不够打印右侧的"负债和股东权益"项，则单击窗口上的"打印设置"按钮，系统弹出"打印设置"窗口，将方向改为"横向"，单击"确定"返回"打印预览"窗口，发现宽度满足要求，而高度不够。在这情况下，有两种选择方式，一种是在"打印设置"窗口，选择纸张大小为"A3"；另一种是更改文字大小、单元格高度、宽度等设置，以使其能在一张 A4 纸上打印出来。

这里采用第二种方式，纸张大小选择 A4，方向为"横向"打印。

（4）更改字体大小。单击"退出"按钮，返回报表窗口。选定整个表格内容，如图 7-5 所示。

图 7-4 修改列宽

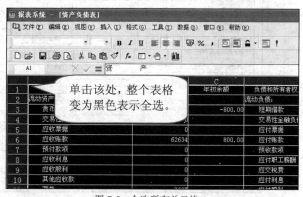

图 7-5 全选所有单元格

单击菜单【格式】→【单元属性】，系统弹出"单元属性"窗口，如图 7-6 所示。

单击窗口上的"字体"按钮，系统弹出"字体"设置窗口，大小选择"小五号"，如图 7-7 所示。

单击"确定"按钮，返回"单元属性"窗口，再单击"确定"按钮返回报表，报表中的所有内容字体已变小。

（5）压缩行高。全选整个表格，单击菜单【格式】→【行属性】，系统弹出"行属性"

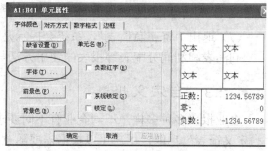

图 7-6 "单元属性"窗口

窗口，如图7-8所示。

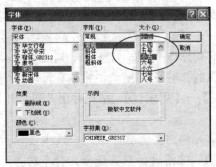

图7-7 设置字体大小

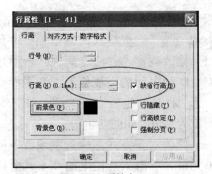

图7-8 行属性窗口

取消"缺省行高"的选中，将行高修改为"45"，单击"确定"按钮，返回报表窗口。
（6）单击工具栏"打印预览"按钮，系统进入"打印预览"窗口，如图7-9所示。

图7-9 修改格式后预览

> **注意** 在做格式调整时，建议多使用"打印预览"功能，以查看格式。若字体、行高、列宽已经设到最小，还是不能满足要求，建议使用大的纸张进行打印或者分页打印。

（7）退出"资产负债表"，系统会提示是否保存，在此单击"是"按钮保存修改。
利润表和利润分配表等报表的使用方法与资产负债表相同。

7.2.3 自定义报表

企业报表多种多样，不同企业有不同要求，不同领导也需要不同报表。报表系统提供了"自定义报表"功能，用户可以根据需要随意编制报表。

例3：根据图7-10所示"自定义报表"。

（1）在主界面中，单击【报表与分析】→【自定义报表】，系统进入"自定义报表"管理窗口，如图7-11所示。

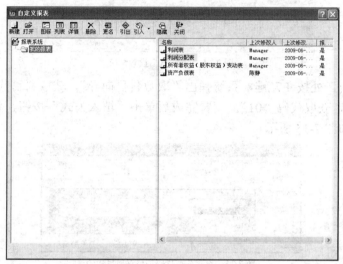

图7-10 "自定义报表"样表

图7-11 "自定义报表"管理窗口

（2）单击"新建"按钮，系统进入一空白报表窗口，选择菜单【视图】→【显示公式】功能，录入文字项目。选定A1单元格录入"客户名称"，以同样方法录入其他单元格内容，如图7-12所示。

> **注意** 若要修改单元格内容，修改后单击"√"表示确定，不单击表示取消，此操作不能省略。修改报表内容、公式，或自定义报表时建议在"显示公式"状态下进行。

（3）在B2单元格选取"应收账款"下"深圳科林"客户的本期期初数。选定B2单元格，单击工具栏上的"fx（函数）"按钮，系统弹出"报表函数"窗口，如图7-13所示。

图7-12 录入文字项目

图7-13 "报表函数"选择窗口

(4)选择"全部函数"下的"ACCT（总账科目取数公式）"项，单击"确定"按钮，系统进入"公式"设置窗口，如图7-14所示。

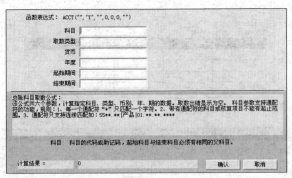

图7-14 "公式"设置窗口

(5)在"科目"处按F7键，系统弹出"取数科目向导"，获取科目代码"1122"，选择核算类别"客户"，获取代码"01"，设置完成后单击"填入公式"按钮，将设置显示在"科目参数"栏中，如图7-15所示。

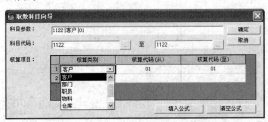

图7-15 设置科目代码和核算项目代码

(6)单击"确定"按钮保存取数设置，并返回"公式"设置窗口，请注意窗口的变化。光标移到"取数类型"处，按F7功能键，系统弹出"类型"窗口，如图7-16所示。

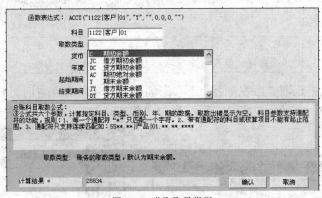

图7-16 获取取数类型

(7)选择"期初余额"类型，单击"确认"按钮保存该公式。以同样的方法录入其他单元格的公式，公式录入完成后，选择【视图】→【显示数据】，系统根据所设置的公式自动计算出数据，如图7-17所示。

(8)隐藏多余的行和列。单击菜单【格式】→【表属性】，系统弹出"报表属性"窗口，如图7-18所示。

报表属性窗口主要管理报表的行列、外观、页眉页脚等。
- **行列选项卡**：包含总行数、总列数、冻结行数、冻结列数和缺省行高。
- **外观选项卡**：包含前景色、背景色、网格色、缺省字体、是否显示网格以及公式或变量底色。
- **页眉页脚选项卡**：包含页眉页脚内容、编辑页眉页脚、编辑附注和打印预览。
- **打印选项选项卡**：包含标题行数、标题列数、是否彩打、是否显示页眉页脚以表格、页脚是否延伸。勾选页脚延伸，表示页脚定位于页面底部，反之页脚显示在表格后。
- **操作选项选项卡**：包含自动重算和人工重算。人工重算时，按F9功能键或单击菜单【数据】→【报表重算】时才会重算。当编辑大量单元公式并且计算较慢时，该选项较为适用。

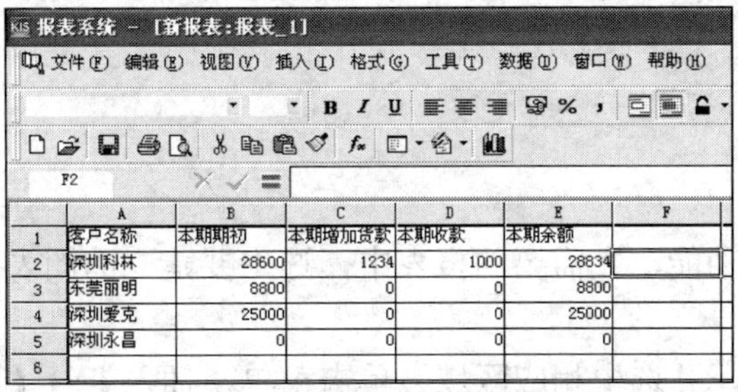

图 7-17 计算数据结果

图 7-18 "报表属性"窗口

在行列选项卡中，将"总行数"修改为"5"，"总列数"修改为"5"，缺省行高修改为"55"，外观选项卡上的字体修改为"小四"号字体，设置完成后单击"确定"按钮，返回"报表"窗口。若部分项目没有显示或列宽过大，可以调整列宽。

（9）选中第一列。选择【格式】→【单元属性】，前景色改为"白色"，背景色改为"黑色"，单击"确定"按钮返回"报表"窗口。

（10）选择【格式】→【表属性】，系统弹出"报表属性"窗口。单击"页眉页脚"选项卡，选中"报表名称"页眉。单击"编辑页眉页脚"按钮，系统弹出"自定义页眉页脚"窗口，在录入框中将"报表名称"改为"应收账表"，如图7-19所示。

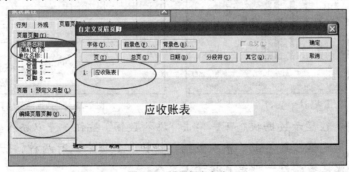

图 7-19 设置报表名称

单击"确定"按钮返回"报表属性"窗口。以同样的方法在"单位名称"页眉后增加"深圳成功飞越有限公司"，设置完成的窗口如图7-20所示。

（11）单击"确定"按钮保存设置。单击工具栏上的"预览"按钮，系统进入"打印预览"窗口，如图7-21所示。

（12）单击"关闭"按钮，返回"报表"窗口，选择【文件】→【保存】，将当前自定义报表保存起来，以供以后随时调用。

至此整个报表的自定义工作结束。

图 7-20 设置单位名称　　　　　　　　图 7-21 报表格式预览

7.2.4 常用菜单

1. 图表

金蝶报表系统为用户提供了图表分析功能，在需要的报表中，选中要建立的图表区域，可以建立柱形图、线段图和台阶图形等。

（1）首先打开要进行图表分析的报表，并选中相应区域，单击菜单【插入】→【图表】，系统弹出"图表向导"窗口，如图 7-22 所示。

（2）在"图表类型"窗口选择要生成的图表形状，如平面柱形图、立体线段图和平面区域图等。单击"下一步"按钮，切换到"数据源"窗口，如图 7-23 所示。

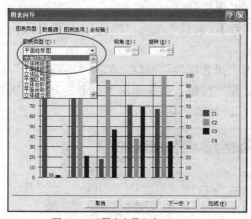
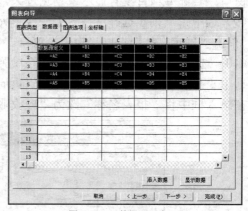

图 7-22 "图表向导"窗口　　　　　　　图 7-23 "数据源"窗口

- **添入数据**：在显示数据状态下，单击"添入数据"按钮，可以添入数据源。方法是：单击想添入数据的单元格，再单击"添入数据"按钮。数据来源有两种，一种是来源于报表中被选中的单元格或区域；另一种是直接手工录入。

- **显示数据**：该按钮用于填入单元格中的坐标变为报表中相应单元格的值，同时按钮变为"显示定义"。显示定义下，"添入数据"变为"刷新数据"，可以对数据刷新，此时不能添入数据，必须切换为"显示数据"才可添入数据。

（3）单击"下一步"按钮，系统进入"图表选项"窗口。在该窗口中录入图表标题，并选择数据系列定义于行或列，以及数据标签是否显示等，如图 7-24 所示。

（4）单击"下一步"按钮，系统进入"坐标轴"窗口，录入对应坐标轴标题，并设置显示方式，如图 7-25 所示。

（5）以上选项设置完成后，单击"完成"按钮，系统根据图表向导中所设置的内容生成图表，如图 7-26 所示。

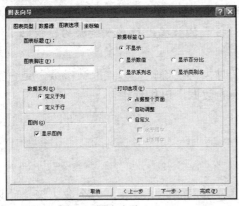
图 7-24　图表选项

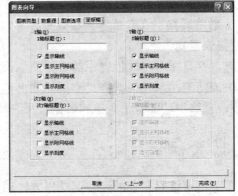
图 7-25　坐标轴设置

若对图表不满意，可以单击菜单"图表属性"下的相应子菜单，然后再进行设置即可。单击"保存"按钮可以保存当前图表。

2. 单元融合

"单元融合"功能是指对选中的两个或两个以上的单元格合并为一个单元格，选中的单元格必须是连接在一起的。该功能位于菜单"格式"下。

若取消单元格合并，则可以单击菜单"格式"下的"解除融合"命令即可。

3. 公式取数参数

有些时候，当账套已经完成好几期的业务处理工作，如现在是 2009 年 8 期，报表也正处于当前期间，需要返回查询一下"2009 年 6 期"的报表数据，就可以通过"公式取数参数"功能设置后再查询"2009 年 6 期"的报表数据。

单击菜单"工具"下的"公式取数参数"命令，系统弹出"设置公式取数参数"窗口，如图 7-27 所示。

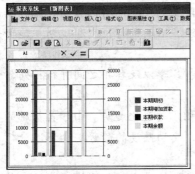
图 7-26　生成的图表

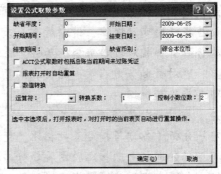
图 7-27　"设置公式取数参数"窗口

- **缺省年度**：默认当前期间年度。可以手工录入。
- **开始期间、结束期间**：默认当前期间。可以手工录入所需要的期间。

- **开始日期、结束日期**：针对按日取数的函数。
- **缺省币别**：设置报表取该币别的所有凭证数据。
- **ACCT 公式取数时包括总账当前期间未过账凭证**：选中该项，当 ACCT 函数在进行取数计算时，会包括账套当前期间的未过账凭证。
- **报表打开时自动重算**：选中该项，在每次打开报表时都会自动对报表进行计算。不选择该项，打开报表时将显示最后一次计算后的结果。
- **数值转换**：在数值转换功能中，可以对报表的数据进行乘或是除的转换。

4. 报表重算

报表重算是指对当前报表中的数据产生疑义时，再次确认"公式取数参数"是否正确，然后单击该功能，系统根据公式重新计算出正确的数据，以供使用。

"报表重算"功能位于菜单"数据"下。

7.3 报表分析

财务分析可以对企业的经营活动报表，通过分析形成分析报表，为企业决策、计划和控制提供有效的帮助。

财务分析系统运用电算化手段对财务报表数据进行分析，对企业过去的财务状况和经营成果及未来前景进行评估，进而对企业的财务决策、发展方向等提供帮助。随着企业管理要求的提升，财务人员可以通过财务分析，即时、准确地为管理工作提供决策支持。

金蝶 KIS 专业版分析系统提供了报表分析、指标分析、因素分析和预算管理分析功能，用户可以随意地选择分析方法，以对自己的财务状况进行一个比较全面的分析。

(1) 自定义报表分析。

财务分析系统提供了对资产负债表和利润报表的分析。对每一报表系统提供了结构分析、比较分析和趋势分析三种分析方法。

- **结构分析**：对某一指标的各组成部分占总体的比重进行分析。如应收账款中各客户余额的百分比、产品销售收入中各个产品占总收入的比重等。
- **比较分析**：对同口径的财务指标在一个或两个会计期间与它的预算数的比较，借以揭示其增减金额及增减幅度。系统提供了月、季、年和预算数 4 个选项。
- **趋势分析**：趋势分析是对事物在不同时间段上的变化趋势的分析，能够揭示企业财务指标或损益指标的变动规律，借以对企业未来的经济活动进行预测和规划。趋势分析又分为绝对数趋势分析和相对数趋势分析两种。
  - 绝对数趋势是指某一指标在本年各月、各季以及各年之间并行排列，借以观察其发展的动态趋势和规律；
  - 相对数趋势分析是指某期与一个基期相比的变化趋势。由于其基础的不同，又可以分为定基分析（各期与指定基期相比，变动额、变动幅度的趋势）和环比分析（分析各个会计期间指标分别与上期相比的发展趋势）。

(2) 指标分析。指标分析是指通过计算各种财务指标的方法来了解企业的经营和收益情况。例如，通过计算应收账款周转率可以了解企业资金回笼的速度，通过资产负债率可以了解企业的负债总额占总资产的比重，确定企业的融资和投资方案等。

(3)因素分析。因素分析是指选定某一个因素进行分析,可以是收入、利润,也可以是某一个产品的成本构成,因素的设定由用户自己确定。在确定了因素和因素分析的方法之后,可以对该因素进行各种分析。

7.3.1 报表分析

下面以查看"资产负债表"的分析情况为例,介绍"报表分析"功能的使用方法。

1. 查看分析

在主界面窗口,单击【报表与分析】→【报表分析】,系统进入"报表分析系统"查询窗口,如图 7-28 所示。

2. 报表项目设置

"报表项目设置"功能主要用于管理报表的项目名称、定义项目取数公式以及数字格式。"资产负债表"报表项目设置步骤如下。

(1)单击工具栏上的"退出"按钮,关闭"指标分析"分析窗口,选中左侧的"资产负债表",单击鼠标右键,系统弹出"快捷菜单",如图 7-29 所示。

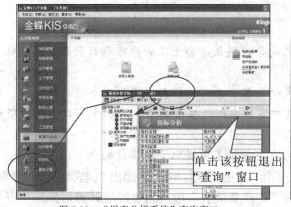
图 7-28 "报表分析系统"查询窗口

图 7-29 快捷菜单

(2)选择菜单中的"报表项目"项,系统进入"报表设置"状态窗口,如图 7-30 所示。

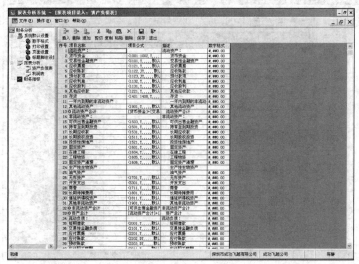
图 7-30 "报表设置"状态窗口

在该窗口中可以对行进行插入、删除、追加操作，对文字进行剪切、复制、粘贴操作，设置完成后，单击"保存"按钮保存当前设置。

（3）在"报表项目"设置窗口中如发现项目公式错误，双击鼠标左键，系统弹出"公式定义向导"窗口，如图7-31所示。

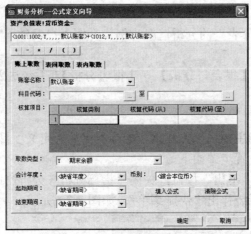

图7-31 "公式定义向导"窗口

- **账上取数选项卡**：是指利用公式向导在默认账套上提取总账科目数据。选择账套、科目等即可。
- **表间取数选项卡**：是指利用公式向导在已存有的报表中提取某个项目的数据。可以从本账套已有的账务分析报表中取数，选中窗口左侧的报表类型，再选中窗口右侧的项目，单击"填入公式"按钮即可。
- **表内取数选项卡**：是指利用公式在当前报表中提取某个项目的值。

（4）报表项目和公式设置正确后，单击工具栏上的"退出"按钮，退出"报表项目"设置窗口。

（5）双击窗口左侧"报表分析"下的"资产负债表"项，系统经过计算后弹出"资产负债表"分析窗口，如图7-32所示。

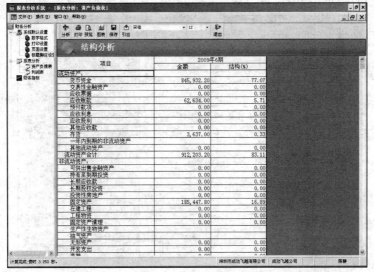

图7-32 "资产负债表"分析窗口

3. 分析方式

报表分析有结构分析、比较分析和趋势分析 3 种分析方法，不同方法有不同的选项。

在"资产负债表"分析窗口，单击工具栏上的"分析方式"按钮，系统弹出"报表分析方式"窗口，如图 7-33 所示。

在窗口中选中结构分析，再设置其下的选项，设置完成后，单击"确定"按钮，系统会自动计算出数据。

在"资产负债表"分析窗口，单击工具栏上的"图表分析"按钮，系统会根据当前的分析结果自动生成"图表"，如图 7-34 所示。

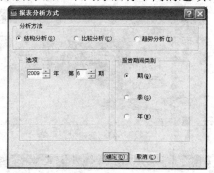

图 7-33　"报表分析方式"窗口

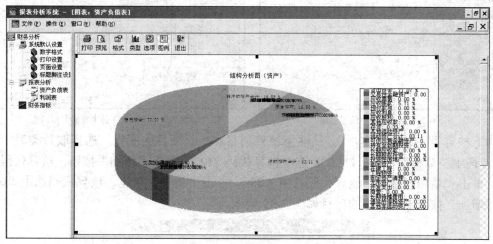

图 7-34　图表界面

其他报表分析与资产负债表的操作方法相同。

4. 自定义报表分析

若系统预设的资产负债表、损益表无法满足分析要求，可以采用"自定义报表分析"功能进行分析。

建立自定义报表分析有两种方法，一种是直接从科目中取数进行分析，即自定义报表公式取数；另一种是将系统生成的报表引入分析。下面以分析客户的欠款情况为例，介绍第一种方法的操作。

（1）在"分析系统"管理窗口，选中窗口左侧的"报表分析"项，单击鼠标右键，系统弹出快捷菜单，如图 7-35 所示。

（2）单击"新建报表"菜单，系统弹出"新建报表向导"窗口，录入名称"应收账款1"，如图 7-36 所示。

（3）单击"下一步"按钮，系统进入"数据源设置"窗口，如图 7-37 所示。

在此选择"账套名称"中的"默认账套"，其他保持默认值。单击"下一步"按钮，系统进入"报表项目生成器"窗口，如图 7-38 所示。

图 7-35 新建报表菜单

图 7-36 "新建报表向导"窗口

图 7-37 "数据源设置"窗口

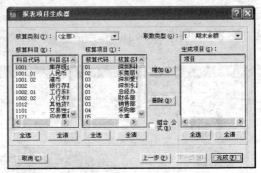

图 7-38 "报表项目生成器"窗口

（4）核算类别选择"客户"，请注意核算科目和核算项目的变化。选择取数类型"期末余额"，选中核算科目下的"1122"，选中核算代码"01"，单击"增加"按钮，核算代码选中"02"，单击"增加"按钮，核算代码选中"03"，单击"增加"按钮，核算代码选中"04"，单击"增加"按钮，新生成的项目如图 7-39 所示。

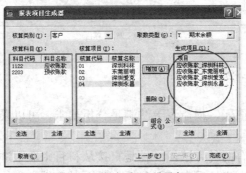

图 7-39 "报表项目"设置窗口

单击"完成"按钮，系统弹出提示窗口，单击"是"按钮，系统进入"报表项目"设置窗口，如图 7-40 所示。

（5）修改描述栏中项目多余的内容，并修改"数字格式"为无格式，如图 7-41 所示。

（6）单击工具栏上的"追加"按钮，在报表尾部新增一个空白记录，录入项目名称"合计"、描述"合计"，数字格式选择无格式。双击"项目公式"，系统弹出"公式定义向导"窗口，切换到"表内取数"窗口，依次选中第 1～第 4 条记录，单击"填入公式"，公式为"[应收账款_深圳科林_期末余额]+[应收账款_东莞丽明_期末余额]+[应收账款_深圳爱克_期末余额]+[应收账款_深圳永昌_期末余额]"，如图 7-42 所示。

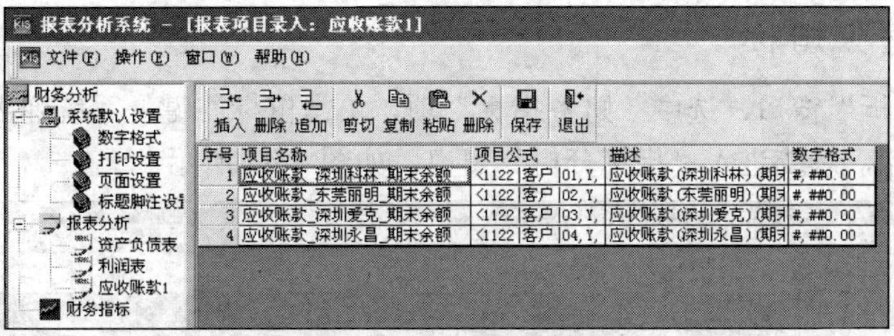

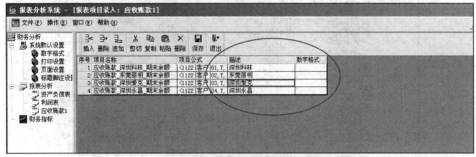

图 7-40 "报表项目"显示窗口

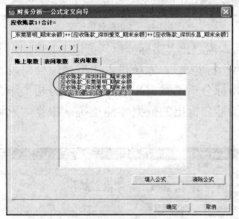

图 7-41 修改报表项目和数字格式

图 7-42 设置公式界面

单击"确定"按钮,将该公式填写入"项目公式"中。单击工具栏上的"保存"按钮保存当前设置,单击"退出"按钮退出"报表项目"设置窗口。

(7) 双击"报表分析"下的"应收账款 1",系统进入"结构分析"窗口,如图 7-43 所示。

图 7-43 "结构分析"窗口

在该窗口中,单击工具栏上的"分析方式"按钮,可以选择不同的分析方式来进行报表分析。

7.3.2 财务指标

在"财务分析"窗口,选中"财务指标"项,单击鼠标右键,系统弹出快捷菜单,选择"指标分析"功能,系统进入"指标分析"窗口,如图7-44所示。

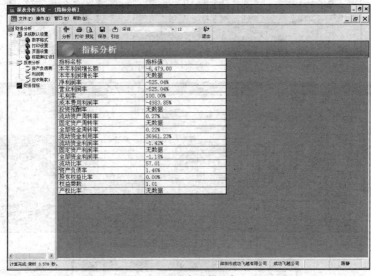

图7-44 "指标分析"窗口

若要修改指标项目内容,需退出"指标分析"窗口。选中"财务指标"项,单击鼠标右键,系统弹出快捷菜单,选择"指标定义",系统进入"报表项目"设置窗口,如图7-45所示。

根据指标公式可知,指标分析的数据来源是"报表分析"下的"利润表"数据,所以只有"利润表"数据正确,指标分析出的数据才能正确。根据"利润表"数据,修改正确的公式项目,再进行指标分析。

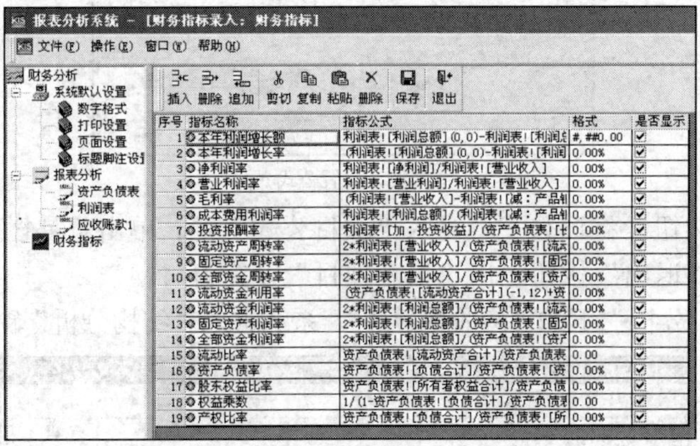

图7-45 指标定义

7.4 现金流量表

现金流量表是以现金的流入和流出反映企业在一定期间内的经营活动、投资活动和筹资活动的动态,反映企业现金流入和流出的全貌。

现金流量表可以处理所有期间的数据,账套中所有凭证不论是否过账、是否审核、不论会计期间是否结账，系统均可以对凭证进行拆分处理，编制报表。在任意时间都可以编制报表，如每年、每月或每天出一张现金流量表。

现金流量表是提取账务处理系统凭证分录中有"现金类科目"和"现金等价物类科目"的数据，再根据指定现金流量项目生成现金流量表。

7.4.1 现金流量项目指定

现金流量项目指定方式是在"凭证录入"时，单击工具栏上的"流量"按钮，系统弹出"现金流量项目指定"窗口，在窗口中指定"对方科目分录"项，获取报表项目以及现金流量的金额。也可以在凭证业务处理好之后，重新返回"凭证管理"窗口中指定。

若系统参数中选中"录入凭证时必须指定现金流量项目"选项，则在录入凭证时，系统会自动弹出"现金流量项目指定"窗口。

单击【账务处理】→【凭证管理】，查询所有凭证。选中涉及"现金流量"业务的凭证，例如选中"记-1"凭证，单击"流量"按钮，系统进入"现金流量项目指定"窗口，首先选择"对方分录"，然后再选择"主表项目"，能选择"附表项目"时同时选择，如图 7-46 所示。

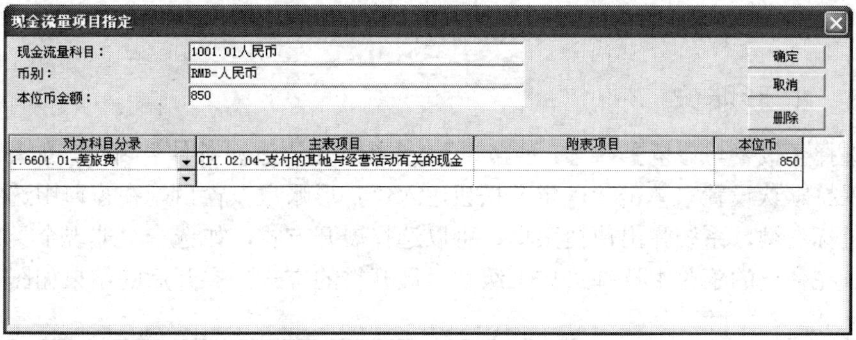

图 7-46 现金流量项目指定窗口

单击"确定"按钮保存指定。

7.4.2 现金流量表查询

现金流量项目指定完成后，可以查询现金流量表情况。单击【报表与分析】→【现金流量表】，系统弹出"过滤条件"窗口，如图 7-47 所示。

保持默认值，单击"确定"按钮，系统进入"现金流量表"窗口，如图 7-48 所示。

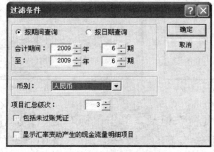

图 7-47 现金流量表过滤窗口

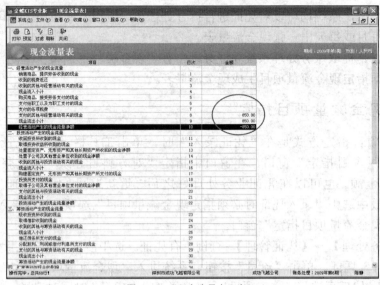

图 7-48 "现金流量表"窗口

窗口中"850"即由刚才所指定的凭证而得。

7.4.3 T形账户

(1)选择【报表与分析】→【T形账户】,系统弹出"过滤条件"窗口,如图 7-49 所示。

(2)保持默认设置,单击"确定"按钮进入"T形账户"窗口。在窗口中选中相应记录后,单击鼠标右键,系统弹出快捷菜单,可以选择展开方式,如选中"非现金类"项后单击鼠标右键,在弹出的菜单中选择"按下级科目展开"的方式,展开后的结果如图 7-50 所示。

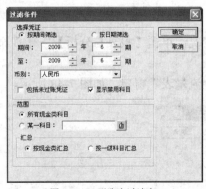

图 7-49 T形账户过滤窗口

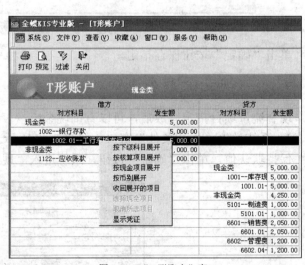

图 7-50 "T形账户"窗口

(3)选中"5101.01-伙食费"记录,单击鼠标右键,在弹出的菜单中选择"选择现金项目"下的"经营活动产生的现金"下的"现金流出",选中"支付给职工以及为职工支付的现金"项目,如图 7-51 所示。

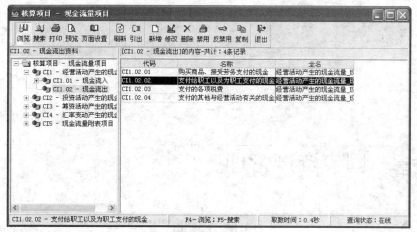

图 7-51 现金项目指定

（4）双击鼠标左键，表示"确定"选中该项目，系统后台处理后返回"T形账户"窗口。

要查看"现金流量项目"指定是否成功，可在"现金流量表"查看窗口进行查看，如图 7-52 所示。

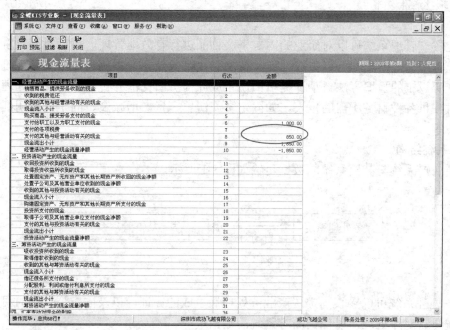

图 7-52 指定现金项目后的现金流量表

附表是指定现金流量项目后的附表数据，操作方法与查看"现金流量表"的操作方法相同。

7.5 习题

（1）如何确定修改单元格的内容？
（2）自定义报表应在什么状态下编辑？
（3）自定义"应付账款"的报表。

第 8 章 固定资产管理

学习重点

通过本章的学习，了解固定资产卡片如何新增，如何进行固定资产变动处理，如何查询固定资产卡片信息，如何期末计提折旧以及学会各种固定资产报表的查询方法。

8.1 系统概述

固定资产管理系统可以对企业的固定资产物品进行有效地管理，包括对固定资产增加、变动情况进行管理。变动可以生成凭证并传递到"账务处理"系统，在月末处理时可以根据固定资产所设定的折旧方法自动计提折旧，生成计提折旧凭证并传递到"账务处理"系统。系统同时提供各种财务所需的报表，如固定资产清单、资产增减表、固定资产明细账和折旧费明细表等。

1. 系统结构

固定资产系统与其他系统的数据传输如图 8-1 所示。

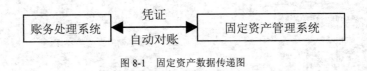

图 8-1 固定资产数据传递图

账务处理系统可以接收固定资产业务处理后生成的凭证，以及固定资产随时可以与账务处理系统进行对账处理，以保证两方系统的数据统一。

2. 应用流程

新用户的使用需要从系统初始化开始，老用户使用时因已经完成系统初始设置，所以直接进行日常业务处理即可，如图 8-2 所示。系统初始化结束以后，随着公司的业务开展，还有许多基础资料设置，如卡片类别维护、存放地点维护等，可以随时在业务处理时进行设置。

固定资产管理系统的基础资料录入和初始化设置请参照第 5 章的内容。

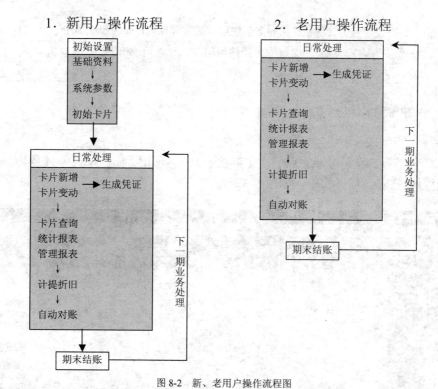

图 8-2 新、老用户操作流程图

8.2 日常处理

固定资产的日常处理包括固定资产的增加、固定资产的清理、固定资产的变动、卡片查询和凭证管理等。

例1：根据表 8-1～表 8-3 中数据进行日常处理。

表 8-1　　　　　　　　　　　　　　　新增固定资产

基 本 信 息		部门及其他		原值与折旧	
资产类别	机械设备	固定资产科目	1 601.02	币别	人民币
资产编码	J002	累计折旧科目	1 602	原币金额	58 000
名称	彩印机	使用部门	生产部	开始使用日期	2009-6-10
计量单位	台	折旧费用科目	5 101.03	预计工作量	20 000
数量	1			预计净残值	5 800
入账日期	2009-6-10			折旧方法	工作量法
存放地点	生产车间			工作量计量单位	小时
使用状况	正常使用				
变动方式	购入				

表 8-2　　　　　　　　　　　　　　出售丝印机，并收款

变动日期	备注	编码	名称	变动方式	原值原币	累计折旧	出售价（已收款）
2009-6-13	清理	J001	丝印机	出售	9 800	836.20	9 900

表 8-3   将总经办计算机改由财务部使用,因某种原因原值减少 200 元

变动日期	编码	名称	类别	原使用部门	现使用部门	变动方式	原值调整
2009-6-13	B002	办公计算机	办公设备	总经办	财务部	002.002 减少-盘亏	-200

8.2.1　固定资产新增

例 2：根据表 8-1 中数据,新增"固定资产"功能。

(1) 以"何陈钰"身份登录系统。在主界面窗口,单击【固定资产】→【固定资产增加】,系统进入固定资产"新增"窗口,如图 8-3 所示。

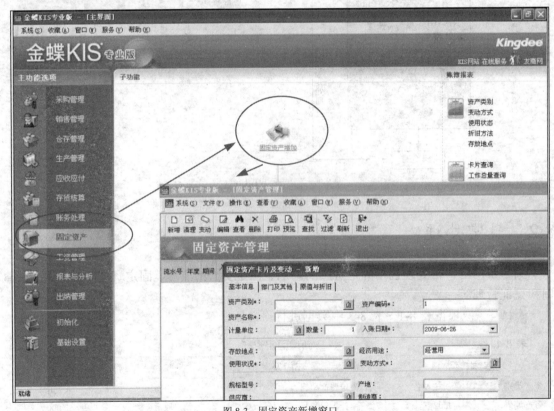

图 8-3   固定资产新增窗口

当前窗口与"初始化"时的窗口相比,少了"初始化"数据窗口,窗口上的各项目含义请参照第 5 章的内容。

(2) 在"基本信息"窗口,获取资产类别"02 机械设备",资产编码自动更新为"J002",资产名称"彩印机",获取单位"台",修改入账日期为"2009-6-10",获取存放地点"生产车间",使用情况"正常使用",经济用途"经营用",变动方式"购入",录入完成的窗口如图 8-4 所示。

(3) 单击"部门及其他"选项卡,切换到"部门及其他"窗口。获取固定资产科目"1 601.02"、累计折旧"1 602"、使用部门"生产部"、折旧费用分配"5 101.03",设置完成后的窗口如图 8-5 所示。

第8章 固定资产管理

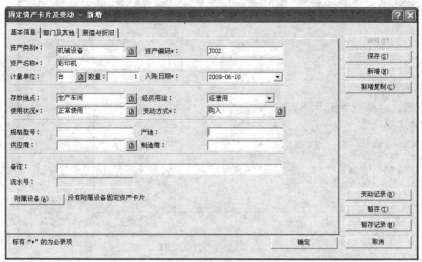

图8-4 基本信息窗口

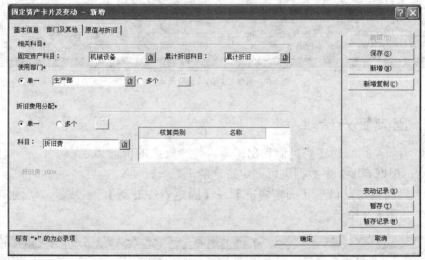

图8-5 部门及其他设置窗口

（4）单击"原值与折旧"选项卡，切换到"原值与其他"窗口。录入原币金额"58 000"、预计工作总量"20 000"、预计残值"5 800"、工作量计量单位"小时"，设置完成后的窗口如图8-6所示。

> **注意** 因在初始化时，已将"机械设备"类别的折旧方法设置为"工作量法"，所以系统默认当前类别下新增的固定资产都采用"工作量法"计提折旧。也可以根据实际工作需要选择正确的折旧方法，系统会根据所选择的折旧方法计提折旧，选择折旧方法是不受"固定资产类别"限制的。

（5）单击"保存"按钮保存当前资料。若继续新增卡片，则单击"新增"按钮。
（6）单击"关闭"按钮返回"卡片管理"窗口，系统将刚才所处理的变动资料显示在窗口中，如图8-7所示。

171

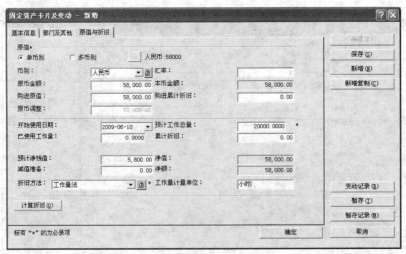

图 8-6 原值与折旧设置窗口

图 8-7 新增成功的固定资产卡片

8.2.2 固定资产清理

固定资产清理是指将固定资产清理出账簿，使该资产的价值为零。

例 3：根据表 8-2 中数据进行固定资产清理。

（1）在主界面窗口，单击【固定资产】→【固定资产变动】，系统进入"固定资产卡片管理"窗口，如图 8-8 所示。

图 8-8 "固定资产卡片管理"窗口

在"卡片管理"窗口可以进行固定资产卡片的新增、清理、变动和编辑等操作。

（2）选中"J001"号固定资产，单击工具栏上"清理"按钮，系统弹出"固定资产清理-新增"窗口，如图 8-9 所示。日期修改为"2009-6-13"，录入残值收入"9 900"，获取变动方式"002.001 出售"，录入摘要"清理丝印机"。

（3）单击"保存"按钮，系统弹出"提示"窗口，如图 8-10 所示。

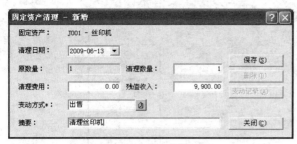
图 8-9 "固定资产清理"窗口

图 8-10 提示窗口

（4）单击"确定"按钮，会在"固定资产卡片管理"窗口显示一条清理记录。单击"关闭"按钮返回"固定资产管理"窗口。

> **注意** 当期已进行变动的资产不能清理。当期新增及当期清理的功能只适用于单个固定资产清理，不适用于批量清理。

8.2.3 固定资产变动

"固定资产变动"功能用于处理固定资产减少或卡片项目内容有变动的情况，如固定资产原值、部门、使用情况、类别和使用寿命等发生变动。

例 4：根据表 8-3 中数据变动固定资产。

（1）在"固定资产管理"窗口，选中"B002"号固定资产，单击工具栏上"变动"按钮，系统弹出该固定资产的"卡片及变动–新增"窗口。

（2）获取变动方式"002.002 减少–盘亏"，如图 8-11 所示。

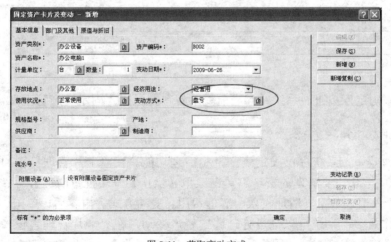
图 8-11 获取变动方式

> **注意** 在获取变动方式时，也可新增合适的变动方式。

（3）在"部门及其他"选项卡中将"部门"修改为"02 财务部"，如图 8-12 所示。
（4）在"原值与折旧"选项卡中将"原币调整"录入"-200"，如图 8-13 所示。

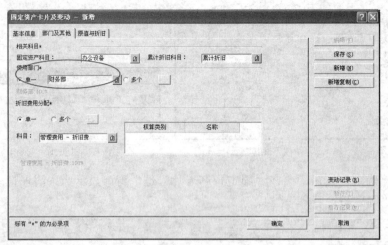

图 8-12　变动部门

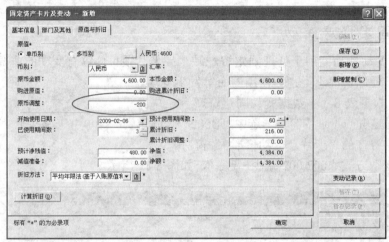

图 8-13　原币调整

（5）单击"确定"按钮，系统保存当前变动资料并返回"固定资产管理"窗口。

8.2.4　批量清理、变动

为提高工作效率，系统提供固定资产批量清理功能。在"卡片管理"窗口，按住 Shift 键或 Ctrl 键选中多条需要清理的资产。单击菜单【操作】→【批量清理】，系统弹出"批量清理"窗口，录入清理数量、清理收入、清理费用、变动方式等内容后，单击"确定"按钮。

为提高工作效率，系统可以批量处理固定资产变动，在"卡片管理"窗口，按住 Shift 键或 Ctrl 键选中多条需要变动的固定资产，单击菜单【操作】→【批量变动】，系统弹出"批量变动"窗口，录入变动内容后，单击"确定"即可。

8.2.5　固定资产卡片查看、编辑、删除

在"卡片管理"窗口，选中要查看的卡片（含变动卡片），单击工具栏中的"查看"按钮，系统弹出"查看"窗口，如图 8-14 所示。

第8章 固定资产管理

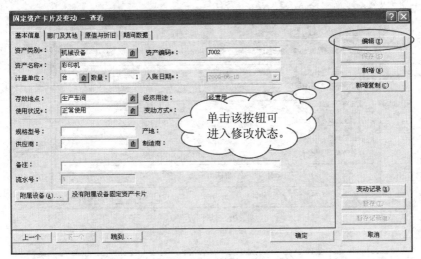

图 8-14 查看窗口

在"卡片管理"窗口选中要修改的内容,单击"编辑"按钮即可进入"卡片及变动-修改"窗口,可以在此修改卡片资料。

> **注意** 只能修改当前会计期间的业务资料。

在"卡片管理"窗口选中要删除的变动资料,单击"删除"按钮即可取消该固定资产的变动。

> **注意** 固定资产清理记录的编辑和删除有所不同,选中生成的清理记录,单击工具栏的"清理"按钮,系统弹出提示窗口,单击"是"按钮,系统弹出"固定资产清理-编辑"窗口,可以修改清理内容。单击"删除"按钮,可以取消该固定资产的清理工作,如图 8-15 所示。

图 8-15 固定资产清理记录删除

8.2.6 固定资产审核

固定资产审核以"审核人与制单人不是同一人"为基础,以"陈静"身份登录后审核全部变动资料。

审核位于"固定资产管理"窗口中的菜单"操作"下。

8.2.7 固定资产卡片打印

固定资产卡片打印是指将固定资产卡片信息以"卡片"格式打印输出,也是另一种备份形式。也可以将打印出来的卡片贴在固定资产实物上,以方便管理。

首先进行"套打设置"。在"固定资产管理"窗口,单击菜单【文件】→【套打设置】,系统进入"套打设置"窗口,在"固定资产卡片"项选择正确的套打文件,如图 8-16 所示。

保存套打设置,关闭窗口返回"固定资产管理"窗口。单击菜单【文件】→【卡片打印】→【打印预览】,系统进入"预览"窗口,如图 8-17 所示。

175

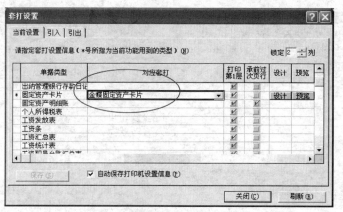

图 8-16 套打设置

固定资产卡片

资产编码： B001	资产名称： 瑞风商务车	变动日期： 2009-02-01
资产类别： 办公设备	变动方式： 购入	经济用途： 经营用
计量单位： 辆	数量： 1	存放地点： 车库
原值： 180,000.00	累计折旧： 8,100.00	预计净残值： 18,000.00
预计使用期间数： 60	已使用期间数： 3	开始使用日期：2009-02-01
固定资产科目： 1601.01 固定资产 - 办公设备	累计折旧科目： 1602 累计折旧	
使用部门： 总经办		使用状态： 正常使用
费用分配科目： 管理费用 - 折旧费		
折旧方法： 平均年限法(基于入账原值和入账预计使用期间)		工作量计量单位：
附属设备名称：	附属设备数量：	附属设备金额：
附属设备名称：	附属设备数量：	附属设备金额：
附属设备名称：	附属设备数量：	附属设备金额：

单位名称：深圳市成功飞越有限公司　　打印日期：2009-06-26

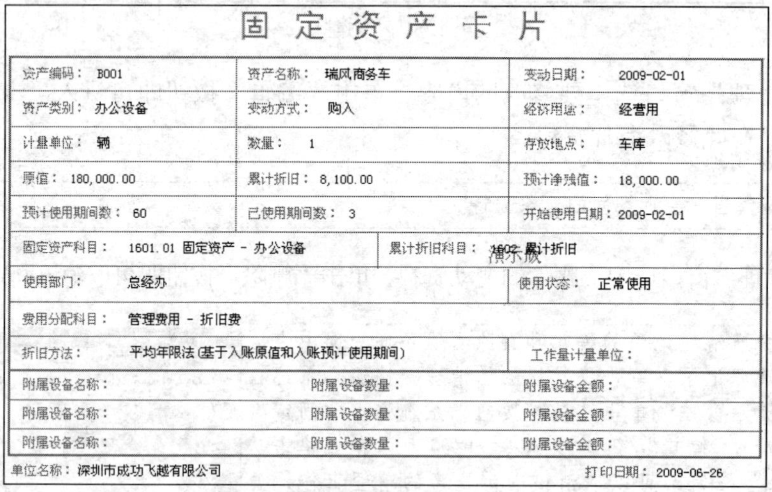

图 8-17 固定资产卡片打印预览窗口

若格式满足输出要求，可以单击“打印”按钮输出固定资产卡片。

8.2.8 凭证管理

“凭证管理”是指根据固定资产的增加、变动等业务资料生成凭证，并对凭证进行有效地管理，包括生成凭证、修改凭证、审核凭证等操作。固定资产系统和账务处理连接使用时，所生成的凭证会传递到账务处理系统，以保证固定资产系统和总账系统的固定资产科目、累计折旧科目数据一致。

将本账套中固定资产的新增和变动资料生成凭证，操作步骤如下。

（1）在主界面窗口，单击【固定资产】→【凭证管理】，系统弹出“过滤界面”窗口，如图 8-18 所示。

在窗口中可以设置过滤的事务类型、会计年度、会计期间和审核等项目。

（2）事务类型选择“全部”，其他保持不变，单击“确定”按钮，系统进入“凭证管理”窗口，如图 8-19 所示。

（3）选中第一条记录，单击工具栏上的“按单”按钮，系统弹出“按单生成凭证”窗口，如图 8-20 所示。

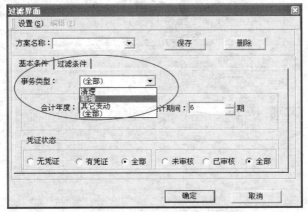

图 8-18 "过滤界面"窗口

图 8-19 "凭证管理"窗口

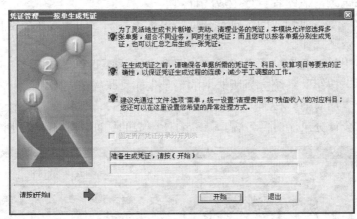

图 8-20 "按单生成凭证"窗口

（4）单击"开始"按钮，稍后系统弹出提示"凭证出错是否手工修改字样"的对话框，单击"是"按钮，系统进入"记账凭证"窗口，在第二条分录处获取"1 002.01"科目，选择结算方式"支票"，录入结算号"124 567"，修改正确的凭证如图 8-21 所示。

（5）单击"保存"按钮保存当前凭证。单击"关闭"按钮返回"按单生成凭证"窗口，系统显示生成几张凭证，单击"查看报告"按钮，可以查看生成凭证的过程，单击"退出"按钮返回"凭证管理"窗口。请注意已生成凭证后记录的显示颜色。

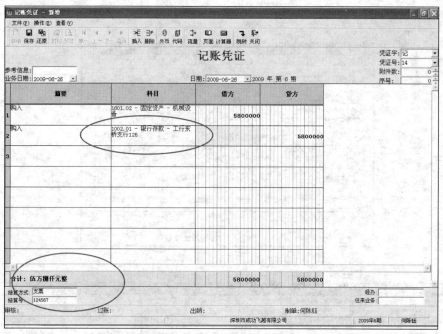

图 8-21　修改凭证

注意　生成凭证时出错并不是系统原因造成的，而是因为系统不知道相应的固定资产对方科目，如固定资产增加时，系统并不知道付的是现金还是银行存款，所以需要手工将凭证补充完整。

（6）剩余两条记录，请读者自行生成凭证。

要查看、修改、审核或删除固定资产凭证，单击工具栏上的相应按钮即可。以“陈静”身份审核所有固定资产凭证。

金蝶系统可以用“汇总”方式生成凭证，即在“凭证管理”窗口，选中多条记录，单击工具栏上的“汇总”按钮，系统会为所选中的记录生成一张凭证。

单击工具栏上“序时簿”按钮，系统弹出“过滤”窗口，保持默认设置。单击“确定”按钮，系统进入“会计分录序时簿”窗口，查看所生成的凭证，如图 8-22 所示。

日期	期间	凭证字号	摘要	科目代码	科目名称	币别	原币金额	借方	贷方	制单	审核	过账	出纳
2009-06-26	2009.6	记 - 14	购入	1601.02	固定资产 - 机械设备	人民币	58,000.00	58,000.00		何陈钰			
			购入	1002.01	银行存款 - 工行东桥支行12	人民币	58,000.00		58,000.00				
2009-06-26	2009.6	记 - 15	出售	1601.02	固定资产 - 机械设备	人民币	9,800.00		9,800.00	何陈钰			
			出售	1602	累计折旧	人民币	836.20	836.20					
			出售	1002.01	银行存款 - 工行东桥支行12	人民币	9,900.00	9,900.00					
			出售	6301	营业外收入	人民币	936.20		936.20				
2009-06-26	2009.6	记 - 16	盘亏	1601.01	固定资产 - 办公设备	人民币	200.00		200.00	何陈钰			
			盘亏	6602.07	管理费用 - 其它	人民币	200.00	200.00					

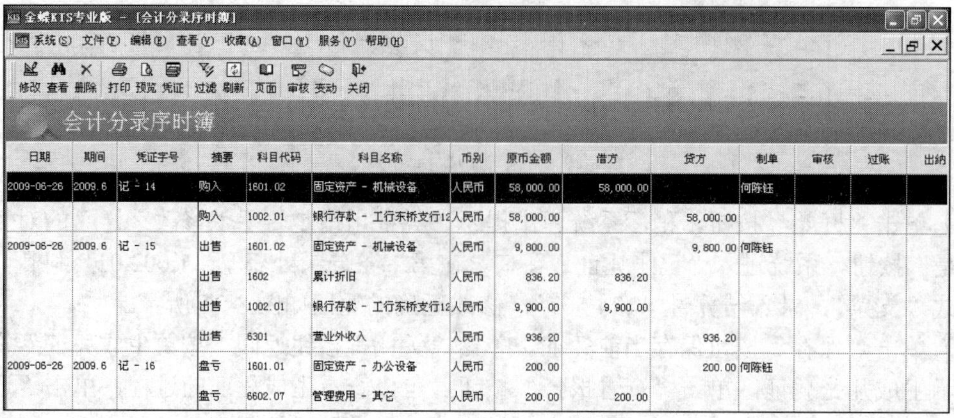

图 8-22　“会计分录序时簿”窗口

8.2.9 工作量管理

如果账套中有采用工作量法计提折旧的固定资产，则在计提折旧之前需输入本期完成的实际工作量。工作量的输入通常是在每个月末的时间进行处理。

在主界面窗口，单击【固定资产】→【工作量管理】，系统弹出"过滤"方案设置窗口，在此保持默认设置。单击"确定"按钮，系统进入"工作量管理"窗口，在"丝印机"的本期工作量录入"1 250"，如图 8-23 所示。

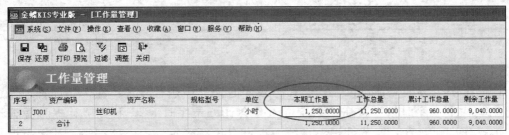

图 8-23 "工作量管理"窗口

单击工具栏上的"保存"按钮，保存对工作量的修改。

8.2.10 计提折旧

计提折旧是指根据固定资产卡片上的折旧方法生成计提折旧凭证。计提折旧操作通常是在月末所有固定资产卡片业务处理后再进行。

（1）在主界面窗口，单击【固定资产】→【计提折旧】，系统弹出"计提折旧"向导窗口，如图 8-24 所示。

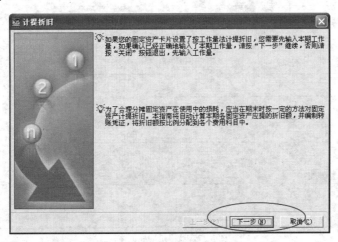

图 8-24 "计提折旧向导"窗口

（2）单击"下一步"按钮，在弹出窗口中录入摘要和凭证字，可以修改摘要，如有多个凭证字时可以选择所需要的凭证字，如图 8-25 所示。

（3）单击"下一步"按钮，在弹出的窗口中单击"计提折旧"按钮计算计提折旧，稍后系统提示计提成功，如图 8-26 所示。

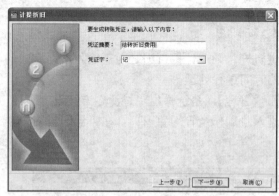
图 8-25　凭证设置

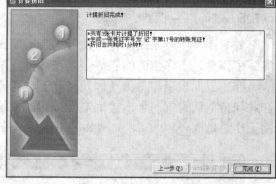
图 8-26　计提折旧成功信息

（4）单击"完成"按钮结束"计提折旧"工作。

计提折旧生成的凭证可以在"会计分录序时簿"中进行管理：在"凭证管理"窗口单击工具栏上"序时簿"按钮，系统进入"会计分录序时簿"，找到"计提"凭证进行相应的操作即可。在"账务处理"系统中也可以进行查询，但不能编辑。计提折旧凭证如图 8-27 所示。

图 8-27　计提折旧凭证窗口

8.2.11　与总账对账

固定资产系统与账务处理系统连接使用时，与总账对账功能是将固定资产系统的业务数据与账务处理系统的财务数据进行核对，以保证双方系统数据的一致性。

（1）在主界面窗口，单击【固定资产】→【与总账对账】，系统弹出"对账方案"窗口，首先增加一个方案。单击"增加"按钮，系统弹出"固定资产对账"窗口，在"固定资产原值科目"窗口，单击"增加"按钮，分别获取"1 601.01 办公设备"、"1 601.02 机械设备"和"1 601.03 运输类"3 个科目，如图 8-28 所示。

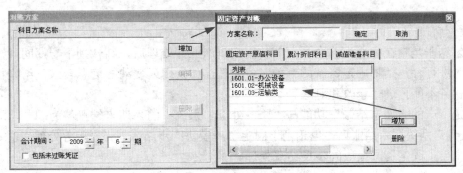

图 8-28 设置固定资产原值科目

（2）在"累计折旧科目"窗口，单击"增加"按钮，获取科目"1 602 累计折旧"，如图 8-29 所示。

（3）在"减值准备科目"窗口获取科目"1 603 固定资产减值准备"。科目设置完成后，在"方案名称"处录入"1"，如图 8-30 所示。

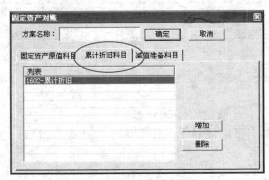

图 8-29 累计折旧科目设置

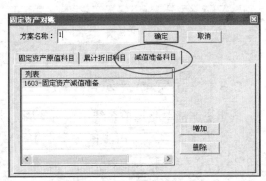

图 8-30 减值准备科目设置

（4）单击"确定"按钮，系统弹出提示，单击"确定"按钮，并返回"对账方案"窗口，可以看到已经新增的"方案名称"。若对"自动对账"的方案不满意，可以对方案进行编辑和删除操作。

选中"1"方案，单击"默认设置"，将当前方案设定为"默认方案"。选中"包括未过账凭证"，单击"确定"按钮进入"自动对账"窗口，如图 8-31 所示。

图 8-31 与总账对账数据

> **注意** 自动对账时，建议审核并过账本期所有的固定资产业务凭证。

8.2.12 期末结账

期末结账是指在完成当前会计期间的固定资产业务处理后，结转到下一期间进行新的业务处理时进行。包括将固定资产的有关账务处理，如折旧或变动等信息转入已结账状态。已结账的业务不能再进行修改和删除。

固定资产的"期末结账"功能与"账务处理"系统中的"期末结账"为同一功能，即当"账务处理"系统期末结账后，也相当于固定资产模块同步结账，当"账务处理"系统反结账时，也相当于固定资产模块同步反结账处理。

8.3 报表

金蝶 KIS 专业版为用户提供了丰富的固定资产报表查询功能，包含有固定资产清单、固定资产变动情况表、固定资产折旧明细表和固定资产到期提示表等报表。

> **注意** 资产类别、变动方式、使用状态、折旧方法和存放地点属于基础资料设置功能，请参照第 5 章应用。

8.3.1 固定资产清单

固定资产清单是当前系统中已有的固定资产卡片清单的详细列表。

在主界面窗口，单击【固定资产】→【固定资产清单】，系统弹出"过滤"窗口，如图 8-32 所示。

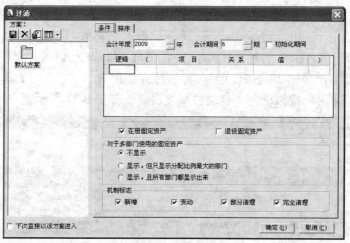

图 8-32 过滤窗口

在窗口中可以设置查询的期间、固定资产状态、显示部门资料和报表项目显示等内容。

保持默认设置,单击"确定"按钮,系统进入"固定资产清单"窗口,如图8-33所示。

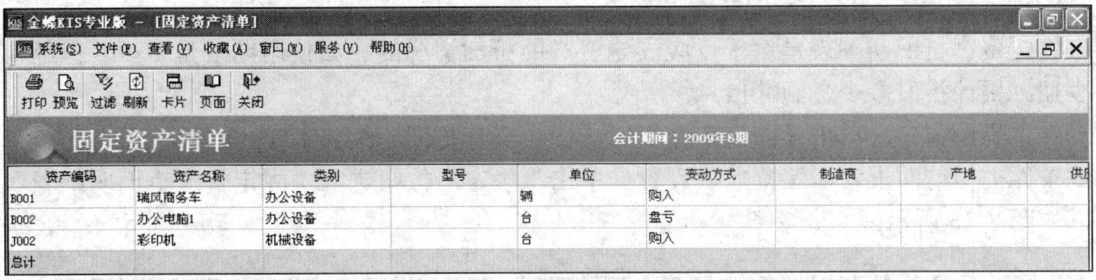

图8-33 "固定资产清单"窗口

若要查看固定资产的卡片情况,选中记录后单击工具栏上的"卡片"按钮即可。

8.3.2 固定资产变动情况表

固定资产变动情况表反应固定资产的变动情况。

在主界面窗口,单击【固定资产】→【固定资产变动情况表】,系统弹出"方案设置"窗口,如图8-34所示。

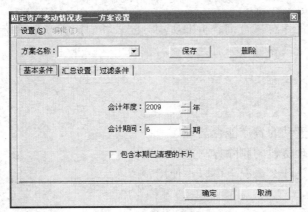

图8-34 过滤方案设置窗口

"基本条件"选项卡中可设置要查询的期间和是否"包含本期已清理的卡片","汇总设置"选项卡中可以设置汇总条件,"过滤条件"选项卡中可设置更详细的过滤条件。

保持默认设置,单击"确定"按钮,系统进入"固定资产变动情况表"窗口,如图8-35所示。

图8-35 "固定资产变动情况表"窗口

8.3.3 固定资产折旧明细表

固定资产折旧明细表是用于反应固定资产的折旧情况的。如使用期限是多少，已经使用多少期，累计折旧多少金额等信息。

在主界面窗口，单击【固定资产】→【固定资产折旧明细表】，系统弹出“过滤”窗口，过滤条件类似前面报表，保持默认设置。单击“确定”按钮进入“固定资产折旧明细表”窗口，如图 8-36 所示。

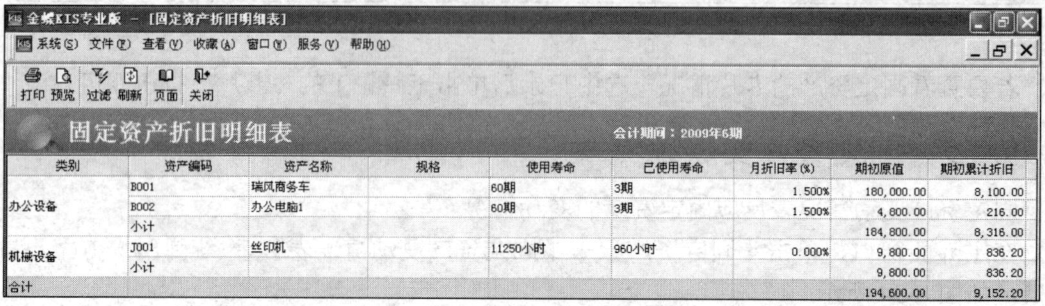

类别	资产编码	资产名称	规格	使用寿命	已使用寿命	月折旧率(%)	期初原值	期初累计折旧
办公设备	B001	瑞风商务车		60期	3期	1.500%	180,000.00	8,100.00
	B002	办公电脑1		60期	3期	1.500%	4,800.00	216.00
	小计						184,800.00	8,316.00
机械设备	J001	丝印机		11250小时	960小时	0.000%	9,800.00	836.20
	小计						9,800.00	836.20
合计							194,600.00	9,152.20

图 8-36 “固定资产折旧明细表”窗口

其他管理报表如工作总量查询、折旧费用分配表和固定资产数量统计表等报表的查询方法与前面报表相同，请读者自行练习。

8.4 习题

（1）当期已进行变动的资产能否清理？

（2）固定资产清理资料的删除方法是什么？

（3）工作量管理在什么情况下可以不使用？

第 9 章 工资管理

学习重点

通过本章的学习，了解工资类别设置方法，工资项目设置方法，工资计算公式设置方法和个人所得税计算方法，以及查询和输出各种工资报表。

9.1 系统概述

金蝶 KIS 专业版工资管理系统采用多类别管理，可处理多种工资类型以及完成各类企业的工资核算、工资发放、工资费用分配和银行代发等功能。工资管理系统能及时反映工资的动态变化，实现完备而灵活的个人所得税计算与申报功能，并提供丰富实用的各类管理报表。

1. 系统结构

工资管理系统与其他系统的关系如图 9-1 所示。

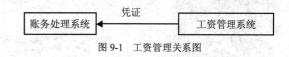

图 9-1 工资管理关系图

其中账务处理系统是指接收工资管理系统生成的费用分配凭证。

2. 应用流程

新、老用户的操作流程如图 9-2 所示。

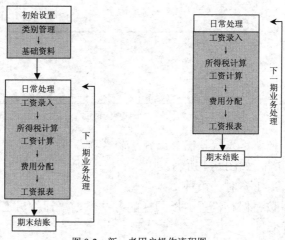

图 9-2 新、老用户操作流程图

9.2 初始设置

初始设置主要包括类别管理、部门和职员等设置，只有初始设置正确后，在最后的工资报表中才能得到自己所需要的报表，并能方便费用分配处理。

9.2.1 类别管理

为方便工资管理，金蝶 KIS 专业版提供了工资类别管理，如外籍人员、国内人员、管理人员和计件工资等类别，账套中至少存在一个工资类别。类别管理包括类别新增、编辑及删除等操作。

例：在"成功飞越公司"账套中增加管理人员工资和计件员工工资两个类别。

（1）以"何陈钰"身份登录账套，在主界面窗口，单击【工资管理】→【类别管理】，系统弹出"类别管理"窗口，如图 9-3 所示。

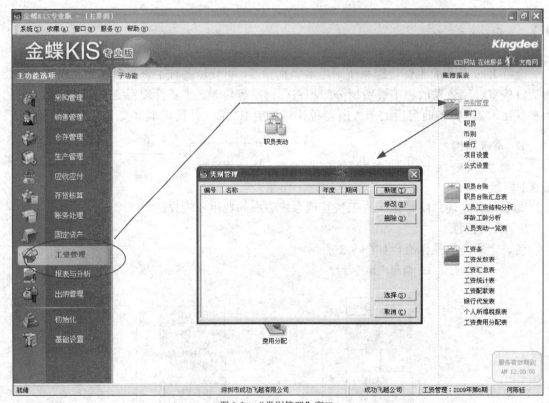

图 9-3 "类别管理"窗口

（2）单击"新建"按钮，系统弹出"新建工资类别"窗口，类别名称录入"管理人员工资"，币别选择"人民币"，如图 9-4 所示。

币别是选择实际发放工资时的币种。

（3）单击"确定"按钮保存设置。以同样的方法新增"计件员工工资"类别，新增类别成功的窗口如图 9-5 所示。

第9章　工资管理

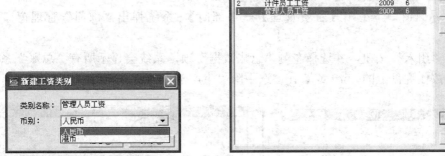

图 9-4　"新建工资类别"窗口　　　　　图 9-5　新增成功的工资类别窗口

在"类别管理"窗口可以进行类别的修改和删除等操作。

当每一次进行工资业务处理时，必须要选择正确的"类别"。例如，选择处理"管理人员工资"业务，选中"管理人员工资"类别后，单击"选择"按钮，这时在状态栏中会显示"工资类别：管理人员工资"，表示当前处理的业务为"管理人员工资"类别，如图9-6所示。

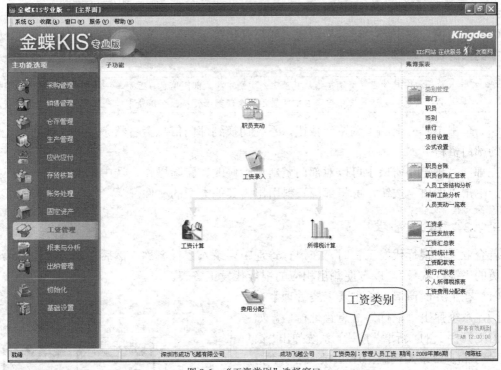

图 9-6　"工资类别"选择窗口

如果要处理"计件员工工资"业务，则在"类别管理"窗口重新选中"计件员工工资"类别后，再单击"选择"按钮即可。

9.2.2　部门

"部门"功能是用于管理当前工资类别下部门信息的，部门信息可以手工录入，也可以从基础资料中导入。

例：以"管理人员工资"类别为例,导入部门信息。

(1)在主界面窗口,单击【工资管理】→【部门】,系统弹出"部门"管理窗口,如图 9-7 所示。

(2)单击"引入"按钮,并选择左侧"总账数据"项,系统会显示所有"总账"系统下的部门信息。按住键盘上的 Shift 或 Ctrl 键选中除"生产部"的所有部门,如图 9-8 所示。

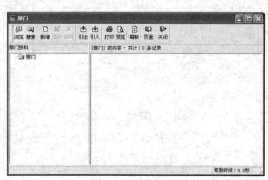

图 9-7 "部门"管理窗口

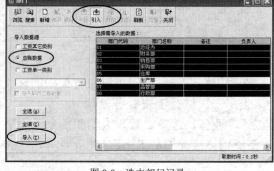

图 9-8 选中部门记录

(3)单击窗口左下方"导入"按钮,稍后弹出提示信息,单击"确定"按钮即可。系统将选中的部门资料隐藏,表示导入成功。

注意 导入数据源中其他工资类别是指从其他工资类别中导入部门信息。工资单一类别是指从某一个类别下导入部门信息。全选是选中窗口右侧所显示的全部部门资料,全清是取消全部部门资料的选中状态。

(4)单击工具栏上的"浏览"按钮,系统切换到部门信息查看状态,可以看到刚才导入成功的部门资料。

在部门"浏览"窗口中可以对部门资料进行修改、删除操作,选中记录后单击相应按钮即可。单击"引出"按钮,可将部门资料引出为其他类型的文件。

9.2.3 银行管理

若企业采用银行代发工资时,在银行管理中要录入银行名称,然后在职员管理中录入每位职员的"银行账号",以方便输出相应的银行代发工资表。

(1)在主界面窗口,单击【工资管理】→【银行】,系统弹出"银行"信息管理窗口。如果单击工具栏上的"新增"按钮,系统弹出"银行-新增"窗口。录入代码"01",录入名称"招行",如图 9-9 所示。

(2)单击"保存"按钮保存当前的录入资料。单击"退出"按钮返回"银行"窗口,系统会显示新增的资料。单击工具栏上相应按钮,可以进行银行的新增、修改或删除等操作。

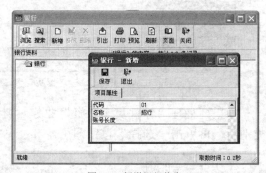

图 9-9 新增银行信息

> **说明** "币别"是管理当前工资业务上所涉及的币种,设置请参照第4章的内容。

9.2.4 职员

"职员"功能是管理当前工资类别下的职员档案信息,可以手工新增或导入。

(1)在主界面窗口,单击【工资管理】→【职员】,系统弹出"职员"管理窗口,单击"引入"按钮,系统切换到"导入数据"状态窗口。选中"总账数据",系统会显示总账基础资料中的部门资料,按住键盘上的 Shift 或 Ctrl 键选中除"生产部"的所有职员,如图 9-10 所示。

(2)单击"导入"按钮,稍后系统将隐藏导入的职员资料,表示导入成功。

(3)若要补充银行账号等信息,则单击"浏览"按钮,切换到"职员"资料查看窗口,选中要修改的职员,单击工具栏上的"修改"按钮,系统弹出"职员-修改"窗口,在相应位置录入所要的信息即可,如图 9-11 所示。

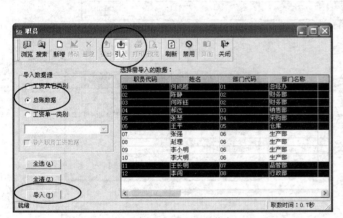

图 9-10 导入职员信息

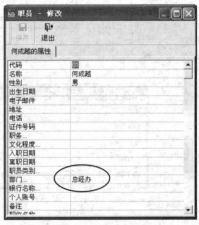

图 9-11 录入银行账号

9.2.5 项目设置

"项目"功能是工资管理中的重要组成部分,它提供了在工资计算时的一些计算和判断数据。

例 1:设置工资项目增加"计件工资"和"扣零实发"项目。

(1)在主界面窗口,单击【工资管理】→【项目设置】,系统弹出"工资项目设置"窗口,如图 9-12 所示。

(2)窗口中预设了部分项目,选中后可以对其进行编辑或删除。选中"基本工资"项目,单击"编辑"按钮,系统弹出该项目的"修改"窗口,在此窗口中修改项目属性为"固定项目",如图 9-13 所示。单击"确定"按钮保存修改。

(3)单击"新增"按钮,系统弹出"工资项目-新增"窗口,在此窗口中录入项目名称"计件工资",选择数据类型为"实数",输入数据长度为"18"、小数位数为"2",选择项目属性为"可变项目",如图 9-14 所示。

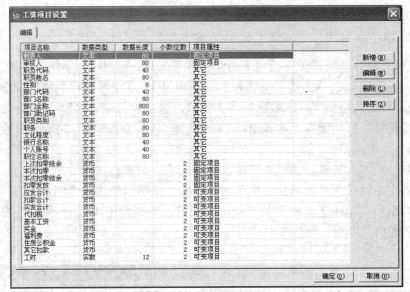

图 9-12 "工资项目设置"窗口

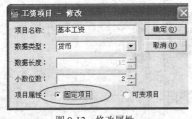

图 9-13 修改属性

图 9-14 新增项目

- **项目名称**:单击其右侧向下箭头按钮可选择系统已有的项目,也可直接录入新的项目名称。
- **数据类型**:系统预设日期型、实数型等类型,单击向下箭头按钮进行选择。
- **数据长度**:设置当前项目的最大长度。
- **项目属性**:"固定项目"为一般工资计算所需要的基本要素,不需要经常改变,其内容可以直接带入到下一次工资计算中,如预设的职员姓名项。"可变项目"的内容随工资计算发生改变,如预设的应发合计项。

(4)单击"新增"按钮,系统保存新增项目并返回"工资项目设置"窗口,在此窗口可以查看新增成功的项目。以同样的方法增加"扣零实发"项目。

在以后的工作中,需要修改、新增项目时,可以随时进入该功能进行操作。

9.2.6 公式设置

"公式设置"功能是指建立当前工资类别下的工资计算公式。下面以表 9-1 中公式为例介绍公式设置的操作方法。

表 9-1　　　　　　　　　　"管理人员"类别下的公式

公式 1	应发合计 = 基本工资 + 奖金 + 福利费 + 住房公积金
公式 2	扣款合计 = 其他扣款 + 代扣税
公式 3	实发合计 = 应发合计 − 扣款合计

（1）在主界面窗口，单击【工资管理】→【公式设置】，系统弹出"公式设置"窗口，如图 9-15 所示。

"计算方法"窗口用于对工资计算公式进行管理，包括以下各项。

- **公式名称**：录入新增的公式名称或选择要查看、编辑的公式名称。
- **导入**：从外部导入计算公式。
- **计算方法**：该窗口显示所选择公式名称下的计算公式。
- **选择函数**：选择系统中的函数。
- **公式检查**：对所建立公式的正确性进行检测。
- **条件**：系统内部的判断条件。
- **运算符**：计算公式经常用到的计算符号。
- **项目**：在项目设置中所有建立的项目都显示出来，供选择。
- **项目值**：显示当前项目的内容。如选中"部门"项目，右侧窗格会自动显示当前工资类别下的所有部门。

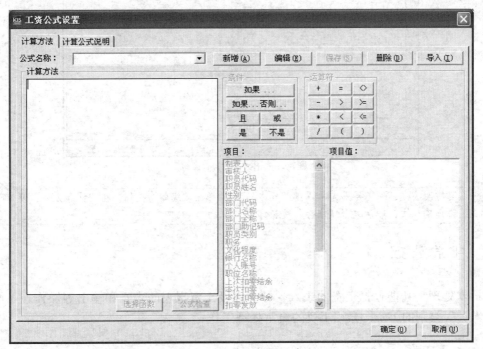

图 9-15　"工资公式设置"窗口

（2）建立公式 1。在"计算方法"窗口，单击"新增"按钮，窗口切换到可编辑状态。双击项目下的"应发合计"项，单击运算符下的"="符号，双击项目下的"基本工资"项，单击运算符下的"+"符号，双击项目下的"奖金"项，单击运算符下的"+"

符号，双击项目下的"福利费"项，单击运算符下的"+"符号，双击项目下的"住房公积金"项。

> **注意** 公式可手工录入，也可用上面的方法录入。手工录入时一定要注意所录入的项目是否存在。录入时一定要注意光标的位置，以防公式录入错误。修改公式的方法是：将光标移到要修改的位置，按键盘上的"退格"或"删除"键进行修改即可。

（3）建立公式2。光标置于第一条公式最末，按下键盘上的"Enter（回车）"键，光标移动到第二条。双击项目下"扣款合计"项，单击运算符下的"="符号，双击项目下的"其他扣款"项，单击运算符下的"+"符号，双击项目下的"代扣税"项。

（4）按照前面的设置方法建立公式3。录入公式名称"管理人员公式"，如图9-16所示。

（5）单击"公式检查"按钮可检查公式是否正确。单击"保存"按钮保存当前公式名称和计算方法的设定。

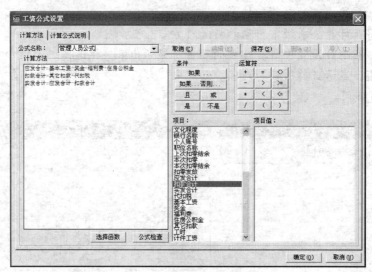

图9-16 计算公式设置成功

> **注意** 要修改公式，一定要先选中"公式名称"，然后单击"编辑"按钮，在"计算方法"窗口下修改为正确公式，然后单击"保存"按钮即可。

9.3 日常处理

"日常处理"功能包括工资的录入、计算以及工资报表的查看和输出等操作。下面根据"管理人员"类别的工资，介绍工资的日常处理工作。

9.3.1 工资录入

工资录入提供工资数据录入功能、扣零控制功能和工资数据审核等功能。

1. 工资数据录入

下面根据表9-2中数据，介绍工资录入的方法。

表 9-2　　　　　　　　　　　　　　要录入的工资数据

职员代码	职员姓名	基本工资	奖　金	福利费	其他扣款
01	何成越	5 000	200	50	50.23
02	陈静	3 000	150	50	45.78
03	何陈钰	2 000	100	50	23.18
04	郝达	2 000	100	50	45.00
05	张琴	1 800	100	50	12.98
06	王平	1 500	100	50	24.5
11	王长明	1 650	100	50	33.85
12	李闯	1 250	50	50	22.35

（1）在主界面窗口，单击【工资管理】→【工资录入】，系统弹出"过滤器"窗口，如图 9-17 所示。

在窗口中可以新增、编辑、删除和导入过滤方案。第一次使用该功能时首先要建立一个"过滤方案"。

（2）单击"增加"按钮，系统弹出"定义过滤条件"窗口。在该窗口中，录入过滤名称为"1"，选择计算公式为"管理人员公式"，在"工资项目"中选择以下项目：职员代码、职员姓名、部门名称、银行名称、个人账号、上次扣零结余、本次扣零、本次扣零结余、扣零发放、应发合计、扣款合计、实发合计、代扣税、基本工资、奖金、福利费、住房公积金、其他扣款、扣零实发、审核人和制表人，如图 9-18 所示。

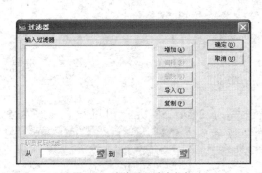

图 9-17　工资录入过滤方案

图 9-18　设置工资项目显示方案

窗口中的"序号"项是当前项目显示的列号，单击"∧（上移）、∨（下移）"按钮，可将所选中的项目移动到要的序号处。选中制表人、审核人项目，单击"∨"按钮，将此两项移到最后位置。

在"条件"窗口可以设置过滤条件，如只过滤某某部门人员条件，在"排序"窗口设置工资录入窗口的职员排序方式。

（3）单击"确定"按钮，系统弹出提示信息，单击"确定"按钮，系统返回"过滤器"窗口，并显示刚才所增加的方案。选中"1"方案，单击"确定"按钮，系统进入"工资数据录入"窗口，如图 9-19 所示。

图 9-19 "工资数据录入"窗口

窗口中的项目数据有两种颜色，黄色表示是由系统自动生成的，如职员代码、实发合计等，白色表示是可录入和修改的。

（4）录入表 9-2 中的数据。移动窗口下部的"滚动条"到相关项目，并录入数据，录入完成的窗口如图 9-20 所示。

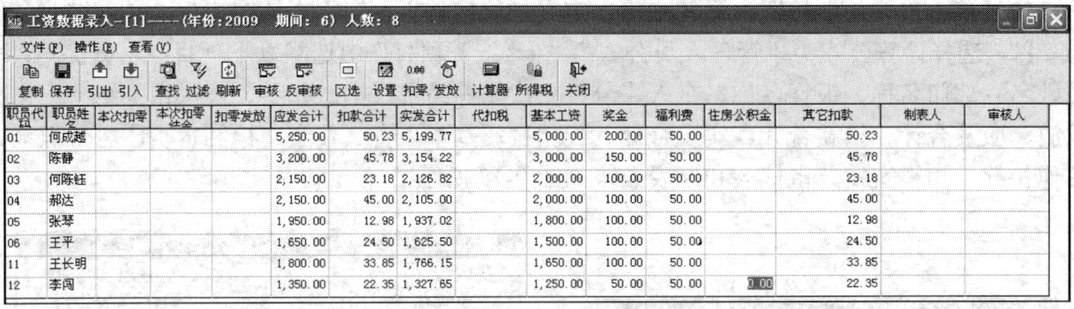

图 9-20 "工资录入"完成窗口

（5）单击"保存"按钮保存工资数据。

2. 扣零

"扣零"功能是用于设置扣除零钱，如实发工资为 2 345.58 元，可以设置工资发到元还是角，或者是 5 角以上的要发，5 角以下的下次发放等。

（1）在"工资数据录入"窗口，单击工具栏上的"设置"按钮，系统弹出"扣零设置"窗口。在此窗口中选择扣零项目"实发合计"，录入扣零标准"0.5"（5 角以上的要发，5 角以下的下次再发），扣零后项目选择"扣零实发"，如图 9-21 所示。

图 9-21 扣零设置

（2）单击"确定"按钮保存当前设置。

> **注意** 扣零的标准有 5、1、0.5、0.1 等数。

（3）扣零设置完成后，单击工具栏上的"扣零"按钮，系统将"实发合计"处理后重新显示在"扣零实发"一列，如图 9-22 所示。

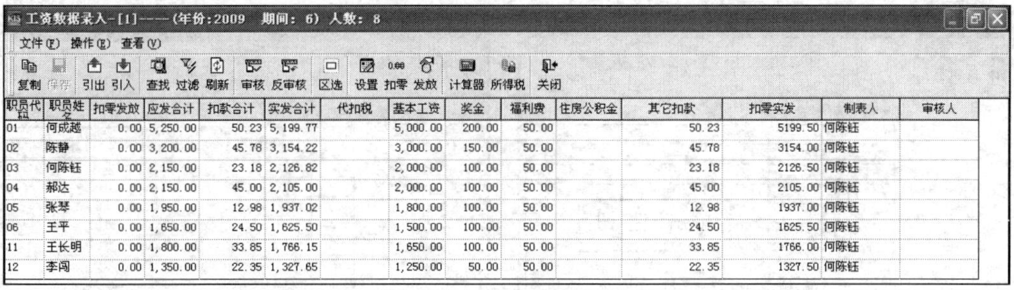

职员代码	职员姓名	扣零发放	应发合计	扣款合计	实发合计	代扣税	基本工资	奖金	福利费	住房公积金	其它扣款	扣零实发	制表人	审核人
01	何成越	0.00	5,250.00	50.23	5,199.77		5,000.00	200.00	50.00		50.23	5199.50	何陈钰	
02	陈静	0.00	3,200.00	45.78	3,154.22		3,000.00	150.00	50.00		45.78	3154.00	何陈钰	
03	何陈钰	0.00	2,150.00	23.18	2,126.82		2,000.00	100.00	50.00		23.18	2126.50	何陈钰	
04	郝达	0.00	2,150.00	45.00	2,105.00		2,000.00	100.00	50.00		45.00	2105.00	何陈钰	
05	张琴	0.00	1,950.00	12.98	1,937.02		1,800.00	100.00	50.00		12.98	1937.00	何陈钰	
06	王平	0.00	1,650.00	24.50	1,625.50		1,500.00	100.00	50.00		24.50	1625.50	何陈钰	
11	王长明	0.00	1,800.00	33.85	1,766.15		1,650.00	100.00	50.00		33.85	1766.00	何陈钰	
12	李闯	0.00	1,350.00	22.35	1,327.65		1,250.00	50.00	50.00		22.35	1327.50	何陈钰	

图 9-22 扣零后数据显示窗口

3. 工资审核

为了确保工资的正确，需要对工资数据进行审核，审核后的工资数据不能修改，只有反审核后才能修改。工资审核通常是在“期末结账”前处理。

审核功能位于“工资数据录入”窗口中的“操作”菜单下。

- **审核**：将当前光标所处的工资记录进行审核处理。
- **反审核**：将当前光标所处的已审核工资记录进行反审核处理。
- **全部审核**：审核当前窗口中所有工资记录。
- **全部反审核**：取消当前窗口中所有已经审核的工资记录。

注意 由于个人所得税还未计算，所以在此暂时不用审核。

9.3.2 所得税计算

“所得税计算”功能可以灵活采用不同标准来计算个人所得税，为财务人员减轻了工作量。

例 2：在“管理人员工资”类别下设置个人所得税。

（1）在主界面窗口，单击【工资管理】→【所得税计算】，系统弹出“过滤”窗口，保持默认设置值，单击“确定”按钮进入“个人所得税数据录入”窗口，如图 9-23 所示。

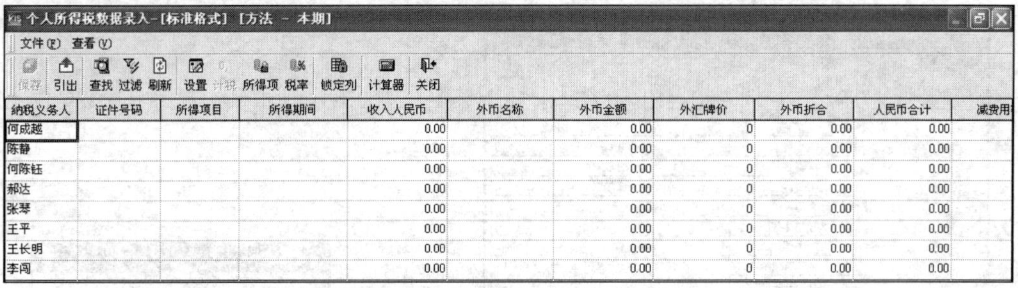

纳税义务人	证件号码	所得项目	所得期间	收入人民币	外币名称	外币金额	外汇牌价	外币折合	人民币合计	减费用
何成越				0.00		0.00	0	0.00	0.00	
陈静				0.00		0.00	0	0.00	0.00	
何陈钰				0.00		0.00	0	0.00	0.00	
郝达				0.00		0.00	0	0.00	0.00	
张琴				0.00		0.00	0	0.00	0.00	
王平				0.00		0.00	0	0.00	0.00	
王长明				0.00		0.00	0	0.00	0.00	
李闯				0.00		0.00	0	0.00	0.00	

图 9-23 “个人所得税数据录入”窗口

（2）单击“设置”按钮，系统进入“个人所得税初始设置”窗口，如图 9-24 所示。

（3）单击“新增”按钮，再单击“税率类别”右侧的按钮，系统进入“个人所得税税率设置”窗口。单击“新增”按钮，系统弹出提示窗口，单击“是”按钮，系统将自动显示税率设置，在“名称”处录入“税率”，如图 9-25 所示。

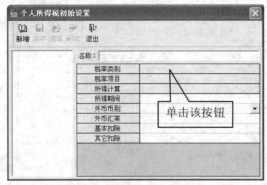

图 9-24 "个人所得税初始设置"窗口

图 9-25 "个人所得税税率设置"窗口

（4）单击"保存"按钮保存设置，单击"退出"按钮返回"个人所得税初始设置"窗口。请注意"税率类别"旁的按钮变化。单击"税率项目"旁的按钮，系统弹出"所得项目计算"窗口。在此窗口中单击"新增"按钮，在所得项目 1 处选择"应发合计"，并选择"增项"；在所得项目 2 处选择"住房公积金"，并选择"减项"，名称录入"税项目"，如图 9-26 所示。

"增项"表示计算所得税时作为计算基础的增项，而"减项"表示计算所得税时作为计算基础的减项，如住房公积金和社保费用等。

（5）单击"保存"按钮保存设置，单击"退出"按钮返回"个人所得税初始设置"窗口，请注意"税率项目"旁的按钮变化。单击"所得计算"旁的按钮，系统弹出"所得项目计算"窗口，双击"税项目"，并返回"个人所得税初始设置"窗口，在所得期间录入"1-12"，币别

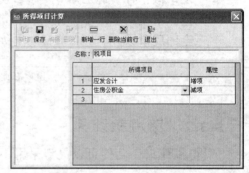

图 9-26 "所得项目计算"设置窗口

选择"人民币"，基本扣除录入"2 000"，名称录入"个人所得税"，如图 9-27 所示。

（6）单击"保存"按钮保存设置，单击"退出"按钮返回"个人所得税数据录入"窗口，系统弹出提示信息窗口，如图 9-28 所示。

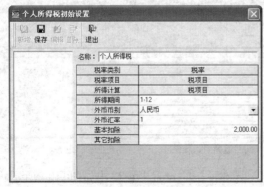

图 9-27 个人所得税设置

图 9-28 "提示"窗口

（7）单击"确定"按钮，系统获取数据成功后，再次弹出提示窗口，单击"确定"按钮，系统开始计算所得税，计算成功的窗口，如图 9-29 所示。

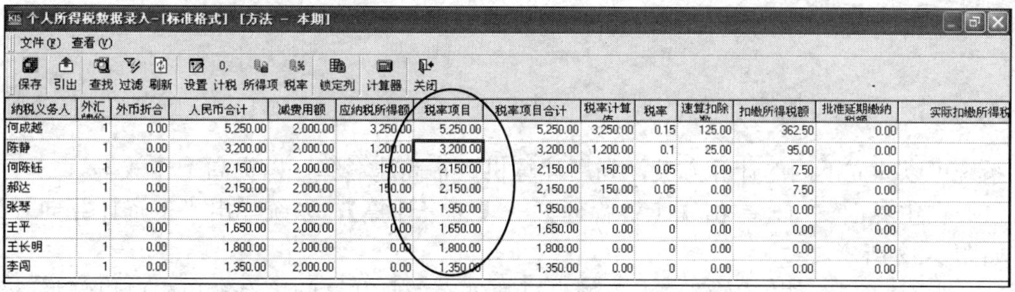

纳税义务人	外汇	外币折合	人民币合计	减费用额	应纳税所得额	税率项目	税率项目合计	税率计算	税率	速算扣除	扣缴所得税额	批准延期缴纳	实际扣缴所得税
何成越	1	0.00	5,250.00	2,000.00	3,250.00	5,250.00	5,250.00	3,250.00	0.15	125.00	362.50	0.00	
陈静	1	0.00	3,200.00	2,000.00	1,200.00	3,200.00	3,200.00	1,200.00	0.1	25.00	95.00	0.00	
何陈钰	1	0.00	2,150.00	2,000.00	150.00	2,150.00	2,150.00	150.00	0.05	0.00	7.50	0.00	
郝达	1	0.00	2,150.00	2,000.00	150.00	2,150.00	2,150.00	150.00	0.05	0.00	7.50	0.00	
张琴	1	0.00	1,950.00	2,000.00	0.00	1,950.00	1,950.00	0.00	0	0.00	0.00	0.00	
王平	1	0.00	1,650.00	2,000.00	0.00	1,650.00	1,650.00	0.00	0	0.00	0.00	0.00	
王长明	1	0.00	1,800.00	2,000.00	0.00	1,800.00	1,800.00	0.00	0	0.00	0.00	0.00	
李闯	1	0.00	1,350.00	2,000.00	0.00	1,350.00	1,350.00	0.00	0	0.00	0.00	0.00	

图 9-29 计算成功的窗口

（8）单击“保存”按钮保存所得税计算。

（9）单击“引出”按钮可以引出其他类型文件，并上交税务局。

9.3.3 个人所得税导入工资表

计算个人所得税后，并未直接使用在工资表中，只有在“工资录入”窗口，引入个人所得税数据，然后再进行工资计算，才是正确的工资数据。

例 3：将刚才计算的个人所得税数据加入工资表中。

（1）在主界面窗口，单击【工资管理】→【工资录入】，系统弹出“过滤”窗口。在此窗口选中“1”方案，单击“确定”按钮进入“工资数据录入”窗口，光标放置在“代扣税”列，单击工具栏上的“所得税”按钮，系统弹出提示窗口，单击“确定”按钮，系统将当前职员的个人所得税数据引入，如图 9-30 所示。

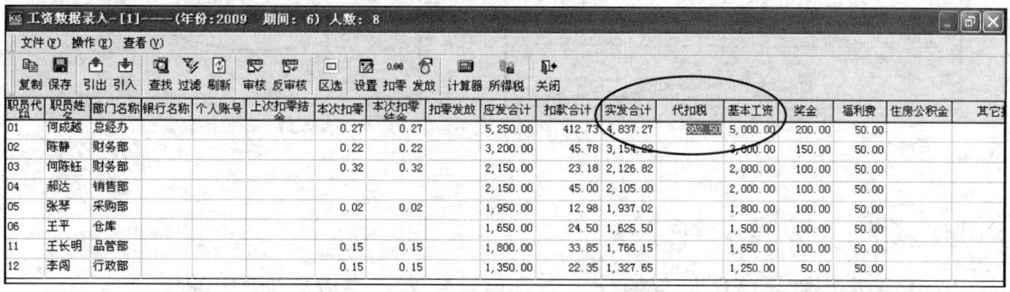

职员代	职员姓	部门名称	银行名称	个人账号	上次扣零结	本次扣零	本次扣零	扣零发放	应发合计	扣款合计	实发合计	代扣税	基本工资	奖金	福利费	住房公积金	其它
01	何成越	总经办				0.27	0.27		5,250.00	412.73	4,837.27	362.50	5,000.00	200.00	50.00		
02	陈静	财务部				0.22	0.22		3,200.00	45.78	3,154.22		3,000.00	150.00	50.00		
03	何陈钰	财务部				0.32	0.32		2,150.00	23.18	2,126.82		2,000.00	100.00	50.00		
04	郝达	销售部							2,150.00	45.00	2,105.00		2,000.00	100.00	50.00		
05	张琴	采购部				0.02	0.02		1,950.00	12.98	1,937.02		1,800.00	100.00	50.00		
06	王平	仓库							1,650.00	24.50	1,625.50		1,500.00	100.00	50.00		
11	王长明	品管部				0.15	0.15		1,800.00	33.85	1,766.15		1,650.00	100.00	50.00		
12	李闯	行政部				0.15	0.15		1,350.00	22.35	1,327.65		1,250.00	50.00	50.00		

图 9-30 引入个人所得税

（2）引入所有职员个人所得税数据。单击工具栏上的“区选”按钮，再单击“代扣税”列头，选中整列并反黑显示，单击“所得税”按钮，系统弹出提示窗口，单击“确定”按钮，引入所有职员个人所得税数据，如图 9-31 所示。

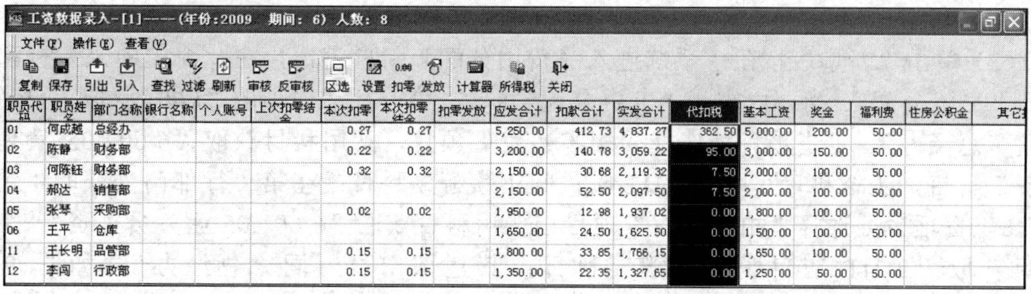

职员代	职员姓	部门名称	银行名称	个人账号	上次扣零结	本次扣零	本次扣零	扣零发放	应发合计	扣款合计	实发合计	代扣税	基本工资	奖金	福利费	住房公积金	其它
01	何成越	总经办				0.27	0.27		5,250.00	412.73	4,837.27	362.50	5,000.00	200.00	50.00		
02	陈静	财务部				0.22	0.22		3,200.00	140.78	3,059.22	95.00	3,000.00	150.00	50.00		
03	何陈钰	财务部				0.32	0.32		2,150.00	30.68	2,119.32	7.50	2,000.00	100.00	50.00		
04	郝达	销售部							2,150.00	52.50	2,097.50	7.50	2,000.00	100.00	50.00		
05	张琴	采购部				0.02	0.02		1,950.00	12.98	1,937.02	0.00	1,800.00	100.00	50.00		
06	王平	仓库							1,650.00	24.50	1,625.50	0.00	1,500.00	100.00	50.00		
11	王长明	品管部				0.15	0.15		1,800.00	33.85	1,766.15	0.00	1,650.00	100.00	50.00		
12	李闯	行政部				0.15	0.15		1,350.00	22.35	1,327.65	0.00	1,250.00	50.00	50.00		

图 9-31 引入所有职员个人所得税

(3) 单击"保存"按钮保存个人所得税数据引入。

9.3.4 工资计算

系统可以建立不同的计算方案，利用计算机进行高速运算，以提高工作效率。

(1) 在主界面窗口，单击【工资管理】→【工资计算】，系统弹出"工资计算向导"窗口，如图 9-32 所示。

"工资计算方案"与"工资录入"的"过滤方案"是共享的，在窗口中可以新增、编辑和删除方案。

(2) 选中"1"方案，单击"下一步"按钮，系统进入下一窗口。在该窗口中单击"计算"按钮，系统开始计算当前工资方案下的数据，结果如图 9-33 所示。

(3) 工资计算后会自动将计算结果反应到各方案的工资录入表中，单击"完成"按钮，结束计算操作。

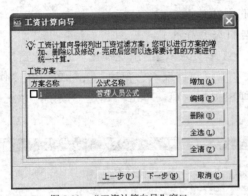
图 9-32 "工资计算向导"窗口

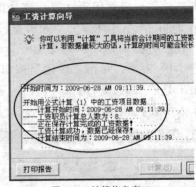
图 9-33 计算信息窗口

9.3.5 费用分配

费用分配是指根据系统所设置的分配方案或计提方案生成凭证的过程。

例 4：将总经办、财务部、采购部、品管部、行政部和仓库下的"扣零实发"分配到"管理费用-工资"科目，将"销售部"下的"扣零实发"分配到"营业费用-员工工资"科目。

(1) 在主界面窗口，单击【工资管理】→【费用分配】，系统弹出"费用分配"窗口，如图 9-34 所示。

(2) 单击"新增"按钮，系统进入"费用分配"新增窗口，在此窗口中录入分配名称为"工资分配"、摘要内容为"工资分配"。单击第一行部门项的"（获取）"按钮，获取"总经办"，工资项目处选择"扣零实发"项目，费用科目获取"6 602.05 管理员工资"科目，工资科目获取"2 211 应付职工薪酬"科目；在第二行部门处获取"销售部"，工资项目处选择"扣零实发"项目，费用科目获取"6 601.05 业务员工资"，工资科目获取"2 211 应付职工薪酬"科目；其他部门设置同"总经办"，如图 9-35 所示。

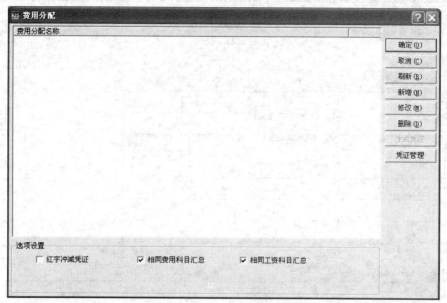

图 9-34 "费用分配"窗口

图 9-35 "费用分配新增"完成窗口

（3）单击"保存"按钮保存当前设置。单击"关闭"按钮返回"费用分配"管理窗口。若要修改、删除该方案，单击工具栏上的修改按钮即可。

（4）将设定的方案生成凭证。勾选"工资分配"项，单击"生成凭证"按钮，系统弹出提示，单击"确定"按钮。稍后系统弹出"信息"窗口，单击"关闭"按钮，单击"凭证管理"按钮，系统进入"凭证处理"窗口，选中凭证记录后双击鼠标，系统弹出该凭证的查看窗口，如图 9-36 所示。

在"凭证处理"窗口中可以对凭证进行打印、删除等操作。

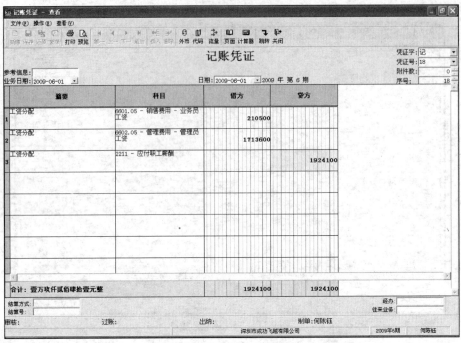

图 9-36　"记账凭证-查看"窗口

9.3.6 计件员工工资处理

前面几小节重点介绍了在"管理人员"类别下进行的基础设置，本小节将简单介绍计件员工工资类别的设置。在主界面窗口，单击【工资管理】→【类别管理】，系统弹出"类别管理"窗口，选中"计件员工工资"项后，单击窗口右下方的"选择"按钮，表示当前要处理"计件工资"类别下的业务。

参照前几节的方法导入生产部门和生产部员工档案，并录入表 9-3 中的计算公式，公式名称为"计件人员公式"。

表 9-3　　　　　　　　"计件工资"类别下的计算公式

公式 1	应发合计 = 基本工资 + 奖金 + 福利费 + 计件工资 + 住房公积金
公式 2	扣款合计 = 其他扣款 + 代扣税
公式 3	实发合计 = 应发合计 - 扣款合计

公式设置完成，请读者自行练习工资录入和个人所得税等功能。

9.3.7 职员变动

"职员变动"功能用于处理企业中职员的信息变动，如部门更换、职位变动等，这可以保证财务人员在分类核算工资时的准确性。

（1）在主界面窗口，单击【工资管理】→【职员变动】，系统弹出"职员变动"窗口，如图 9-37 所示。

（2）单击"新增"按钮，获取"职员"档案，在右侧窗格选择要变动的项目和变动内容进行设置即可。

第9章 工资管理

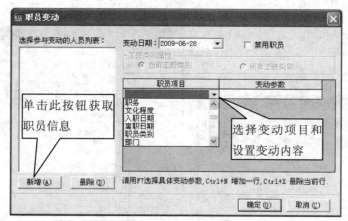

图 9-37 "职员变动"窗口

9.3.8 期末结账

"期末结账"是指在完成当前会计期间的工资业务处理，结转到下一期间进行新的业务处理时进行。工资管理的"期末结账"功能与"账务处理"系统中的"期末结账"为同一功能，即当"账务处理"系统期末结账后，也相当于工资管理模块同步结账，当"账务处理"系统反结账时，也相当于工资管理模块同步反结账处理。

9.4 工资报表

金蝶 KIS 专业版工资管理系统提供了丰富的工资报表，有工资条、工资发放表、工资汇总表等报表。通过报表，能全面掌握企业工资总额、分部门水平构成，以及人员工龄、年龄结构等，为制定合理的薪资管理提供详细的依据。

工资报表的应用重点是过滤方案的设置和打印输出时纸张大小及方向的调整。

9.4.1 工资条

下面以输出"管理人员"类别下的工资条以及表 9-4 所示数据为例，介绍工资条的操作。

表 9-4 工资条项目排列顺序

1	2	3	4	5	6	7	8	9	10	11	12	13	14	15	16
职员代码	职员姓名	部门名称	上次扣零结余	本次扣零	本次扣零发放	扣零发放	基本工资	奖金	福利费	应发合计	代扣税	其他扣款	扣款合计	实发合计	扣零实发

（1）单击【工资管理】→【类别管理】，选择"管理人员工资"类别。

（2）在主界面窗口，单击【工资管理】→【工资条】，系统弹出"过滤器"窗口，如图 9-38 所示。

在过滤窗口中可设置过滤方案，并且为过滤方案设置工资项目的排列次序。

（3）新增过滤方案。单击"增加"按钮，系统弹出"定义过滤条件"窗口，录入过滤名称为"工资条1"，按表 9-4 所示选中工资项目，并单击"上移、下移"按钮，按表中序号进行排列，设置完成的窗口如图 9-39 所示。

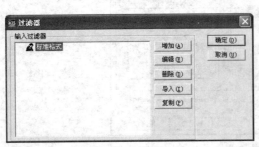
图 9-38 过滤窗口

图 9-39 工资条 1 过滤方案窗口

在"条件"选项卡页面可以设置过滤方案,在"排序"选项卡页面可以设置排序字段。

(4)单击"确定"按钮,系统弹出提示窗口,单击"确定"按钮。新增"工资条 1"过滤方案,并返回"过滤器"窗口。选中"工资条 1"方案,单击"确定"按钮,系统弹出"工资条打印"窗口,如图 9-40 所示。

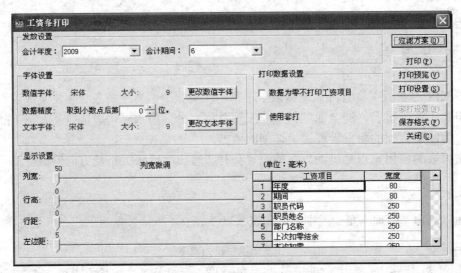
图 9-40 "工资条打印"窗口

● **发放设置**:选择工资条的会计年度、会计期间和发放次数。
● **字体设置**:单击"更改数值字体"和"更改文本字体"按钮可以进行数值和文本字体的修改,数据精度可以设置小数位。
● **显示设置**:微调选中右下角项目的列宽和行高等。
● **过滤方案**:重新选择过滤方案。
● **使用套打**:选中"使用套打"项,则可以进行套打设置。
● **数据为零不打印工资项目**:选中该项,当项目数据为零时不打印,反之打印出来。

(5)单击"打印预览"按钮,系统进入"打印预览"窗口,如图 9-41 所示。

年度	期间	职员代码	职员姓名	部门名称	上次扣零结余	本次扣零	本次扣零结余
2009	6	02	陈静	财务部			
扣零发放		基本工资		奖金	福利费	应发合计	代扣税	其它扣款
		3,000		150	50	3,200	95	46
扣款合计		实发合计		扣零实发				
	141		3,059		3,154			

图 9-41 工资条打印预览窗口

通过预览发现打印格式不美观,其更改方法有 3 种,第 1 种是纸张方向选择"横向",第 2 种是选择尽量大的纸张,如 A3 纸张,第 3 种是修改列的宽度,在此采用第 1 种和第 3 种方法。

(6)单击"退出"按钮返回"工资条打印"窗口。单击"打印设置"按钮,系统弹出"打印设置"窗口,修改纸张方向为"横向",如图 9-42 所示。

(7)单击"确定"按钮返回"工资条打印"窗口,将所有项目宽度全部修改为 140,如图 9-43 所示。

(8)单击"打印预览"按钮,系统进入"打印预览"窗口,打印格式基本达到要求后,单击工具栏上的"打印"按钮即可输出工资条内容。

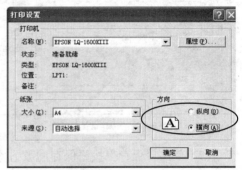

图 9-42 "打印设置"窗口

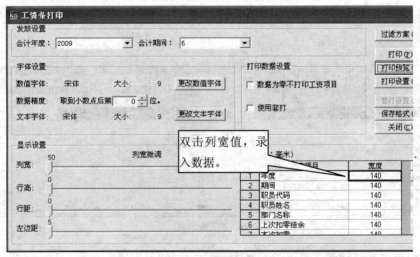

图 9-43 修改列宽

注意 调整打印格式时,先使用"打印预览"功能,随时查看输出效果,以供参考调整。注意"保存格式"。

9.4.2 工资配款表

"工资配款表"可以按照货币面值大小进行不同的配款,方便一些未通过银行代发的公司进行货币组织，提高工作效率。

（1）在主界面窗口，单击【工资管理】→【工资配款表】，系统进入"配款设置"窗口，如图9-44所示。

浏览窗口是用于选择已经设置好的配款方案的，编辑窗口是用于新增、修改配款方案的。

（2）在"编辑"窗口，单击"新增"按钮，窗口切换到编辑状态，录入代码"1"，选择币别为"人民币"，名称和面值按图9-45所示录入。

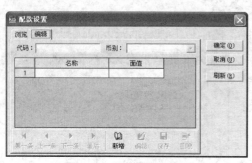

图9-44 "配款设置"窗口

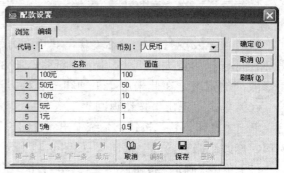

图9-45 录入配款方案

（3）单击"保存"按钮保存配款方案。切换到"游览"窗口，选中"1"方案，单击"确定"按钮，进入"工资配款表"窗口，选择工资项目下的"扣零实发"选项，系统将计算出"扣零实发"所需面值的数量，如图9-46所示。

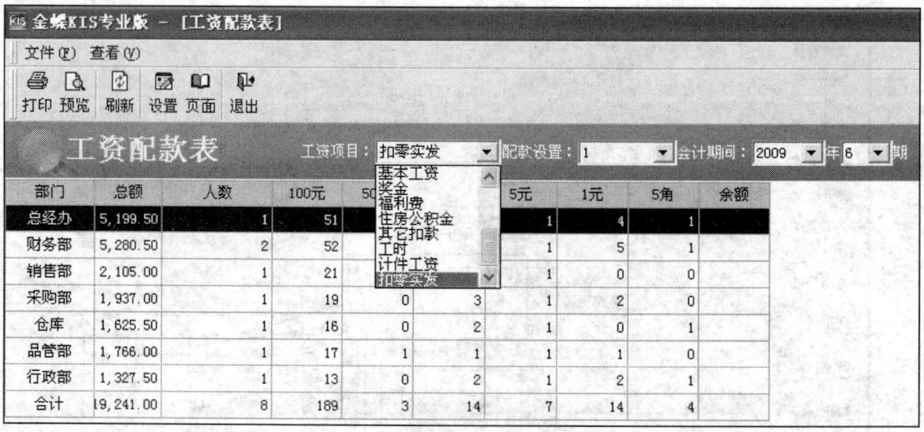

图9-46 配款表

在窗口中可以选择核算工资项目、配款方案和期间以查询配款。

9.4.3 人员结构分析

人员结构分析主要是对不同的工资项目，如应发合计等，按不同的标准（如部门）进行数据分析，输出数据与图表，形象地分析企业的工资分布情况。

在主界面窗口，单击【工资管理】→【人员结构分析】，系统进入"人员工资结构分析"

窗口，选择要分析的工资项目和分类标准，设置分析的期间范围，如图 9-47 所示。

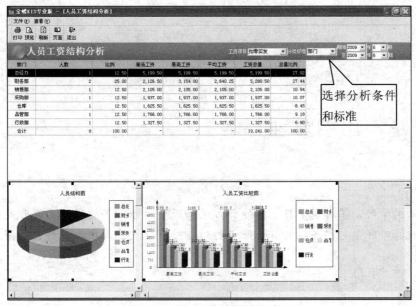

图 9-47 "人员工资结构分析"窗口

工资发放表、工资汇总表和工资统计表等报表的使用方法与工资条报表类似，读者自行练习。

9.5 习题

（1）在什么时候使用选择类别？
（2）部门导入数据时有几种数据源？
（3）工资期末结账的基本条件是什么？

第 10 章 出纳管理

学习重点

通过本章的学习，了解现金日记账处理方法和现金对账，了解银行日记账处理方法和银行对账单录入，对账单如何与银行日记账进行对账处理，支票管理和各种出纳报表的查询。

10.1 系统概述

出纳管理系统主要处理企业中的日常出纳业务，包括现金业务、银行业务、票据管理及其相关报表等内容。会计人员在该系统中可以根据出纳录入的收付款信息生成凭证并将其传递到账务处理系统。出纳管理系统既可同账务处理系统联用，也可单独使用。

1. 系统结构

出纳管理系统与其他系统的数据传输如图 10-1 所示。

账务处理系统是指出纳管理系统从账务处理系统引入现金和存款日记账数据，在出纳管理系统可以根据录入的收付款数据生成凭证并传送到账务处理系统。

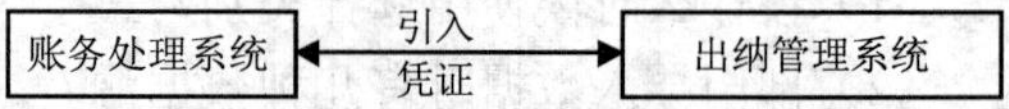

账务处理系统 ←引入凭证→ 出纳管理系统

图 10-1 系统关系图

2. 应用流程

出纳管理系统的新、老用户操作流程如图 10-2 所示。

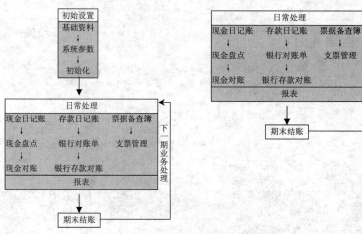

图 10-2 新、老用户操作流程图

新用户的使用需从系统初始化开始；老用户使用时因已经完成系统初始设置，所以直接进行日常业务处理即可。

10.2 日常处理

日常处理是指初始设置完成后，日常的现金日记账和存款日记账等处理工作。

10.2.1 现金日记账

"现金日记账"功能用于处理现金日记账的新增、修改、删除和打印等操作。操作方法步骤如下。

（1）在主界面窗口，单击【出纳管理】→【现金日记账】，系统弹出"现金日记账"过滤窗口，如图 10-3 所示。

在窗口中可以选择要查询的科目，查询该科目下什么币别日记账，以及要查询期间的日记账。

（2）科目选择"1001.01 人民币"，币别选择"人民币"，其他保持默认值，单击"确定"按钮系统进入"现金日记账"窗口，如图 10-4 所示。

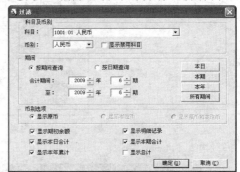

图 10-3 "过滤"窗口

图 10-4 "现金日记账"窗口

（3）若账套中有多个现金日记账科目，单击工具栏上的"最前、向前、向后、最后"按钮可查询不同科目下的现金日记账数据。

现金日记账新增方式有两种。第一种是单击工具栏上的"引入"按钮，从账务处理系统引入现金日记账；第二种是单击工具栏上的"新增"按钮，系统进入"现金日记账录入"窗口，手工录入日记账即可。

1．引入现金日记账

引入日记账是指从账务处理系统中引入现金日记账。操作步骤如下。

（1）以"何陈钰"身份登录账套，在主界面窗口，单击【出纳管理】→【现金日记账】，系统弹出过滤窗口。保持默认值，单击"确定"按钮，系统进入"现金日记账"窗口，单击工具栏上的"引入"按钮，系统弹出"引入日记账"窗口，如图 10-5 所示。

选中现金日记账科目和银行存款科目，并设置引入方式、日期和期间模式等条件。

（2）同时选中 1001.01 人民币和 1001.02 港币科目，选中"引入本期所有凭证"，单击"引入"按钮，稍后系统弹出提示"引入现金日记账完毕"，应注意科目名称后的"状态"栏。单击“关闭”按钮返回“现金日记账”窗口，引入成功的数据如图 10-6 所示。

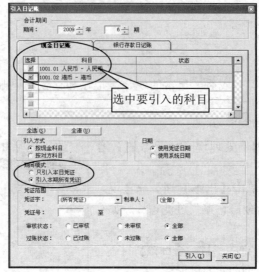

图 10-5 “引入日记账”窗口

日期	当日序号	凭证字号	凭证期间	凭证审核	过账标志	摘要	对方科目	借方金额	贷方金额	余额	经手人
2009-06-01						上期结转		150,000.00	145,000.00	5,000.00	
2009-06-01	1	记 - 1	2009年6期	√	√	郝达报销费用	6601.01 销售费用 - 差旅费		850.00	4,150.00	
2009-06-01	2	记 - 4	2009年6期	√	√	何成越报销费用	6601.01 销售费用 - 差旅费		1,200.00	2,950.00	
2009-06-01						本日合计			2,050.00	2,950.00	
2009-06-02	1	记 - 5	2009年6期	√	√	提备用金	1002.01 银行存款 - 工行东桥支行	5,000.00		7,950.00	
2009-06-02	2	记 - 6	2009年6期	√	√	行政部报销费用	1001.01 库存现金 - 人民币		2,200.00	5,750.00	
2009-06-02						本日合计		5,000.00	2,200.00	5,750.00	
2009-06-30						本期合计		5,000.00	4,250.00	5,750.00	
2009-06-30						本年累计		155,000.00	149,250.00	5,750.00	

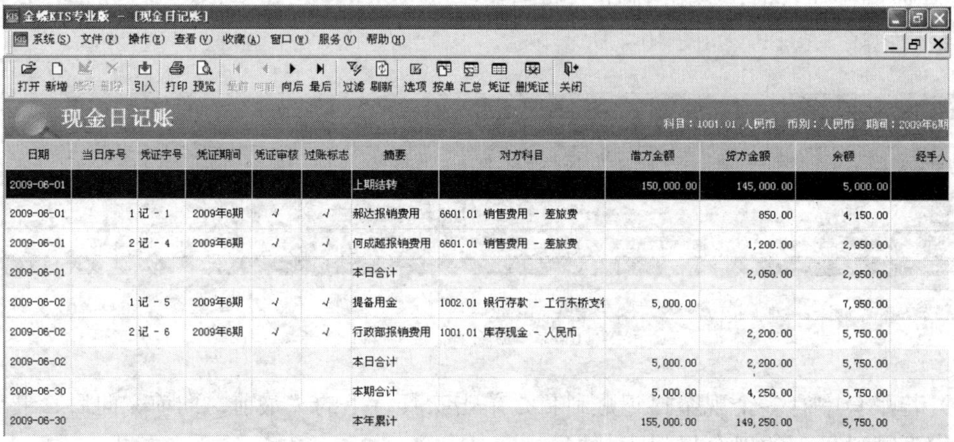

图 10-6 引入成功的现金日记账

注意 要使用“引入”功能，必须在系统参数中选中“允许从总账引入日记账”功能。

2. 现金日记账录入

现金日记账除了可以从账务处理系统引入外，还可以手工方式新增。

例 1：2009-6-22 郝达报销差旅费人民币 456 元，并且生成凭证传递到账务处理系统。

（1）在“现金日记账”管理窗口，单击工具栏上的“新增”按钮，系统进入“现金日记账录入”窗口，如图 10-7 所示。

在窗口中选择科目、币别和期间后，双击表格中的日期栏修改日期，录入现金日记账的凭证字、凭证号和对方科目等内容。录入完成后单击工具栏上的“保存”按钮保存录入数据。单击“关闭”按钮，退出录入窗口返回“现金日记账”管理窗口。

图10-7 "现金日记账录入"窗口

> **注意** 1. 若单独使用出纳管理系统，不用录入凭证字、凭证号及对方科目。
> 2. 以上录入窗口称作多行录入窗口。系统同时提供单张记录录入窗口，前提是在"现金日记账"管理窗口，去掉菜单【操作】→【多行输入】功能的勾选。单击工具栏上的"新增"按钮，系统弹出单张式"现金日记账-新增"窗口，如图10-8所示。

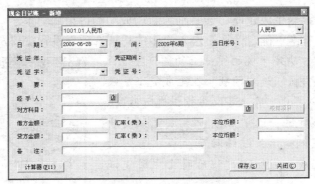

图10-8 现金日记账单张录入模式

（2）在单张录入模式中，科目选择"1001.01 人民币"，币别选择"人民币"，日期修改为"2009-06-22"，摘要录入"郝达报销费用"，对方科目按F7获取"6601.01 差旅费"，贷方金额录入"456"，如图10-9所示。

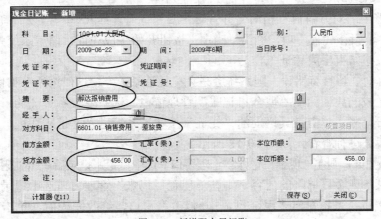

图10-9 新增现金日记账

（3）单击"保存"按钮保存当前现金日记账设置。单击"关闭"按钮返回"现金日记账"管理窗口，可以看到刚才新增成功的日记账，如图 10-10 所示。

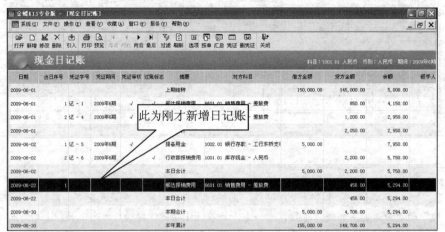

图 10-10 手工录入成功的现金日记账

（4）将该日记账生成凭证。选中刚才新增成功的日记账记录，单击"按单"按钮，系统弹出提示窗口，单击"确定"按钮进入"生成凭证选项"设置窗口，如图 10-11 所示。

- **凭证字**：决定生成的凭证上的凭证字。
- **编辑该凭证**：选中该项，在生成凭证失败时，弹出凭证录入界面，用户可以对凭证进行修改。
- **跳过该凭证**：选中该项，生成凭证失败时，系统不做任何提示，继续往下生成，直到所有日记账记录完成生成凭证过程后再由生成凭证报告提示。
- **停止生成凭证**：选中该项，生成凭证失败时，系统停止继续生成凭证。

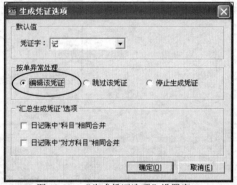

图 10-11 "生成凭证选项"设置窗口

- **日记账中"科目"相同合并**：选中该项，日记账记录中"科目"既有借方也有贷方，则汇总生成凭证支持按借方和贷方合并（两者金额不相抵）。日记账记录"对方科目"即使相同也不合并。
- **日记账中"对方科目"相同合并**：选中该项，日记账记录"对方科目"相同合并。

（5）选中"编辑该凭证"项，单击"确定"按钮开始生成凭证，稍后系统弹出提示窗口，单击"确定"按钮结束生成凭证工作。

若生成凭证时，科目有错误，则系统会进入"凭证录入"窗口，然后手工修改正确即可。

（6）查询生成的凭证。在"现金日记账"管理窗口，选中要查看凭证的日记账，例如选中刚才新增的日记账，单击工具栏上的"凭证"按钮，系统进入"记账凭证"窗口，在此窗口可对生成的凭证进行查看，如图 10-12 所示。

若要删除该凭证，则在"现金日记账"管理窗口，选中日记账记录后单击"删除"按钮即可。

若要修改某条现金日记账的内容，则在"现金日记账"管理窗口选中记录后单击工具栏上的"修改"按钮，系统弹出"现金日记账-修改"窗口，修改完成后，单击"保存"按钮保存修改工作。

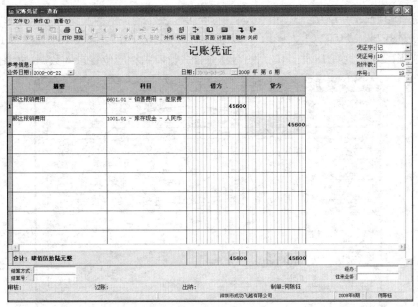

图 10-12　查看凭证

若要删除某条日记账，则在"现金日记账"管理窗口选中记录后，单击工具栏上的"删除"按钮即可。若要重新设置窗口项目，可单击"打开"按钮，系统弹出"现金日记账"窗口，在窗口中重新设置所要显示的项目即可。

10.2.2　现金盘点单

现金盘点单显示出纳人员在每天业务完成以后对现金进行盘点的结果。

（1）在主界面窗口，单击【出纳管理】→【现金盘点单】，系统进入"现金盘点单"窗口，如图 10-13 所示。

图 10-13　"现金盘点单"窗口

（2）单击工具栏上"新增"按钮，系统弹出"现金盘点单–新增"窗口，录入 2009-6-1 的人民币盘点单。选择科目"1001.01 人民币"，修改日期为"2009-6-1"。假设 100 元的有 1 卡（20 张），50 元的有 10 张，20 元的有 18 张，10 元的有 9 张，在窗口中相应位置录入数据，如图 10-14 所示。

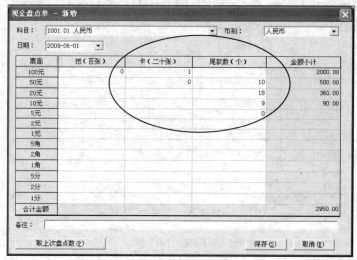

图 10-14 "现金盘点单新增"窗口

在录入数据时，一定要注意把、卡和尾款数的含义。

（3）单击"保存"按钮保存录入数据，并返回"现金盘点单"窗口，系统将刚才新增的盘点记录显示在窗口上，如图 10-15 所示。

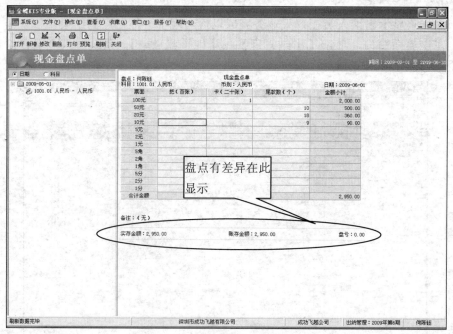

图 10-15 录入盘点单成功的窗口

当盘点单与实存金额有差异时，一定要查明原因，并修正相关数据，使用双方数据保持一致性。

若要修改、删除某日的盘点单,选中窗口左侧的日期或科目中的记录后单击相应按钮即可。

10.2.3 现金对账

现金对账是指出纳管理系统自动将出纳账与账务处理系统中的日记账当期现金发生额和现金余额进行核对,并生成对账表。

(1)在主界面窗口,单击【出纳管理】→【现金对账】,系统弹出"现金对账"过滤窗口,如图10-16所示。

在窗口上可以选择要对账的科目和期间范围。

(2)保持默认值,单击"确定"按钮进入"现金对账"窗口,如图10-17所示。

单击工具栏上的"最前、向前、向后、最后"按钮,可以进行不同科目的对账。

图10-16 "现金对账"过滤窗口

(3)"现金盘点"项下的"实存金额"为 0,这是因为查询范围为当期的最后一天,是系统没有录入当期的盘点单导致的。如果录入盘点单,对账表上会显示实存金额。单击工具栏上的"打开"按钮,以"日期"方式查询日期"2009-6-1"的现金对账表,即可看到实存金额。

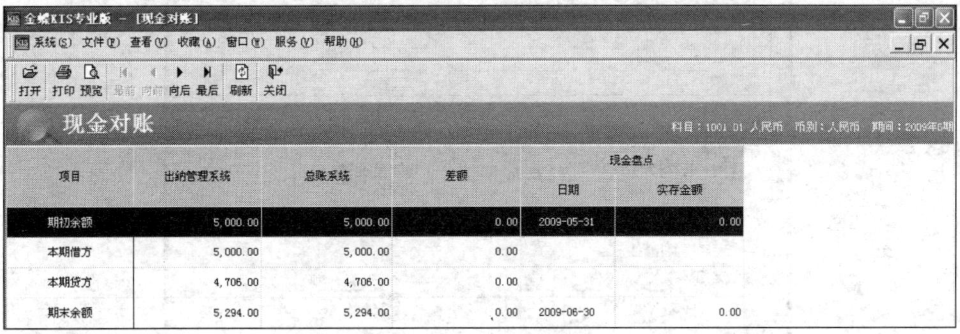

图10-17 "现金对账"窗口

10.2.4 银行存款日记账

"银行存款日记账"功能处理银行存款科目日记账的新增、修改、删除、打印等操作。

在主界面窗口,单击【出纳管理】→【银行存款日记账】,系统弹出"银行存款日记账"过滤窗口,在窗口中选择要查询的科目和期间范围等内容,设置完成后单击"确定"按钮,系统进入"银行存款日记账"窗口,如图10-18所示。

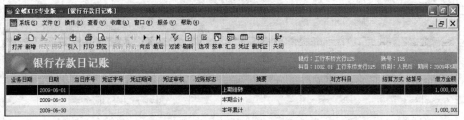

图10-18 "银行存款日记账"窗口

银行存款日记账新增方式有两种。第一种是单击工具栏上的"引入"按钮,从账务处理系统引入银行存款日记账；第二种是单击工具栏上的"新增"按钮，系统进入"银行存款日记账录入"窗口，在窗口中录入银行存款日记账。

修改、删除银行存款日记账的方法是选中要进行修改和删除的记录，单击工具栏上的相应按钮即可。

例2：以"引入"方法从账务处理系统引入所有银行存款日记账。

（1）单击工具栏上"引入"按钮，系统弹出"引入日记账"窗口，切换到"银行存款日记账"窗口，选中所有科目，如图 10-19 所示。

（2）单击"引入"按钮，稍后系统弹出引入成功提示，单击"关闭"按钮返回"银行存款日记账"窗口，引入成功的银行日记账如图 10-20 所示。

在"银行存款日记账"窗口也可以手工新增日记账，手工录入的日记账可以同步生成凭证后传递到账务处理系统中，手工录入方法请参照 10.2.1 小节的内容。

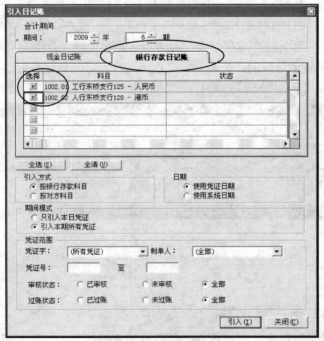

图 10-19　引入银行存款日记账

图 10-20　引入成功的银行日记账

10.2.5 银行对账单

银行对账单是银行出具给企业的有关该企业银行账号在一定时间内的收支情况表，可与企业的银行存款日记账进行核对。银行对账单既可是打印文本，也可是数据文件。

出纳管理系统提供两种录入银行对账单的方式，一种是根据银行对账单的打印文本手工录入，另一种是从银行取得对账单数据文件（要求必须转换成文本文件，即扩展名为 TXT 文件），直接引入对账单。在本账套中介绍第一种方式。下面以表 10-1 中数据为例，介绍银行对账单的处理方法。

表 10-1　　　　　　　　工行东桥支行 125 银行对账单

日期	摘要	结算方式	结算号	借方金额	贷方金额
2009-6-1	货款	支票	2009125	0	1 000
2009-6-2	备用金	支票	2009126	5 000	0
2009-6-27	购固定资产	支票	124567	58 000	

（1）在主界面窗口，单击【出纳管理】→【银行对账单】，系统弹出"银行对账单"过滤窗口。保持默认值，单击"确定"按钮，系统进入"银行对账单"窗口，如图 10-21 所示。

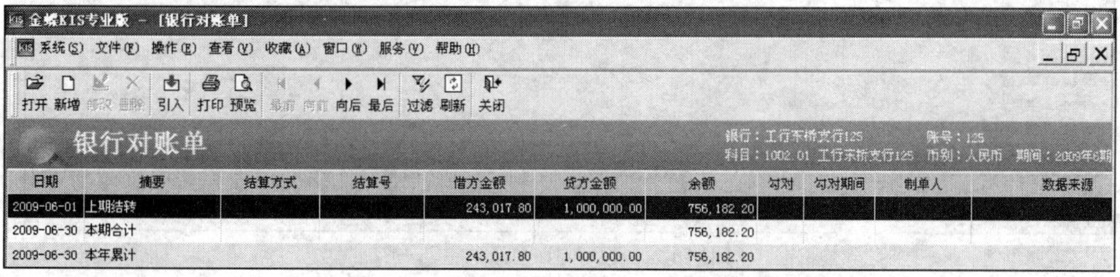

图 10-21　"银行对账单"窗口

在处理和查询银行对账单时，一定要确认是否定位在所需要的银行账号上，单击最前、向前、向后和最后按钮进行切换。

（2）单击工具栏上的"新增"按钮，系统进入"银行对账单录入"窗口，选择正确的科目、币别和期间。在此选择科目"1002.01"，币别"人民币"，期间"2009 年 6 期"。第一条记录日期录入"2009-6-1"，录入摘要为"收货款"，选择结算方式为"支票"，录入结算号"2009125"、贷方金额"1 000"，如图 10-22 所示。

图 10-22　录入对账单数据

（3）单击"保存"按钮保存当前录入资料。

> **注意**　以上录入方式属"多行输入"，即在窗口中一次输入所有对账单记录后，再单击"保存"按钮。

（4）单张录入对账单。单击"关闭"按钮返回"银行对账单"窗口，不要选中菜单【操作】→【多行输入】功能。单击"新增"按钮，系统弹出"银行对账单-新增"窗口，选择科目"1002.01"、币别"人民币"，修改日期为"2009-6-2"，录入摘要"备用金"，选择结算方式"支票"，录入结算号"2009126"、借方金额"5000"，如图 10-23 所示。

（5）单击"保存"按钮保存当前录入。剩余对账单由读者自行录入。录入完成的"银行对账单"窗口如图 10-24 所示。

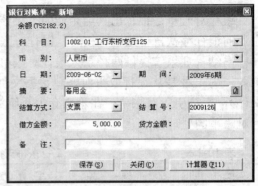

图 10-23　单张录入对账单

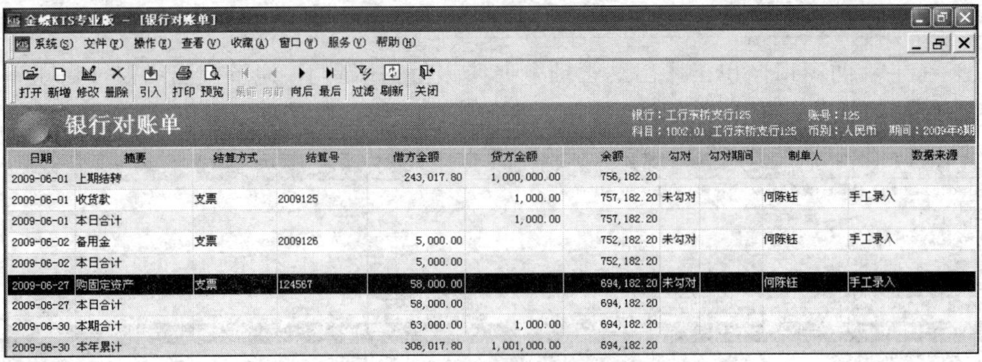

图 10-24　银行对账单录入完成

修改、删除对账单记录的方法是选中要设置的记录，之后单击相应按钮进行操作即可。

10.2.6　银行存款对账

银行存款对账是指银行对账单与银行存款日记账进行核对。

（1）在主界面窗口，单击【出纳管理】→【银行存款对账】，系统弹出"银行存款对账"过滤窗口，在窗口中可以设置要对账的科目、期间范围和是否包含已勾对记录等选项。保持默认设置，单击"确定"按钮，系统进入"银行存款对账"窗口，如图 10-25 所示。窗口上部是"银行对账单"，窗口下部是"银行存款日记账"。

（2）进行对账设置。单击工具栏上的"设置"按钮，系统弹出"银行存款对账设置"窗口，单击"表格设置"选项卡，在"表格设置"窗口中设置对账单和日记账的显示位置，如图 10-26 所示。

（3）单击"自动对账设置"选项卡，窗口切换到"自动对账设置"窗口，如图 10-27 所示。在窗口的"自动对账条件"中选中"日期相同"项，表示对账时对账单中的日期与银行存款日记账的日期必须相同，否则不能自动对账。如果选中"结算方式及结算号都为空不允许对账"选项，则在对账时系统中的记录没有录入结算方式和结算号时不能对账。

第10章 出纳管理

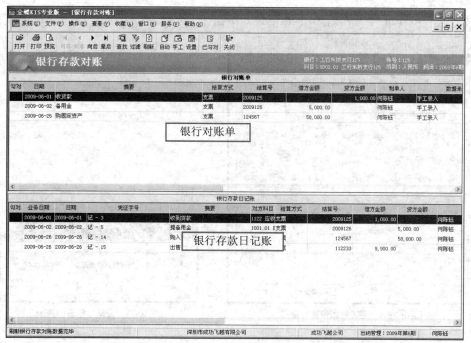

图 10-25 "银行存款对账"窗口

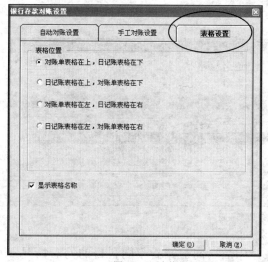

图 10-26 表格位置设置

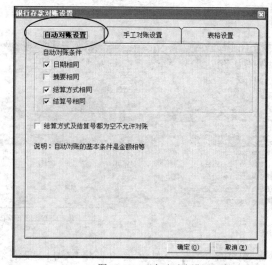

图 10-27 "自动对账设置"窗口

（4）单击"手工对账设置"选项卡，界面如图 10-28 所示。手工对账一般是指处理不能自动对账的记录，手工对账设置可以设置记录的查找条件，以方便手工对账。

对账设置完成后，单击"确定"按钮，返回"银行存款对账"窗口。

（5）单击工具栏上的"自动"按钮，系统弹出"银行存款对账设置"窗口。对账条件保持不变，单击"确定"按钮，稍后弹出信息提示窗口，如图 10-29 所示。

（6）单击"确定"按钮，系统返回"银行存款对账"窗口，系统同时将已经对上账的记录隐藏。

（7）以手工对账方式勾选剩余数据。选中"银行对账单"中结算号为"124567"和"银

217

行存款日记账"中凭证号为"记-14"的记录,单击工具栏上的"手工"按钮,勾对成功后系统自动隐藏。

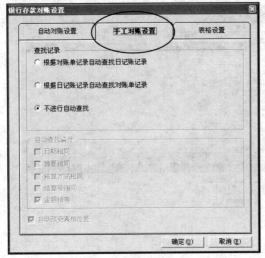
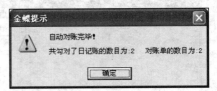

图 10-28　"手工对账设置"窗口　　　　图 10-29　自动对账后的提示

(8) 单击工具栏上的"已勾对"按钮,系统进入"已勾对记录列表"窗口,如图 10-30 所示。

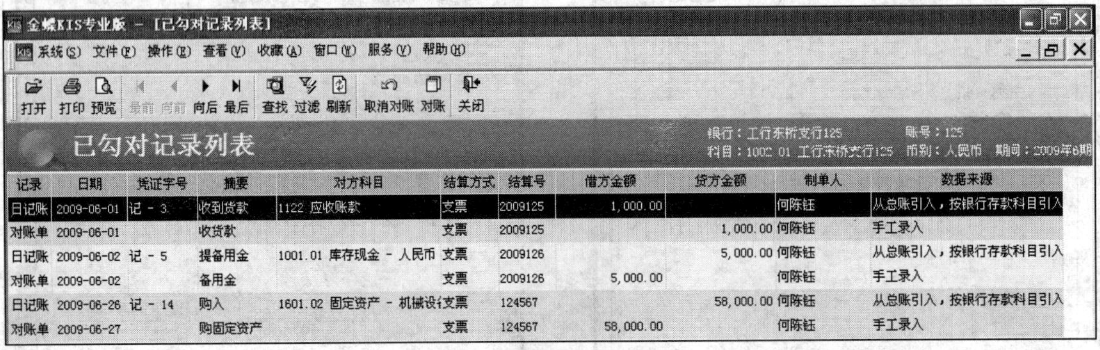

图 10-30　"已勾对记录列表"窗口

(9) 在"已勾对记录列表"中可以取消对账,向后、向前查看不同科目的勾对情况。单击"对账"按钮返回"银行存款对账"窗口,单击"最前、向前、向后、最后"按钮进行科目切换然后勾对。

10.2.7　银行存款与总账对账

银行存款与总账对账用于处理银行存款日记账与日记账(账务处理系统)当期银行存款发生额、余额进行核对,并生成对账表。

在主界面窗口,单击【出纳管理】→【银行存款与总账对账】,系统弹出"银行存款与总账对账"过滤窗口。在窗口中设置要对账的科目和期间范围等内容,设置完成后单击"确定"按钮,系统进入"银行存款与总账对账"窗口,如图 10-31 所示。

图 10-31 "银行存款与总账对账"窗口

10.2.8 支票管理

"支票管理"功能是指对企业的现金支票、转账支票和普通支票进行管理。

例 3：根据表 10-2 和表 10-3 中数据进行支票管理。

表 10-2　　　　　　　　　　购置支票

银 行 名 称	币 别	支票类型	支票规则	起始号码	结束号码	购置日期
工行东桥支行 125	人民币	转账支票	XW****	0001	0010	2009-6-8

表 10-3　　　　　　　　　　领用支票

银 行 名 称	支票号码	领用日期	领用部门	领用人	对方单位	使用限额	领用用途	预计报销日期
工行东桥支行 125	XW0001	2009-6-26	采购部	张琴	华丰机械	58 000	付货款	2009-6-27

1. 购置支票

录入表 10-2 中购买支票记录，操作步骤如下。

（1）以"何陈钰"身份登录账套。在主界面窗口，单击【出纳管理】→【支票管理】，系统进入"支票管理"窗口，如图 10-32 所示。

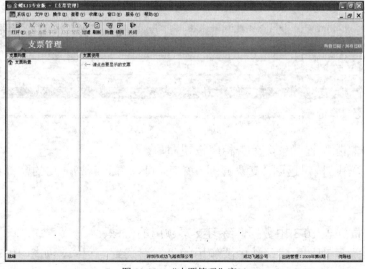

图 10-32 "支票管理"窗口

（2）单击工具栏上的"购置"按钮，系统弹出"支票购置"窗口，如图 10-33 所示。

图 10-33 "支票购置"窗口

（3）单击工具栏上的"新增"按钮，系统弹出"新增支票购置"窗口，选中账号"工行东桥支行 125"，选择支票类型"转账支票"，录入支票规则"XW****"、起始号码"0001"、结束号码"0010"，修改购置日期为"2009-6-8"，如图 10-34 所示。

图 10-34 "新增支票购置"窗口

（4）单击"确定"按钮，系统保存当前录入资料并返回"支票购置"窗口，系统将新增的信息显示在窗口上，如图 10-35 所示。

图 10-35 支票购置记录

若要修改、删除购置记录，单击相应按钮即可。

（5）单击"关闭"按钮返回"支票管理"窗口，可以看到新增成功的购置记录，如图 10-36 所示。

2. 支票领用

例 4：根据表 10-3 中数据，练习支票领用的方法。

（1）在"支票管理"窗口，选中要领用的"支票购置"记录，如图 10-37 所示。

（2）单击工具栏上的"领用"按钮，系统弹出"支票领用"窗口。保持支票号码不变，录入领用日期"2009-6-26"、预计报销日期"2009-6-27"、使用限额"58 000"，获取领用部门"采购部"、领用人"张琴"、领用用途"付货款"，对方单位"华丰机械"，如图 10-38 所示。

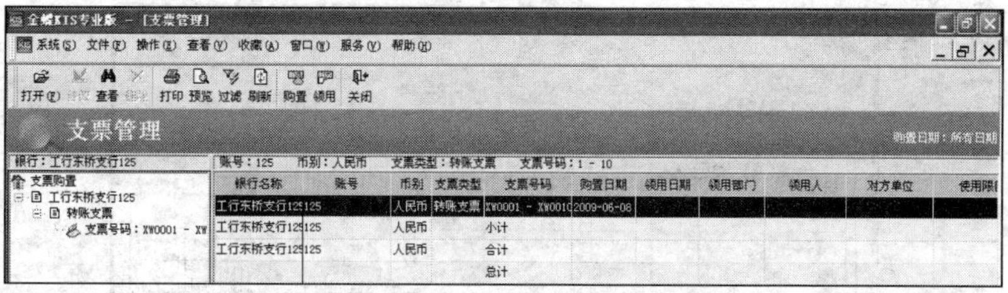

图 10-36 支票成功购置记录

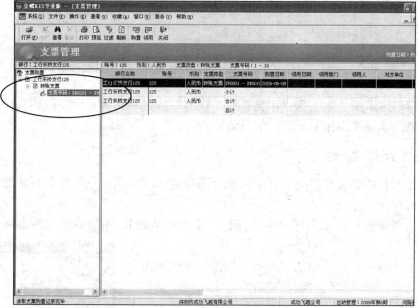

图 10-37 选中要使用的购置记录

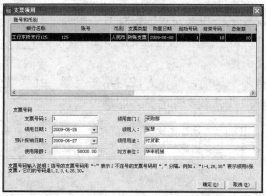

图 10-38 "支票领用"窗口

（3）单击"确定"按钮保存当前领用记录，系统弹出提示窗口。单击"确定"按钮返回"支票管理"窗口，同时在窗口中显示领用的记录。

若要修改、删除领用记录，选中该记录后单击相应工具按钮即可。

3. 支票作废、审核、核销

在"支票管理"窗口，选中要作废、审核、核销的支票记录，例如选中"XW0001"，单击工具栏上的"查看"按钮，系统弹出"支票-查看"窗口，如图 10-39 所示。

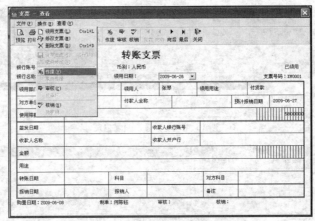

图 10-39 "支票查看"窗口

在查看窗口中单击"作废"、"审核"和"核销"按钮可完成相应功能的操作。若取消相应操作,则单击菜单【操作】下相应的取消功能。

10.2.9 出纳结账

出纳结账的目的是总结当前会计期间资金的经营活动情况。系统结账后才能进入下一会计期间进行日常业务处理。

(1)在主界面窗口,单击【出纳管理】→【出纳结账】,系统弹出"期末结账"窗口,如图 10-40 所示。

(2)选中"结账"项,单击"开始"按钮,系统弹出提示对话框,单击"确定"按钮,稍后"期末结账"窗口将显示结账成功。

"结转未达账"选项是指将本期(包括以前期间转为本期)未勾对的银行存款日记账和未勾对的银行对账单结转到下一期。"结转未达账"的选项必须打上标记,否则将造成下期余额调节表不能平衡。

图 10-40 "期末结账"窗口

系统同时提供"反结账"功能,操作方法与结账类似。在系统弹出"期末结账"窗口中勾选"反结账"选项即可,只有系统管理员才能反过账。

> **注意** 进行反结账时,上期结转的银行存款日记账、银行对账单以及与这些记录进行勾对的银行存款日记账、银行对账单的勾对标志将被取消。结账返回上期后需要重新进行勾对。

10.3 报表

出纳报表包含现金日报表、银行存款日报表、余额调节表和到期预警表等报表。

10.3.1 现金日报表

现金日报表用于查询某日的现金借贷情况。

(1)在主界面窗口,单击【出纳管理】→【现金日报表】,系统弹出"现金日报表"过滤窗口,如图 10-41 所示。

（2）修改日期为要查看的日期，例如修改为"2009-6-1"，单击"确定"按钮，系统进入"现金日报表"窗口，在此窗口进行现金借贷情况的查询，如图10-42所示。

图10-41　"现金日报表"过滤窗口　　　　　　图10-42　"现金日报表"窗口

10.3.2　余额调节表

余额调节表是指在对账完毕后，为检查对账结果是否正确或查询对账结果，系统自动编制的银行存款报表。

（1）在主界面窗口，单击【出纳管理】→【余额调节表】，系统弹出"余额调节表"过滤窗口，可以选择查询"科目"和会计期间，如图10-43所示。

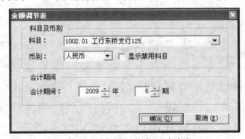

图10-43　"余额调节表"过滤窗口

（2）保持默认查询设置，单击"确定"按钮，系统进入"余额调节表"窗口，如图10-44所示。

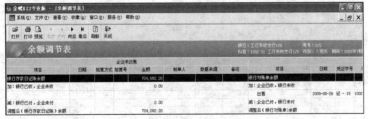

图10-44　"余额调节表"窗口

单击"最前、向前、向后、最后"按钮，切换不同科目进行查询。

银行对账日报表、银行存款日报表、长期未达账和资金头寸表查询方法与前面报表相同。

10.4　习题

（1）现金日记账新增方式有几种？
（2）现金日记账有几种录入格式？
（3）现金日记账在什么功能下处理生成凭证？
（4）银行对账单录入方式有哪几种？
（5）付款票据下的现金支票、转账支票和普通支票可在哪些模块中处理？

第 11 章 业务系统介绍

学习重点

通过本章的学习，了解业务系统所包含的模块，业务系统各模块间的数据传递关系，业务系统中单据的基本使用和各种报表的查询方法。

11.1 概述

业务系统在金蝶 KIS 专业版中是指销售管理、生产管理、采购管理、仓存管理、存货核算和应收应付共 6 大模块。业务系统适合于企业需要同步管理物料动态、即时了解销售订单情况、即时了解生产情况和即时核算材料成本等需求。业务系统即适合于"工业会计人员"使用，同时也适合于各业务部门自行使用，如销售部负责销售管理模块的应用，采购部门负责采购管理模块的应用。业务系统数据传递关系如图 11-1 所示。

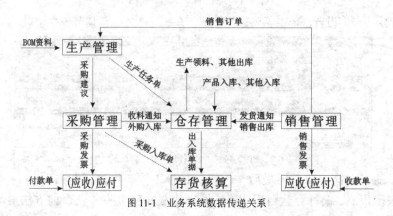

图 11-1 业务系统数据传递关系

- **销售管理系统**：主要负责销售业务的处理，其流程包括销售报价、销售订单、销售出库和销售发票。销售出库单与仓存管理连接使用时，形成数据共享，销售发票传递到"应收应付"中供"收款单"结算处理。可以随时查询、跟踪销售订单执行情况等报表。
- **生产管理系统**：主要负责生产任务的管理和 MRP 计算。在采购建议功能上系统可以根据已审核的"销售订单"和"生产任务单（可以认为是预测单）"，展开 MRP 计算，计算出"采购建议"，以供计划部门使用。生产任务单可以根据 BOM 档案自动展开所需材料和数量。可以随时查询、跟踪生产任务单完工等报表。

- **采购管理系统**：主要负责材料采购业务，接收生产管理系统传递的"采购建议"。也可以手工录入采购订单，根据订单生成采购入库单，由采购入库单生成采购发票以达到正确地核算材料成本的目的。采购发票传递到"应收应付"模块以供"付款单"结算处理。可以随时查询、跟踪采购订单完成情况等报表。
- **仓存管理系统**：主要负责企业物料的管理业务。从采购管理系统接收"采购入库单"，从销售管理系统接收"销售出库单"，从生产管理系统接收"生成领料"，其他物料业务在仓存管理系统中处理，如盘点业务、盘亏盘盈处理等。可以随时查询即时库存情况、库存台账、收发存汇总等报表。
- **存货核算系统**：主要负责物料成本的核算工作。接收从仓存管理系统传递的各种出入库单据，先核算入库成本，最后核算出库成本，从而即时了解企业"库存资金"是否合理。可以随时查询采购成本、销售成本和生产成本等报表。各种出入库单据可以生成凭证后传递到账务处理系统，以供财务人员进行账务核算。
- **应收应付系统**：主要负责企业的收款和付款业务，与采购发票和销售发票即时核销，随时查询往来对账单，即时了解应收账款情况和应付账款情况。业务单据生成凭证后传递到账务处理系统，以供财务人员进行账务核算。

11.2 通用介绍

11.2.1 单据界面通用介绍

在业务系统中，各模块下的单据中项目有所不同，但是基本处理方法类似，具有通用性，所以在本节将简单介绍业务单据界面的基本处理方法。

以"manager"管理员身份登录"KIS 演示账套"，单击【采购管理】→【采购入库】，系统进入"采购入库"单据处理界面，如图 11-2 所示。

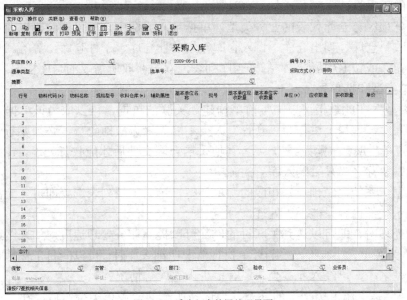

图 11-2 采购入库单据处理界面

> 说明　单据快捷应用方法如下。
> 1．"🔍（查询）"按钮。当该项目可以由"基础资料"档案选择而得到时，可以单击该项目右侧的查询按钮获取，如供应商、客户、仓库、部门和职员等项目。
> 2．"资料"按钮。当该项目可以由"基础资料"档案选择而得到时，可以单击工具栏上的"资料"按钮获取，如供应商、客户、仓库、部门和职员等项目。
> 3．"资料"按钮。当该项目可以由"基础资料"档案选择而得到时，可以按F7功能键获取，如供应商、客户、仓库、部门和职员等项目。

1. 单据日期

新增单据时系统自动显示当前系统日期，用户可对日期进行修改，也可单击下拉按钮，系统弹出日历表供选择，如图11-3所示。但不可以输入已结账期间的日期。

2. 单据编号

每张单据都有唯一的编号，系统默认自动递增方式，系统按照在【基础设置】→【单据设置】中的编码规则自动生成每张单据的编号。当选中"允许手工录入"选项时，单据编号可以手工修改。

图11-3　日历表

3. 供应商或客户

在采购类单据中为"供应商"选项，在销售类单据中为"客户"选项，单据处理为必须录入项目。可以按F7功能键，或单击栏目右侧的"🔍"按钮，或单击工具栏上的"资料"按钮，打开供应商档案或客户档案，选中单据涉及的信息后，双击即可成功获取。

4. 仓库

在出入库单据中，"仓库"选项都是必录项，仓库就类似于银行账号，所有的存款（收料）和取钱"发料"业务都记录在正确的银行账号（仓库）上，从而保证库存台账和流水账等账簿报表的正确性。

为了更好地区分仓库代表的业务类型，单据录入界面中仓库可能会冠以业务说明，比如发货仓库、收料仓库、调出仓库、调入仓库、组装件仓库、子件仓库，等等。单击栏目右侧的"🔍"按钮，或按F7功能键，打开仓库列表，双击获取所需要的仓库档案。

5. 源单类型和选单号

"源单类型"在此是指可以与当前单据建立关联的单据，可以成为该单据来源可查的单据。如采购入库，理论上讲作为"仓管"人员不能无缘无故地收货，必须要看到采购员所下达的"采购订单"或"采购发票"，或者其他采购合同文件后才能收货处理。在此我们把采购订单和采购发票称之为是采购入库单的源单。

每种单据，系统已经预设好相应的源单类型，单击下拉列表选择即可。无源单类型选择的单据，表示全部内容只能手工处理。

在单据处理时，即可以达到关联目的，又可以提高业务处理速度。如采购入库单当选择"采购订单"为源单，在查询"采购订单执行情况明细表"时，可以一目了然地查询到该采购订单的数量是多少，已经入库多少，还有多少未入库等情况。

"选单号"是"源单类型"的补充。当选择所需的"源单类型"后，在"选单号"项按

F7 功能键,或者单击""按钮,获取该源单类型下未完成任务的单据。选中要获取的单据号,双击或单击"返回"按钮返回单据处理界面,系统自动将源单中的信息引入单据中,如物料代码、名称、未完成任务的数量和单价等信息。按住 Shift 键或 Ctrl 键可以连续选中或间接选中要获取的单据。

源单类型和选单号处理窗口,如图 11-4 所示。

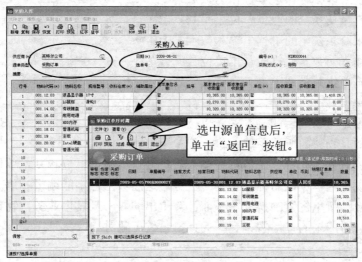

图 11-4 获取源单窗口

> **注意** 源单并非必选项。例如,业务系统从 2009 年 6 月启用,但是现在要接收一批于 2008 年所采购的材料,由于系统中无该源采购订单可关联,所以只能手工录入采购入库单。

6. 选择物料

在所有业务单据中,均需要输入物料,可以选择输入物料的代码或物料名称,系统会根据已输入的部分物料代码或者物料名称进行过滤筛选,并以浮动窗口形式显示,方便用户随时查找和选择,这种形式称为模糊查找,如图 11-5 所示。

图 11-5 模糊查找

可以通过 F7 功能键获取物料档案。

当录入物料代码成功后,物料名称、规格型号和计量单位也同时带出。

7. 基本单位名称、基本单位数量、单位和数量之间的关系

这 4 项内容的关系要从物料的基本资料介绍开始，如图 11-6 所示。

选择物料所属的计量单位组后，同时确定此物料的基本计量单位以及采购、销售、仓库的计量单位，在所有涉及到物料的单据体中，系统会根据设置确定以哪种计量单位作为数量输入单位。例如，采购系统的计量单位不是基本计量单位，在采购系统中的单据里输入数量时，系统会根据输入的数量换算成基本单位数量，并反映在基本单位数量列中。

所有单据的单据体中，都包含这 4 项内容，其中，单位和数量是可以编辑和输入的。单位默认状态下显示的是物料的所属系统单位，但

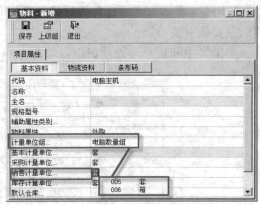

图 11-6 物料单位

可以在录单界面随时修改此单位；数量在输入后，会自动根据单位和基本单位换算出基本单位数量，也就是说，基本单位名称和基本单位数量这两项内容不能编辑和修改，内容是根据单位和数量，以及计量单位组的换算关系而计算得出的。一旦发生业务，物料的基本计量单位不能修改，但物料的采购、销售、仓库的计量单位可随时修改。

8. 币别、汇率

币别是指订单结算时的币别。系统默认为本位币，用户可以采用 F7 功能键进行修改。采购订单和发票可以处理外币核算。销售订单、发票和报价单均可以处理外币核算业务。

汇率即为当前币别的汇率，取自币别基础资料信息，用户可以根据实际情况改为业务发生日汇率。

9. 蓝字、红字

蓝字单据数量为正，红字单据数量为负，它们可以用作互相抵消冲减，也可用来表达账面上的正负关系，主要针对发票类单据和材料出入库类单据。当单击工具栏上"红字"按钮，当前单据处于红字单据处理模式，并且在单据表头显示"红字"字样，如图 11-7 所示。

图 11-7 红字单据

需要切换回蓝字单据时，单击工具栏上的"蓝字"按钮即可。

10. 结算方式、结算日期

结算方式是指订单结算时采用何种处理方式。订单的结算方式可以在被发票引用后直接填入，保持信息的连续跟进，可以采用 F7 功能键获取。

结算日期是指该笔业务结算时的日期，用户手工录入。

11．摘要、备注、地址、开户行等

指该笔业务的辅助性说明，用户通过业务摘要库维护摘要、备注、地址、开户行等信息都是作为单据的辅助性说明，并可以直接在打印单据时选择这些信息。

12．主管、部门、保管、验收、业务员

是指提出该笔单据业务涉及的部门、主管、职员信息。用户可以通使用 F7 功能键或单击"资料"按钮获取。

13．制单、审核、记账、审核日期

这 4 项内容是由系统根据当前单据的编制人、审核人、记账人和日期自动填入，作为记录单据的操作人和操作日期之用。

11.2.2 业务单据操作介绍

1．必录项提示

为了确保单据的完整性和核算性，单据中某些项目应预设为必须录入项目，当保存单据时未录入该项目，系统会弹出相应提示窗口提示录入。必录项目在名称后面都带有"*"符号。

2．单据保存后新增

在单据保存时，系统默认停留在当前编制的单据界面，只有单击工具栏上的"新增"按钮后，系统才进入下一张新单据。为提高单据录入效率，可以在单据制作并保存后，系统立刻进入下一张单据的录入窗口，这适用于连续录单。该控制位于【查看】→【选项】→【保存后立即新增】项下，选中该项，为控制，反之不控制而立即新增。

3．单据可查看的信息数据

在单据录入过程中，可能需要参考很多库存信息和价格信息，用户可以通过"查看"菜单查询当前物料的库存信息，历史价格信息和价格信息等。

4．审核与反审核

"审核"功能是为了再次检查单据内容的正确性。在已保存单据界面，单击工具栏上的"审核"按钮即可，也可以选择菜单【操作】→【审核】项。审核的快捷键为 F4 键。

在"业务基础参数"窗口中，若选中"审核和制单可为同一人"，则操作员本人可以审核自己的单据，反之，审核人和制单人不能为同一人。

已审核后的单据不能修改和删除，若发现审核后的单据有错误时，必须"反审核"后才能修改单据。反审核位于菜单【操作】→【反审核】项下。反审核的快捷键为 Shift+F4 键。

5．删除

"删除"功能是清除当前在账套中的单据。要删除的单据只能是未审核单据。"删除"功能位于"单据序时簿"窗口中，选中要删除的单号，单击菜单【操作】→【删除】，或者单击工具栏上的"删除"按钮即可删除。

删除单据后，系统会将删除单号空置。

6．作废和反作废

为了保证单据编号的连续性，不能因"删除"操作造成单据编码的断号情况，金蝶 KIS 专业版提供了单据的作废和反作废功能。单据保存于未审核状态下，可以执行"作废"操作，单据作废后不参与报表的统计汇总。处理方法是单击菜单【操作】→【作废】，系统会自动作废该张单据,并给予相应提示信息;对已作废的单据则选择【操作】→【反作废】,系统会自动反作废该单据,并给予相应提示。需要说明的是,在当月期间报表汇总时不包括作废单据,同时结账时不检查作废单据是否审核。如果对已结账期间的作废单据进行反作废操作,需要首先更改单据的日期,然后才可以审核并加以使用。

7. 复制单据及批量复制

用户在日常工作中,录入单据的工作量很大,系统提供了复制单据和批量复制单据的功能,这可以最大程度地减少录入单据的工作量。

复制单据的操作方法是,单据编辑界面和单据序时簿查询界面有两个复制单据的功能,在编辑界面的复制是一对一的复制,且复制后还要录入和确认其他无法复制的信息;在序时簿查询界面是多对多的复制,复制后的单据即是一张已完整保存的单据,这就是在编制订单时复制和序时簿里的批量复制的区别。下面介绍一下复制的具体规则。

- 在单据序时簿上只提供整单复制的功能;
- 单据复制时单据号自动顺序递增,即不能复制原单的单据号;
- 复制单据日期和交货日期自动默认为当前系统日期;
- 复制时默认为被复制单据的必录项齐全,不进行必录项的检查;
- 所有的单据,无论被复制单据的状态如何,都可以进行单据复制,且复制后的单据都处于可编辑的状态。审核人、记账人等字段应置为空值,源单据为作废状态的复制后的单据为正常单据;
- 复制相当于手工新增,如果被复制单据是关联生成的,则不复制该单据的源单据号码;
- 在初始化设置中,不提供复制功能;
- 在保存时一旦出现条件不能满足,不能保存时(例如不允许负库存,却出现了负库存),系统中断目前单据的处理,并由用户选择是否继续进行其他单据的复制处理。

8. 单据打印

单据打印是资料的另一种备份形式,在实际业务中也会经常使用到。金蝶 KIS 专业版提供两种打印方式,普通打印和套打打印。

(1)普通打印。

使用普通打印方式时,当前单据项目是否打印需要在【系统工具】→【辅助工具】→【单据自定义】功能下进行设置,如图 11-8 所示。

进入任意一张"采购入库单"界面,不选中菜单【文件】→【使用套打】项,单击"预览"按钮,进入"打印预览"窗口,当前即为普通打印格式,如图 11-9 所示。

(2)套打打印。

套打打印是预先在【系统工具】→【套打工具】→【业务套打】设置好"套打文件",然后在单据界面选中菜单【文件】→【使用套打】,则打印输出时系统按照设置的套打格式输出当前单据。使用套打的优点是格式统一,界面美观。

图 11-8 自定义单据属性设置

图 11-9 普通打印格式

进入任意一张"采购入库单"界面,选中菜单【文件】→【使用套打】项,再单击菜单【文件】→【套打设置】,系统弹出"套打设置"窗口,如图 11-10 所示。

第一次使用时要注册"套打文件"。切换到"注册套打单据"窗口,单击"自动搜索"按钮,系统弹出"请选择套打单据存放路径",双击打开 KIS 专业版安装目录下的"Advance"文件夹,如图 11-11 所示。

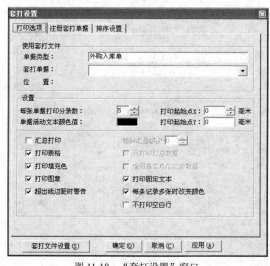

图 11-10 "套打设置"窗口

图 11-11 选择套打单据存放路径

单击"确定"按钮,系统搜索后会将所有找到的套打文件显示在窗口中,如图 11-12 所示。

切换到"打印选项"窗口,单击"套打单据"下拉按钮,系统会把对应的单据显示出来,选中"KIS 外购入库单",取消选中"超出纸边距时警告",如图 11-13 所示。

其中各项解释如下。

- **单据类型**:当前的单据类型名称。
- **套打单据**:选择要使用哪一种套打。因同一种单据类型可以设计多张套打单据格式供选择。
- **每张单据打印分录数**:设置打印时每张单据体要打印的行数。例如,现设置为"5"行,当单据中有 6 行记录时,则分两页打印,第二页的其他 4 行以空白表格打印。
- **单据活动文本颜色值**:设置活动文本的颜色。
- **每条记录多张时改变颜色**:选中该项,当每条记录多张时改变颜色输出。

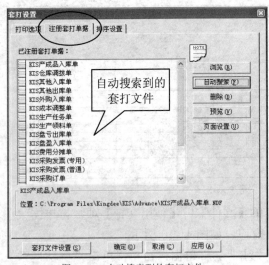
图 11-12　自动搜索到的套打文件

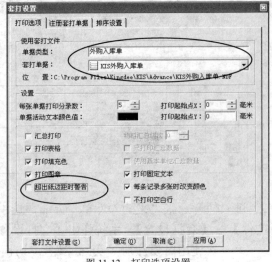
图 11-13　打印选项设置

● **套打文件设置**：单击该按钮，可以进入"套打设计工具"功能进行套打文件的新增和修改等操作。

单击"确定"按钮保存设置并返回编辑单据窗口，再单击"预览"按钮，系统进入"打印预览"窗口。当前看到的即为使用套打格式的效果，如图 11-14 所示。

外购入库单

供应商：英特尔公司　　　　　日期：2009-03-01　　　　　编号：WIN000002

源单单号	物料编码	物料名称	规格型号	收料仓库	批号	单位	数量		备注
							应收	实收	
	001.12.01	液晶显示器	21寸	成品1号仓		套		10.00	
	001.12.02	液晶显示器	19寸	成品1号仓		套		10.00	
	001.12.03	液晶显示器	17寸	成品1号仓		套		10.00	
	001.12.04	液晶显示器	15寸	成品1号仓		套		10.00	
	001.12.05	液晶显示器	12寸	成品1号仓		套		10.00	

审核：宋超　　　　记账：　　　　验收：杜杰　　　　保管：杜杰　　　　制单：杜杰

图 11-14　套打格式效果图

11.2.3　序时簿查询操作说明

序时簿在业务系统中应用最广泛，类似流水账簿。如采购订单有采购订单序时簿，采购入库单有采购入库单序时簿，销售出库单有销售出库单序时簿。使用序时簿的重点是查询条件的设置，只有设置好正确的条件才能查询所需要的单据序时簿。

例 1：查询"采购入库单序时簿"。

（1）在主界面窗口，单击【采购管理】→【采购入库单序时簿】，系统弹出"过滤"窗口，如图 11-15 所示。

● **条件选项卡**。

232

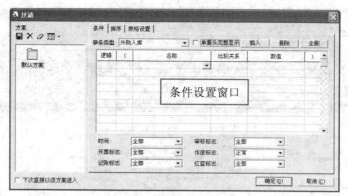

图 11-15 序时簿查询过滤窗口

——**事务类型**：选择要查询的单据类型名称。如在查询仓存管理中的"入库类序时簿"时使用。

——**单据头完整显示**：选中该项，所显示的序时簿中每一条记录都显示详细的单据头信息，反之，则一张单据的显示中只首行显示单据头信息。

——**插入、删除、全删**：删除过滤条件记录。

——**条件设置窗口**：设置详细的过滤条件，如单据日期大于、等于、包含的某某日期范围，供应商等于某某，或者制单人等于某某的详细过滤条件。

——**时间**：条件窗口未设置过滤条件时，选择"当天"，则只显示当前系统日期的单据；选择"本周"，则只显示当前系统日期所在周的单据；选择"本期"，则只显示当前系统日期所在月的单据；选择"全部"，则只显示当前全部日期的单据。

——**开票标志、记账标志、审核标志、作废标志、红蓝标志**：都有 3 个选项，可以自由组合选择，默认为显示"全部"单据。

● **排序选项卡**。

排序选项卡设置当显示序时簿数据时，按照什么字段排序，默认为"单据编号"排序。

● **表格设置选项卡**。

表格设置选项卡是设置所显示的数据项目列是否显示，所处顺序和对齐方式，如图 11-16 所示。

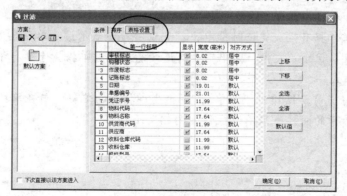

图 11-16 表格设置窗口

当过滤条件设置好后，可以保存为一个方案以供下次使用。

（2）在"条件"选项卡中，选中"时间"下的"全部"项，其他保持默认值，单击"确定"按钮，系统进入"采购入库单序时簿"窗口，如图 11-17 所示。

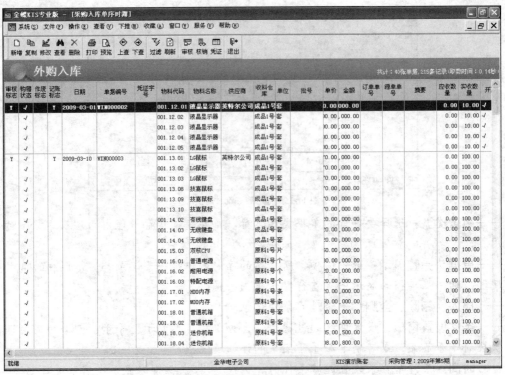

图 11-17 "采购入库单序时簿"窗口

其中各项解释如下。
- 新增：单击"新增"按钮，系统进入一张空白单据以供录入数据。
- 复制：对选中的单据复制生成一张新的单据。
- 修改：选中要修改的单据，单击"修改"按钮，进入单据编辑界面，修改相应内容后，再单击"保存"按钮保存修改内容。要修改的单据必须未审核。
- 过滤：重新弹出"过滤"窗口，设置条件后，再查询满足条件的单据。
- 刷新：重新根本设置条件显示序时簿数据。
- 审核：审核选中的单据。
- 凭证：若单据有生成凭证时，单击"凭证"按钮显示该张单据生成的凭证信息。
- 单据打印：位于"文件"菜单下，有连续套打所选单据、连续打印所选单据和合并打印所选单据等方式。
- 下推：将当前单据作为"源单"，下推生成相应的单据。与在单据处理窗口，选择源单类型和选单号目的同样，只不过操作方向相反而已。

11.3 习题

（1）画出业务系统数据传递关系图。
（2）获取基础档案有哪几种方法？
（3）单据中的源单是否为必选项？
（4）反审核快捷键是什么？

chapter 12

第 12 章 销售管理

学习重点

通过本章的学习，了解销售管理模块的功能、销售管理操作流程、各种销售单据的处理方法和意义，以及销售订单执行情况表的查询和各种销售报表的查询。

12.1 概述

销售是企业生产经营成果的实现过程，是企业经营活动的中心。金蝶 KIS 专业版的销售管理系统提供了报价、订货、发货及开票的完整销售流程，同时可对销售价格和折扣进行实时监控。

由销售而生成的应收账款经过应收应付系统处理后，成为企业的收入来源。对于以销订产的生产型企业，销售订单也成为企业的物料需求计划、原材料采购和生产计划的重要指标。对于贸易性企业，销售订单（或销售预测）是采购部门进行采购订单的重要依据。

在主界面窗口，单击"销售管理"项，切换到销售管理功能界面，如图 12-1 所示。

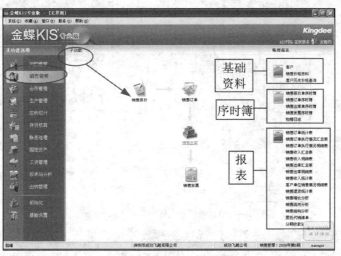

图 12-1 销售管理功能界面

- **子功能**：显示当前销售情况下可以处理的单据类型。
- **基础资料**：快速进行基础资料管理。功能与"基础设置"中的功能相同。
- **序时簿**：查询相应单据的序时簿情况。
- **报表**：查询、分析和销售情况。

1. 销售管理系统数据流向（如图 12-2 所示）

● **采购建议**：采购建议位于"生产管理"系统下，采购建议可以选定已审核的销售订单，根据销售订单中所销售的产品 BOM 档案展开计算所需要的采购物料，生成采购建议以供计划部门参考。同时可以由采购建议直接生成采购订单。

● **仓存管理**：为销售管理系统提供即时库存信息。同时销售管理中的"销售出库"等同于仓存管理的"销售出库"功能。

● **应收应付**：销售管理中的销售发票传递到"应收应付"系统中，以供"收款单"收款时使用。

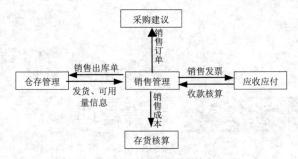

图 12-2 销售管理数据流向

● **存货核算**：销售出库单传递到存货核算计算出库成本，然后生成相关凭证传递到"财务处理"系统，以供财务核算时使用。

销售管理系统可以单独使用，这样只能管理基本的销售操作。也可以与其他系统结合运用，这样能提供更完整、全面的企业物流业务流程管理和财务管理信息。

2. 销售管理系统每期的操作流程

销售管理系统的新、老用户操作流程如图 12-3 所示。

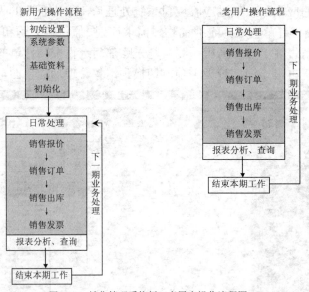

图 12-3 销售管理系统新、老用户操作流程图

新使用销售管理系统时，必须要进行系统参数设置、录入基础资料和录入初始化数据之后，才能进行日常的单据处理和报表查询工作。初始设置工作请参照第 4 章和第 5 章的内容。

12.2 日常业务处理

日常业务处理包括各种销售单据的录入、查询和修改等操作，以及根据录入的各种单据，查询相关报表，以对企业的销售状况做出预测和分析处理。

12.2.1 销售报价单

销售报价单是指处理前期与客户沟通的价格信息录入系统中，以供后期实际发生销售业务时引用和参考。销售报价单可以按不同数量段进行报价，在被销售订单引用时，系统根据所录入的销售数量获取销售报价的价格资料。

例1：2009-6-1 录入深圳科林报价单，订购 3.01 蓝色圆珠笔，当数量为 1 000～2 000 支范围内时，单价为 10 元/支，当数量为 2 000～5 000 支范围内时，单价为 9 元/支。

（1）为体现各尽其责的功能，以"郝达"登录"成功飞越公司"账套为例，单击【销售管理】→【销售报价单】，系统进入"销售报价单"录入窗口，如图 12-4 所示。

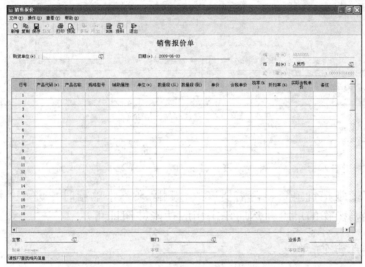

图 12-4 "销售报价单"录入窗口

（2）购货单位为单击" （查询）"按钮，或者按 F7 功能键，系统弹出客户档案窗口，双击获取"01 深圳科林"档案，日期为"2009-06-1"，币别为"人民币"。

（3）在第一条分录产品代码处录入"3"，系统显示所有含有"3"代码的物料信息，如图 12-5 所示。

图 12-5 物料模糊显示

（4）选中"3.01-圆珠笔-蓝色"，数量段（从）录入"1 000"，数量段（到）录入"2 000"，含税单价录入"10"；第二条分录产品代码同样录入"3.01-圆珠笔-蓝色"，数量段（从）录入"2 000"，数量段（到）录入"5 000"，含税单价录入"9"。

（5）部门获取"销售部"，业务员获取"郝达"，单击"保存"按钮保存单据，单击"审核"按钮审核当前报价单。审核成功的窗口如图 12-6 所示。

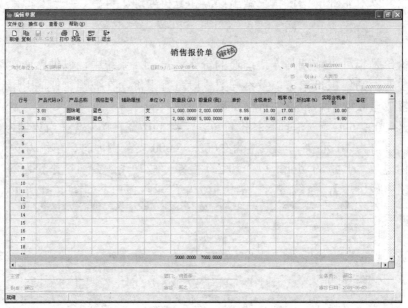

图 12-6　录入成功的报价单

> **注意**　当录入"购货单位"后，单击菜单【查看】→【价格资料查询】项，系统弹出"价格方案"窗口，以供用户选择价格资料，但该价格资料需要在基础资料中设置。

当系统中有多张报价单资料，需要修改、删除某一张单据时，进入"销售报价单序时簿"窗口，选中要操作的单据，然后单击相应功能按钮即可。

12.2.2　销售订单

销售订单的下达表示相关的销售报价单客户已经确认，客户根据市场需要下达采购订单到企业，作为要求订购产品的依据，而企业则称该客户的采购订单为销售订单。企业需要将销售订单传递到各相关部门，各部门根据接收到的销售订单信息，准备好生产和发货工作。

销售订单可以由源单"销售报价单"关联生成，也可以不关联任何单据，以手工方式新增。

例 2：2009-6-2 收到深圳科林公司的采购订单，订购 3.01 蓝色圆珠笔 4 000 支，录入该张销售订单。

（1）在主界面窗口，单击【销售管理】→【销售订单】，系统进入"销售订单"录入窗口，如图 12-7 所示。

（2）在购货单位录入"01"，源单类型选择"销售报价单"。光标移动到"选单号"项，按 F7 功能键，系统弹出"过滤"窗口，时间选择"全部"，如图 12-8 所示。

（3）单击"确定"按钮进入"销售报价单序时簿"窗口，选中"AQ000001"单，选中第二行 2 000~5 000 报价记录，如图 12-9 所示。

（4）选中第二行 2 000~5 000 报价记录，单击"返回"按钮，返回"销售订单"窗口，并且将获取成功的信息显示在窗口中。在此窗口将数量录入"4 000"，交货日期修改为"2009-6-3"，录入结算日期，结算方式和交货方式及地址等，如图 12-10 所示。

第 12 章 销售管理

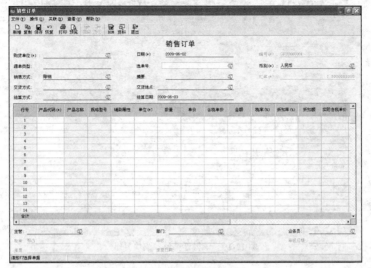

图 12-7 销售订单录入窗口

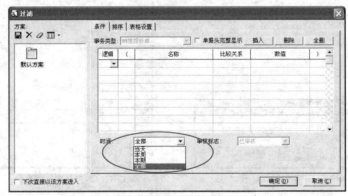

图 12-8 "过滤"窗口

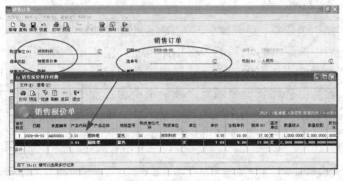

图 12-9 获取源单号

（5）单击"保存"按钮保存当前销售订单，稍后系统弹出"此客户超出信用额度，是否继续保存？"提示，如图 12-11 所示。

弹出该提示是客户档案中的"信用额度"产生控制的效果。信用额度设置窗口如图 12-12 所示。在此重点练习单据处理方法，不进行信用额度控制。

（6）单击"是"按钮保存当前销售订单，单击"审核"按钮审核该张销售订单。

239

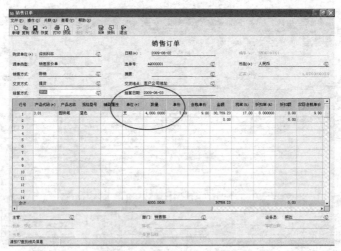

图 12-10 销售订单录入成功窗口

图 12-11 超出信用提示

图 12-12 客户信用额度窗口

12.2.3 销售出库单

销售出库单也就是送货单,是仓库管理员接收到销售部发货通知后,确认仓库有该产品,并且库存数量符合销售部需求时填写的一张出库单据。销售出库单有两种,一种是蓝字出库单;另一种是红字出库单,红字出库单是蓝字出库单的反向单据,代表物料的退回。

销售出库单一般是由仓库管理员填写,然后由销售部业务员签字后才能从仓库发货。金蝶 KIS 专业版中的销售出库单有两个模块可以录入,一个是在【销售管理】→【销售出库】中录入,另一个是在【仓存管理】→【销售出库】中录入。

> **注意** 销售出库单由谁制单、谁负责表审核及谁领料等,这是关于业务权限的问题,与是否在销售管理下填写出库单,或在仓存管理下填写出库单没有关系。

销售出库单可以由源单销售订单、销售发票等单据关联生成,也可以不关联任何单据,以手工方式新增。

例 3:2009-6-3 销售发货深圳科林的 3 000 支 3.01 蓝色圆珠笔为例进行介绍。

(1)以仓管员"王平"身份登录账套,单击【销售管理】→【销售出库】功能,系统进入"销售出库单"录入窗口,如图 12-13 所示。

图 12-13 "销售出库单"录入窗口

（2）在购货单位处录入"01"，源单类型选择"销售订单"。将光标移到"选单号"处，按 F7 功能键，获取"01 深圳科林"的所有销售订单序时簿，如图 12-14 所示。

图 12-14 销售订单序时簿

（3）选中"SEORD000001"号销售订单，单击"返回"按钮，返回"发货通知单"录入窗口，此时注意窗口的变化。实发数量修改为"300"，在发货仓库处按 F7 功能键获取"03 成品仓"，其他项保持默认值，录入成功的窗口如图 12-15 所示。

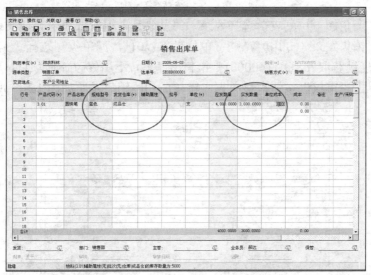

图 12-15 "销售出库单"录入成功窗口

（4）单击"保存"按钮保存销售出库单，单击"审核"按钮审核当前的销售出库单。

> **注意** 销售出库单中的单位成本是指材料出库成本价,该价格是"存货核算"计算材料出库成本后自动返写回该位置。在实际打印"销售出库单"时一定要注意哪些项目可以让客户看到,哪些不能让客户看到,然后根据要求再详细设置打印格式。

12.2.4 销售发票

销售发票是客户应收账款的依据,金蝶 KIS 专业版提供可以处理销售专用发票(增值税发票)和普通发票的功能。为了保证应收账款的正确性和对账务达到监督要求,销售发票通常是由财务部"往来会计"负责处理。

销售发票可以由源单销售订单、销售出库单单据关联生成,也可以不关联任何单据,以手工方式新增。

例 4:根据 2009-6-3 销售发货深圳科林的 3 000 支 3.01 蓝色圆珠笔的销售出库单来生成销售发票。

(1)以"何陈钰"身份登录账套,单击【销售管理】→【销售发票】,系统进入"销售发票"录入窗口,如图 12-16 所示。

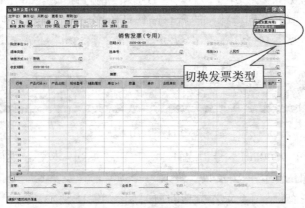

图 12-16 "销售发票"录入窗口

单击窗口右上角的下拉列表,选择要录入的发票是专用发票还是普通发票。

(2)选择"销售发票(专用)",购货单位录入"01",源单类型选择"销售出库单",选单号处按 F7 功能键获取"XOUT000001"销售出库单,不用修改任何项目,单击"保存"按钮保存单据,单击"审核"按钮审核单据,审核成功的销售发票如图 12-17 所示。

图 12-17 审核成功的销售发票

在实际销售结算中,结算销售价格可能会更改,所以在"销售发票"中的含税单价和税率等项目,如有变动时,以实际与客户协商签字的数据进行修改。

12.2.5 钩稽与反钩稽

销售发票的钩稽主要是指发票与销售出库单的钩稽。对于分期收款和委托代销方式的销售发票只有钩稽后才允许生成凭证,且无论是本期或以前期间的发票,钩稽后都作为钩稽当期发票来计算收入;对于现销和赊销发票,钩稽的主要作用就是进行收入和成本的匹配确认,对于记账没有什么影响。

销售发票的钩稽、反钩稽的处理有两种操作方法:一种是在已审核的发票单据界面,使用钩稽和反钩稽功能进行操作;另一种是在发票序时簿上,进行发票的钩稽、反钩稽操作。

销售发票可以进行钩稽的条件是,发票必须为已经过业务审核、未完全钩稽的发票。

销售发票与出库单钩稽的判断条件是,在供应链系统中,一张销售发票可以与多张销售出库单钩稽,多张发票也可以与一张销售出库单钩稽。同样的,多张销售发票可以与多张销售出库单钩稽。两者钩稽的判断条件包括:

- 客户必须一致;
- 销售方式的判断是,分期收款销售、委托代销、受托代销、零售的发票必须和相同销售方式的出库单钩稽,现销和赊销两种方式之间可以混合钩稽;
- 单据状态必须是已审核且未完全钩稽(即钩稽状态是未钩稽或者是部分钩稽);
- 两者单据日期必须为以前期间或当期;
- 两者的物料、辅助属性以及钩稽数量必须一致。

在此介绍在"发票序时簿"窗口进行钩稽的操作方法。为了有效练习钩稽操作,录入下面两张单据,一张为2009-6-3将深圳科林剩余的1 000支蓝色圆珠笔发货,源单选择相应"销售订单"。另一张为2009-6-4手工录入销售专用发票,不能选择"源单",深圳科林1 000支蓝色圆珠笔单价9元的销售发票。操作步骤如下。

(1)以"王平"身份登录账套,在主界面窗口,单击【销售管理】→【销售出库】,系统进入"销售出库单"界面。购货单位录入"01",源单类型选择"销售订单",选单号获取"SEORD000001",在实发数量栏系统自动将未发货的数量显示出来,发货仓库获取"成品仓",保存并审核当前销售出库单,如图12-18所示。

(2)以"何陈钰"身份登录账套,单击【销售管理】→【销售发票】,系统进入"销售发票"编辑窗口。购货单位录入"01",产品代码录入"3.01",数量1 000,含税单价录入9元,其他项保持默认值,保存并审核当前销售发票,如图12-19所示。

(3)钩稽操作。单击【销售管理】→【销售发票序时簿】,系统弹出"过滤"窗口。单击"事务类型",选择"销售发票",表示要查询所有销售发票,时间选择"全部",如图12-20所示。

(4)单击"确定"按钮,系统进入"销售发票序时簿"窗口。选中"ZSEFP000001"号专用发票,单击工具栏上的"钩稽"按钮,稍后系统弹出钩稽成功提示窗口,并且在"钩稽"列打上"勾",表示钩稽成功,如图12-21所示。

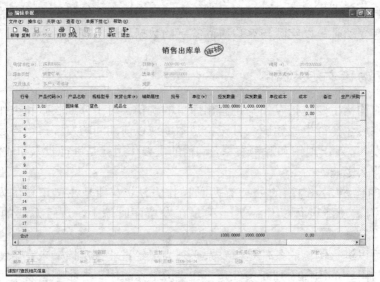

图 12-18 审核成功销售出库单

图 12-19 审核成功销售发票

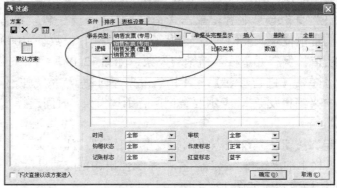

图 12-20 "过滤"窗口

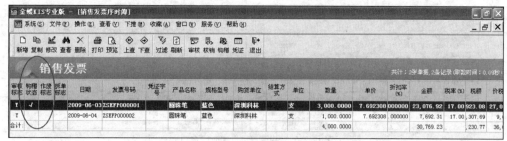

图 12-21 钩稽成功

在此处能钩稽成功的原因是：该张发票由源单"销售出库单"关联生成，并且销售发票上的数量与销售出库单上的数量一致，所以自动钩稽成功。

若要取消钩稽，则选中要取消钩稽的发票，单击菜单【操作】→【反钩稽】项即可。

（5）钩稽"ZSEFP000002"发票。选中"ZSEFP000002"号发票，单击"钩稽"按钮，系统进入"销售发票钩稽"窗口，如图 12-22 所示。

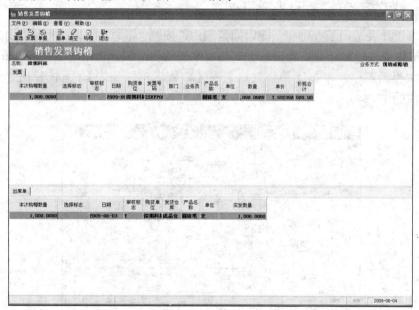

图 12-22 "销售发票钩稽"窗口

窗口上部显示"发票"数据，窗口下部显示"出库单"数据。

系统进入该窗口是因为该销售发票采用手工方式录入，没有与销售出库单关联，所以才进入"钩稽"窗口。单击菜单【文件】→【显示隐藏列】，可以设置显示项目。

（6）单击发票中的记录，在"选择标志"处打勾，表示选中，然后单击"出库单记录"项，选中出库单。单击"钩稽"按钮，系统稍后弹出钩稽成功提示，并且将已经钩稽的记录隐藏。

要查询钩稽情况，可以在主界面窗口，单击【销售管理】→【钩稽日志】，系统弹出"过滤"窗口。时间选择"全部"，排序以"钩稽序号"，单击"确定"按钮，系统进入"钩稽日志"序时簿，如图 12-23 所示。

在序时簿窗口中可以查看到是某某发票与某某出库单进行钩稽。单击"反钩"按钮，可以进行反钩稽操作。

图 12-23 "钩稽日志"序时簿窗口

12.3 销售账簿报表

金蝶 KIS 专业版为用户提供了丰富的销售报表，其中包括销售订单统计表、销售订单执行情况汇总表、销售订单执行情况明细表、销售收入汇总表、销售收入明细表等多种报表。

12.3.1 销售订单统计表

销售订单统计表是用于查询在一定时间范围内，按照"汇总"字段进行销售订单统计的报表，以方便销售管理层和企业高管层从全局角度掌握销售情况，为下一轮销售做好决策分析。

（1）在主界面窗口，单击【销售管理】→【销售订单统计表】，系统弹出"过滤"条件设置窗口，如图 12-24 所示。

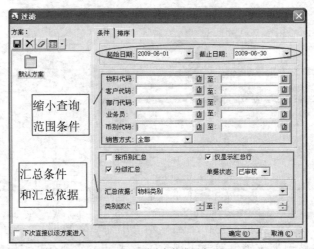

图 12-24 过滤条件设置窗口

在"过滤"窗口中可以查询要统计单据的时间范围，物料代码范围和客户代码范围等详细条件。在"汇总依据"条件中可以选择是按照物料类别汇总，或者按照客户分类汇总，还是按照业务员分类汇总等条件。

（2）将时间范围修改为 2009-6-1～2009-6-30，汇总依据选择"物料类别"，其他项保持默认设置，单击"确定"按钮，系统进入"销售订单统计表"窗口，如图 12-25 所示。

通过选择"物料类别"为汇总依据时，可以查找到不同物料类别在一定时间范围内的销售情况，为以后生产该类产品做好准备。

图 12-25　物料类别销售订单统计表窗口

（3）单击"过滤"按钮，汇总依据选择"客户"。单击"确定"按钮，系统进入"销售订单统计表"窗口，如图 12-26 所示。

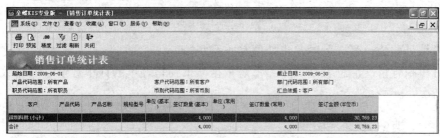

图 12-26　客户"销售订单统计表"窗口

通过选择"客户"为汇总依据时，可以查找到不同客户在一定时间范围内的销售情况，为以后销售策略、销售折扣等提前做好准备。

（4）单击"过滤"按钮，汇总依据选择"业务员"。单击"确定"按钮，系统进入"销售订单统计表"窗口，如图 12-27 所示。

图 12-27　业务员"销售订单统计表"窗口

通过选择"业务员"为汇总依据时，可以查找到不同业务员在一定时间范围内的销售情况，可以即时了解各业务员的销售业绩情况。

从以上三种汇总依据查询看出，查询报表的重点是各种条件的设置。

12.3.2　销售订单执行情况明细表

销售订单执行情况明细表是指查询在一定时间范围内，满足查询条件的"销售订单"执行的明细情况，如客户什么日期下达的订单，订购何种产品，要求什么时间交货，已经交货多少，已经交货几批，还有多少数量未交货等。通过查询销售订单执行明细表，可以方便业务员、销售部管理员、计划部和企业高层即时了解销售订单执行情况。

在主界面窗口，单击【销售管理】→【销售订单执行情况明细表】，系统弹出"过滤"窗口。将时间范围修改为2009-6-1～2009-6-30，其他项保持默认设置，单击"确定"按钮，系统进入"销售订单执行情况明细表"窗口，如图12-28所示。

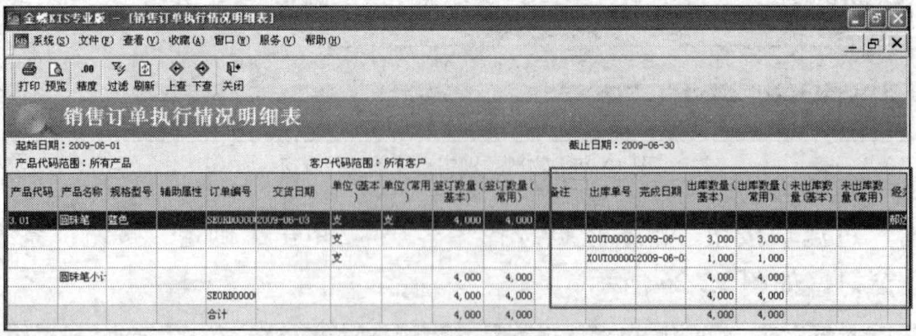

图12-28 "销售订单执行情况明细表"窗口

图中方框处即为该张订单的发货情况和未交货情况。

销售订单执行情况汇总表是反应"汇总依据"下销售订单的订单数量、发货数量和未交货数量等情况。

12.3.3 销售收入明细表

销售收入明细表是反应在一定时间范围内，已经开出的销售发票明细情况。可以供销售部管理员、业务员、财务部和企业高层即时了解该时间范围内的销售收入情况。

在主界面窗口，单击【销售管理】→【销售收入明细表】，系统弹出"过滤"窗口。将时间范围修改为2009-6-1～2009-6-30，其他项保持默认设置，单击"确定"按钮，系统进入"销售收入明细表"窗口，如图12-29所示。

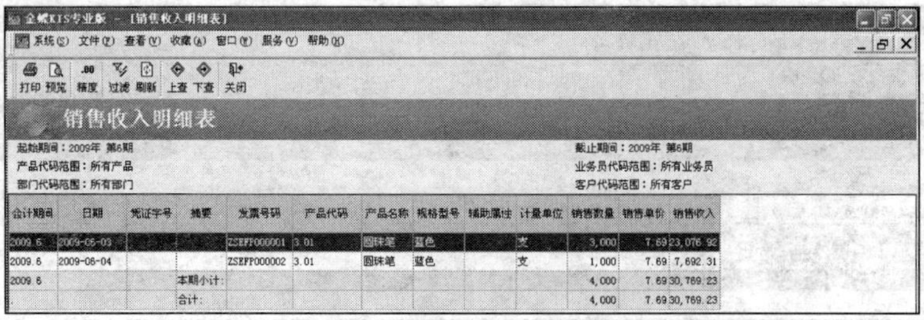

图12-29 "销售收入明细表"窗口

销售收入汇总表是反应"汇总依据"下销售收入汇总情况的。

其他销售报表的使用方法可以参照前面几张报表。在报表查询过程中，一定要多留意"过滤"窗口中有哪些条件，在时间允许的情况下，最好对每一条件进行测试，以便更多地了解销售报表的功能和实际企业业务中的作用。

12.4 习题

（1）画出销售管理系统数据流向图。
（2）在销售单据中如何查看客户价格？

第 13 章 采购管理

学习重点

通过本章的学习，了解采购管理模块功能、采购管理操作流程、各种采购单据的处理方法和意义，以及采购订单执行情况表的查询和各种采购报表的查询。

13.1 概述

采购是企业实现生产经营的过程，只有正确地采购物料，才能保证正常的生产活动，并且通过各种账表分析能有效地控制采购成本。金蝶 KIS 专业版的"采购管理"功能提供了订货、收货及开票的完整采购流程，可对采购价格进行实时监控。

采购管理系统既可以单独使用，又能与生产管理、库存管理、销售管理、存货核算和应收应付管理集成使用，提供完整的业务和财务流程处理。

在主界面窗口，单击"采购管理"项，切换到采购管理功能界面，如图 13-1 所示。

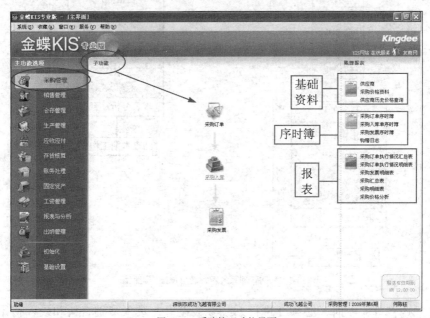

图 13-1 采购管理功能界面

- **子功能**：显示当前采购管理下可以处理的单据类型。

- **基础资料**：快速进行基础资料的管理。该功能与"基础设置"中的功能相同。
- **序时簿**：查询相应单据的序时簿情况。
- **报表**：查询、分析和采购情况。

1. 采购管理系统数据流向（如图 13-2 所示）

- **生产管理**：生产管理下的采购建议可以选定已审核的销售订单或者已审核的生产任务单，并根据产品 BOM 档案展开计算所需要的采购物料，生成采购建议以供计划部门参考。也可以由采购建议直接生成采购订单。
- **仓存管理**：为采购管理系统提供即时库存信息。采购管理中的"采购入库"功能等同于仓存管理的"外购入库"功能。
- **应收应付**：采购管理中的采购发票传递到"应收应付"系统中，以供"付款单"付款时使用。

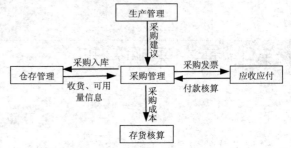

图 13-2 采购管理数据流向

- **存货核算**：采购入库单与采购发票钩稽后传递到存货核算系统计算入库，以供材料计算出库成本使用。相关单据可以生成凭证传递到"财务处理"系统，以供财务核算时使用。

采购管理系统可以单独使用，这样只能管理基本的采购操作。也可以与其他系统结合使用，这样能提供更完整、更全面的企业物流业务流程管理信息和财务管理信息。

2. 采购管理系统每期的操作流程

采购管理系统新、老用户的操作流程如图 13-3 所示。

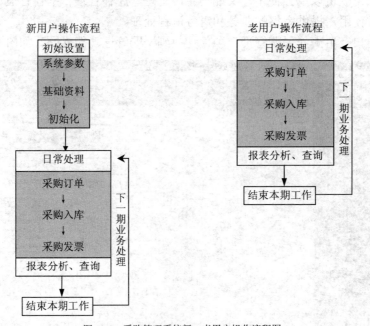

图 13-3 采购管理系统新、老用户操作流程图

新使用采购管理系统时，必须要进行系统参数设置、录入基础资料和录入初始化数据之后，才能进行日常的单据处理和报表查询工作。初始设置工作请参照第 4 章和第 5 章的内容。

13.2 日常业务处理

基础资料、初始化设置和系统设置完成后，可以进行日常的业务处理。日常业务处理包括各种采购单据录入、查询和修改等操作。查询相关报表，以对企业的采购情况做出分析和预算处理。

13.2.1 采购订单

采购订单是指企业要采购材料时向供应商下达的订单，该订单中的信息通常都传递到各相关部门。如仓库部门凭采购订单收货，当接收货物料时在对应采购订单名称规格不符时，就可以拒绝收货，以做到不收"来路不明"的货物，避免造成公司的损失。采购订单传递到财务部门时，则应付会计根据订单上的采购单价与供应商进行对账处理和挂应付账款。

采购订单可以手工录入，也可以"参照 BOM"生成，还可以由"生产管理"系统下的"采购建议"功能计算生成。

▊ 例 1 ：2009-6-4 向东星文化公司采购蓝色笔芯 1 000 支做为库存，含税单价 1 元/每支，要求当天到货。以手工方式录入该张采购订单。

（1）以"张琴"身份登录"成功飞越公司"账套，单击【采购管理】→【采购订单】，系统进入"采购订单"单据录入窗口，如图 13-4 所示。

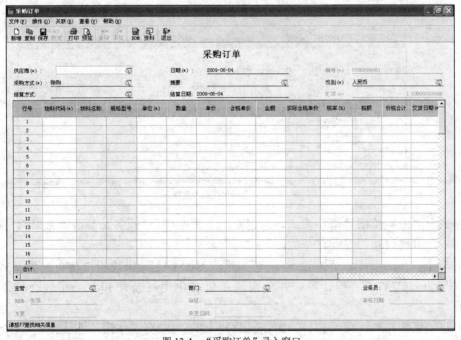

图 13-4 "采购订单"录入窗口

（2）供应商处录入"01"，系统自动获取"深圳东星文化用品公司"，物料代码处录入"1"，系统弹出包含所有"1"代码的物料档案，如图 13-5 所示。

图 13-5 含 "1" 代码的物料档案

(3) 物料代码选择 "1.01 笔芯-蓝色", 数量录入 "1 000", 这时单价自动填写。这是因为深圳东星文化用品公司在系统中已经预设了采购 "1.01 笔芯-蓝色" 的价格, 单击菜单【查看】→【采购价格查询】, 系统弹出 "采购价格管理" 窗口, 如图 13-6 所示。

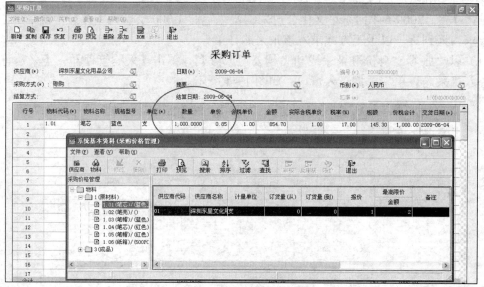

图 13-6 "采购价格管理" 窗口

(4) 退出 "采购价格管理" 窗口, 部门获取 "采购部", 业务员获取 "张琴", 保存并审核采购订单, 审核成功的采购订单如图 13-7 所示。

例 2: 2009-6-4 以 "3.02 圆珠笔-红色" BOM 档案和数量 2 000 支为基础, 使用 "BOM 关联" 方式生成采购订单, 并分别向东星文化用品公司和专一塑胶公司下达相应的采购订单。

(1) 在 "采购订单" 新增窗口, 单击工具栏上的 "BOM" 按钮, 系统弹出 "BOM 关联生成" 窗口, 如图 13-8 所示。

(2) 单击 "添加 BOM" 按钮, 系统弹出已经设置 BOM 档案的物料档案, 获取 "3.02 圆珠笔-红色" 物料, 数量录入 "2 000", 如图 13-9 所示。

第13章 采购管理

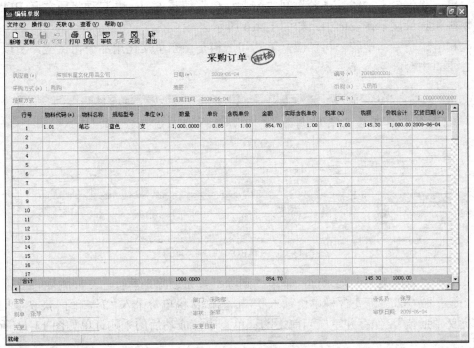

图 13-7 审核成功的采购订单

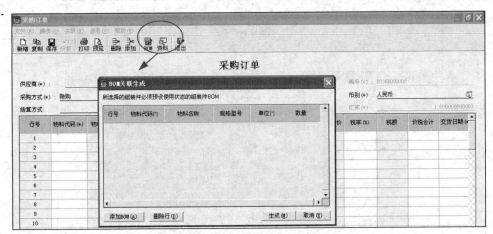

图 13-8 "BOM 关联生成"窗口

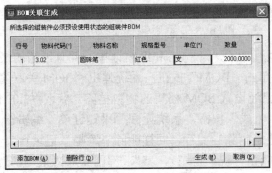

图 13-9 获取 BOM 物料并录入数量

（3）单击"生成"按钮，系统返回"采购订单"编辑窗口，并自动将所关联 BOM 生成的采购物料和数量显示在表体中，如图 13-10 所示。

笔壳和笔帽是专一塑胶公司供应，笔芯和纸箱是由东星文化用品公司供应，所以，需要删除不必要的物料。

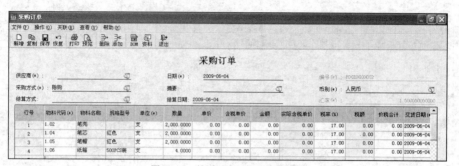

图 13-10 关联 BOM 生成采购信息

（4）单击"1.04 笔芯"记录行，单击"删除"按钮删除当前行。同样删除"纸箱"记录行，供应商录入"02"，笔壳含税单价录入"3"，笔帽含税单价录入"2"，部门获取"采购部"，业务员获取"张琴"，保存并审核当前采购订单。审核成功后的采购订单如图 13-11 所示。

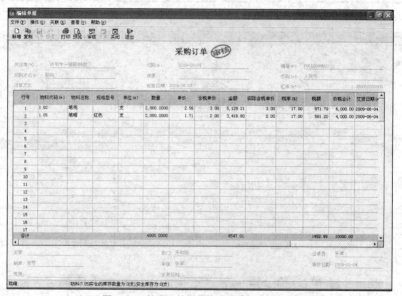

图 13-11 笔壳、笔帽审核成功后的采购订单

（5）继续向东星文化用品公司下笔芯和纸箱订单，并且纸箱的最低订购量为 50 支。在"采购订单"新增窗口，单击"BOM"按钮，系统弹出"BOM 关联生成"窗口，单击"添加 BOM"按钮，系统弹出已经设置 BOM 档案的物料档案。获取"3.02 圆珠笔-红色"物料，数量录入"2 000"，单击"生成"按钮，系统返回"采购订单"编辑窗口。单击"1.02 笔壳"记录行，单击"删除"按钮删除当前行，同样删除"笔帽"记录行。供应商录入"01"，笔芯含税单价录入"1.20"，纸箱含税单价录入"5"，部门获取"采购部"，业务员获取"张琴"，保存并审核当前采购订单。审核成功后的采购订单如图 13-12 所示。

图 13-12　笔芯、纸箱审核成功后的采购订单

13.2.2　采购入库

采购入库单是在仓库管理员接收到采购来料通知,并点查来料实物后填写的一张材料入库单据。采购入库单有两种,一种是蓝字入库单,另一种是红字入库单,红字入库单是蓝字入库单的反向单据,代表物料的退回。

采购入库单一般是由仓库管理员填写。金蝶KIS专业版中的采购入库单有两个模块可以录入,一个是在【采购管理】→【采购入库】功能中录入,另一个是在【仓存管理】→【外购入库单】中录入。

> **注意**　采购入库单由谁制单、谁审核、谁领料等,这是关于业务权限的问题,与是否在采购管理下填写入库单,还是在仓存管理下填写入库单没有关系。

例3：将前面所录入的3张采购订单做采购入库处理。

（1）单击【采购管理】→【采购入库】功能,系统进入"采购入库单"录入窗口。源单类型选择"采购订单",光标移至"源单单号"处,按F7功能键,系统弹出"采购订单"序时簿窗口,使用Ctrl键同时选中"POORD000001"和"POORD000003"采购订单,如图13-13所示。

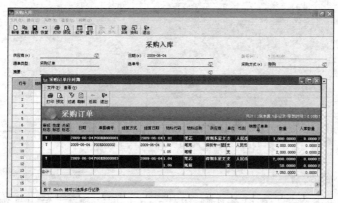

图 13-13　同时选中"POORD000001"和"POORD000003"采购订单

（2）单击"返回"按钮，系统将获取成功的采购订单信息显示在"采购入库"单表体中。收料仓库都录入"01"，保存并审核当前采购入库单。审核成功后的采购入库单如图13-14所示。

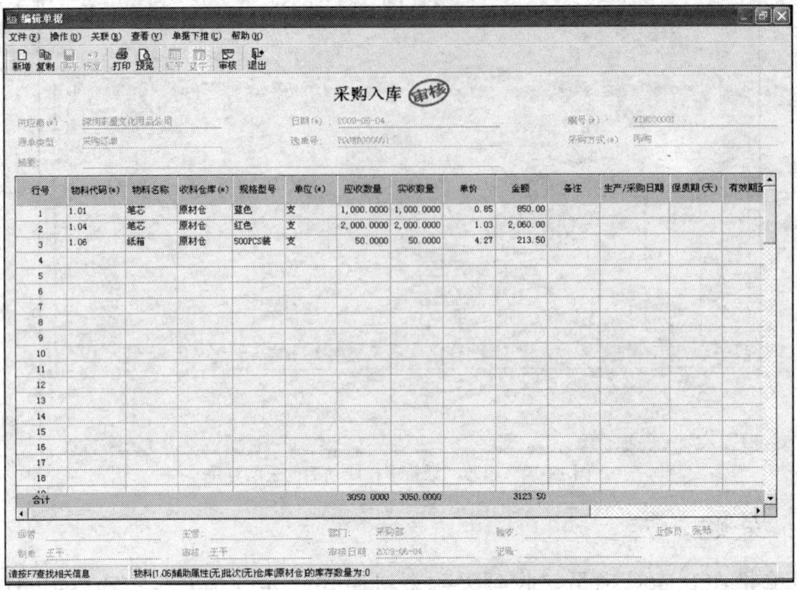

图13-14　笔芯、纸箱审核成功后的采购入库单

（3）用同样的方法将"专一塑胶"的采购订单生成采购入库单，保存并审核。审核成功后的采购入库单如图13-15所示。

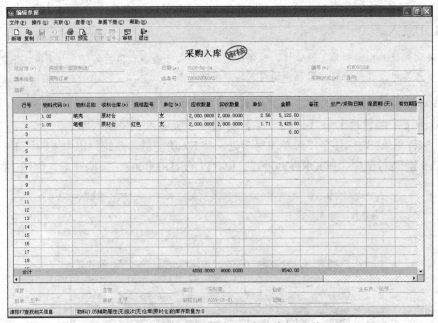

图13-15　笔芯、笔帽审核成功后的采购入库单

13.2.3　采购发票

采购发票是挂供应商应付账款的依据，金蝶KIS专业版提供了可以处理采购专用发票（增

值税发票）和普通发票的功能。为了保证应付账款的正确性，在账务达到监督要求，采购发票通常是由财务部"往来会计"负责处理。

采购发票可以由源单采购订单、采购入库单单据关联生成，也可以不关联任何单据，以手工方式新增。

例 4：将刚才生成的采购入库单生成采购专用发票，方法如下。

（1）以"何陈钰"身份登录账套，在主界面窗口，单击【采购管理】→【采购发票】，系统进入"采购发票"录入窗口，如图 13-16 所示。

图 13-16 "采购发票"窗口录入

单击窗口右上角的下拉列表，选择要录入的发票是专用发票还是普通发票。

（2）选择"采购发票专用"，源单类型选择"外购入库"，源单号处按 F7 功能键获取，时间选择"全部"，单击"确定"按钮系统进入"外购入库序时簿"窗口，使用 Shift 或 Ctrl 键选中第一张外购入库单的所有记录，如图 13-17 所示。

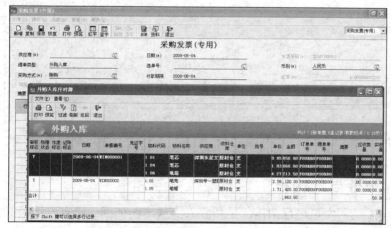

图 13-17 获取外购入库单记录

（3）单击"返回"按钮，系统将获取成功的外购入库单信息显示在采购发票表体，保存并审核当前发票，如图 13-18 所示。

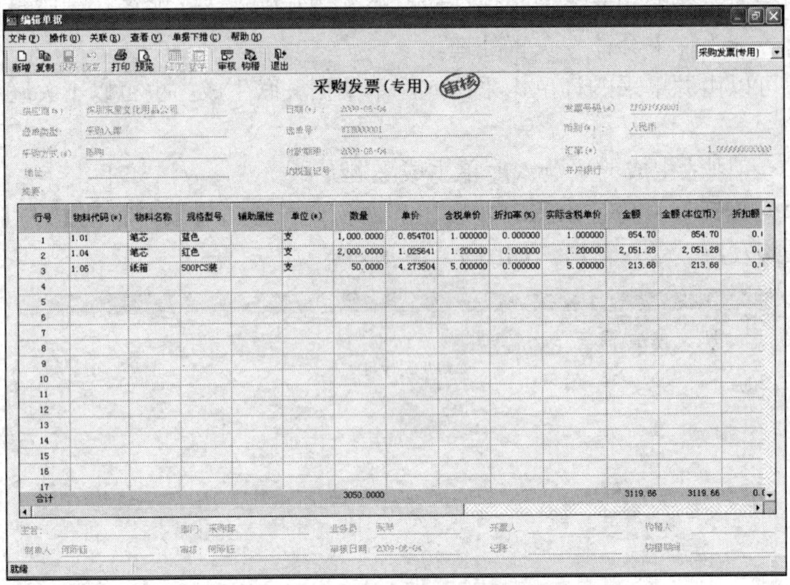

图 13-18 笔芯、纸箱审核成功后的采购发票

（4）以同样的方法录入专一塑胶采购发票，保存并审核当前发票，如图 13-19 所示。

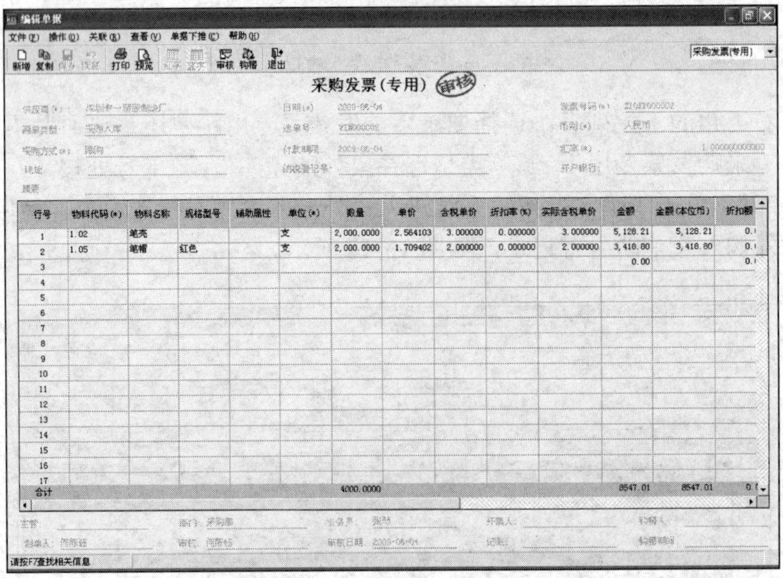

图 13-19 笔芯、笔帽审核成功后的采购发票

13.2.4 钩稽与反钩稽

采购发票与采购入库单进行钩稽，是核算入库成本的依据。只有已钩稽的发票才可以执行入库核算和根据凭证模板生成记账凭证等操作，无论是本期或以前期间的发票，钩稽后都可作为当期发票来核算成本。在采购管理中，一张采购发票可以与多张采购入库单勾稽，多张发票也可以与一张采购入库单勾稽。同样的，多张采购发票可以与多张采购入库单勾稽。

采购发票与采购入库单的钩稽操作与"销售管理"中的"钩稽"操作方法相同。

由于本账套中所有采购发票均为关联"采购入库"单生成,请读者进入"采购发票序时簿"钩稽所有发票。

13.3 采购账簿报表

金蝶 KIS 专业版为用户提供了详细的采购报表,包括采购订单执行情况汇总表、采购订单执行情况明细表、采购发票明细表、采购汇总表、采购明细表和采购价格分析报表。

13.3.1 采购订单执行情况明细表

采购订单执行情况明细表用于查询在一定时间范围内,满足查询条件的"采购订单"执行的明细情况。例如,如什么日期向供应商下的订单,订购何种产品,要求什么时间交货,已经交货多少,还有多少货未交,金额分别是多少等。通过查询采购订单执行情况明细表,可以方便采购员、采购部管理员、计划部和企业高层即时了解采购订单的执行情况。

在主界面窗口,单击【采购管理】→【采购订单执行情况明细表】项,系统弹出"过滤"窗口。在此窗口中,将时间范围修改为 2009-6-1～2009-6-30,其他项保持默认设置,单击"确定"按钮,系统进入"采购订单执行情况明细表"窗口,如图 13-20 所示。

图 13-20 采购订单执行情况明细表

采购订单执行情况汇总表用于反应"汇总依据"下采购订单的订单数量、收货数量和未收货数量等情况。

13.3.2 采购发票明细表

采购发票明细表用于反应在一定时间范围内,已经开出的采购发票明细情况。可以供采购部管理员、采购员、财务部和企业高层即时了解该时间范围内的采购物料占用资金情况。

在主界面窗口,单击【采购管理】→【采购发票明细表】项,系统弹出"过滤"窗口。在此窗口中,将时间范围修改为 2009-6-1～2009-6-30,其他项保持默认条件,单击"确定"

按钮，系统进入“采购发票明细表”窗口，如图 13-21 所示。

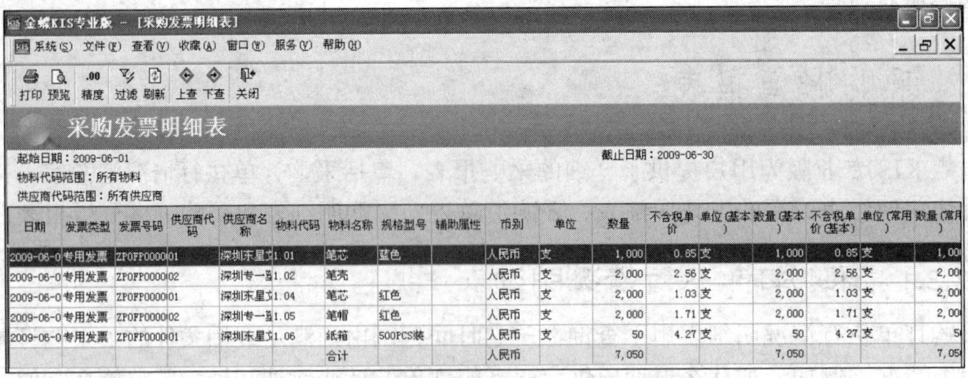

采购发票明细表

起始日期：2009-06-01　　截止日期：2009-06-30

物料代码范围：所有物料

供应商代码范围：所有供应商

日期	发票类型	发票号码	供应商代码	供应商名称	物料代码	物料名称	规格型号	辅助属性	币别	单位	数量	不含税单价	单位(基本)	数量(基本)	不含税单价(基本)	单位(常用)	数量(常用)
2009-06-0	专用发票	ZPOFP0000	01	深圳东星文	1.01	笔芯	蓝色		人民币	支	1,000	0.85	支	1,000	0.85	支	1,00
2009-06-0	专用发票	ZPOFP0000	02	深圳专一璽	1.02	笔壳			人民币	支	2,000	2.56	支	2,000	2.56	支	2,00
2009-06-0	专用发票	ZPOFP0000	01	深圳东星文	1.04	笔芯	红色		人民币	支	2,000	1.03	支	2,000	1.03	支	2,00
2009-06-0	专用发票	ZPOFP0000	02	深圳专一璽	1.05	笔帽	红色		人民币	支	2,000	1.71	支	2,000	1.71	支	2,00
2009-06-0	专用发票	ZPOFP0000	01	深圳东星文	1.06	纸箱	500PCS装		人民币	支	50	4.27	支	50	4.27	支	5
						合计			人民币		7,050			7,050			7,05

图 13-21　“采购发票明细表”窗口

13.3.3　采购价格分析表

采购价格分析表是用于查询在一定时间范围内，所有采购物料的价格变化情况。可以供采购部管理员、采购员、财务部和企业高层即时针对低价格、高质量产品的供应商下达采购任务。

在主界面窗口，单击【采购管理】→【采购价格分析表】项，系统弹出“过滤”窗口。在此窗口中，将时间范围修改为 2009-6-1～2009-6-30，其他项保持默认条件，单击“确定”按钮，系统进入“采购价格分析表”窗口，如图 13-22 所示。

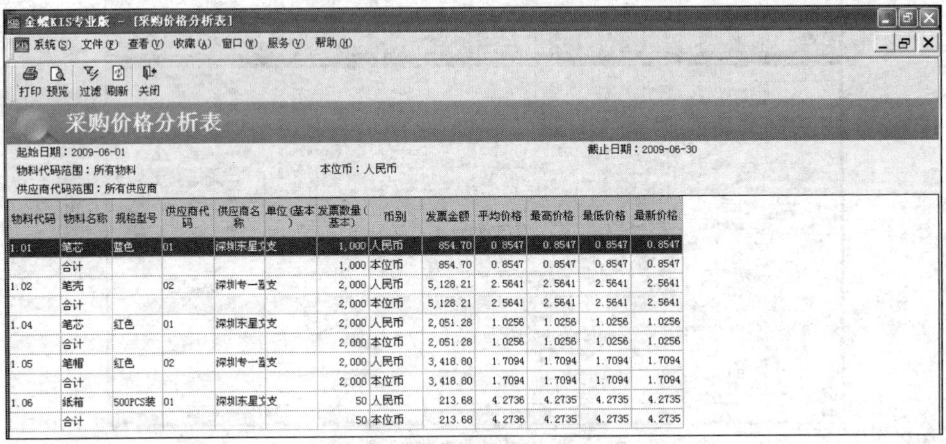

采购价格分析表

起始日期：2009-06-01　　截止日期：2009-06-30

物料代码范围：所有物料　　本位币：人民币

供应商代码范围：所有供应商

物料代码	物料名称	规格型号	供应商代码	供应商名称	单位(基本)	发票数量(基本)	币别	发票金额	平均价格	最高价格	最低价格	最新价格
1.01	笔芯	蓝色	01	深圳东星文	支	1,000	人民币	854.70	0.8547	0.8547	0.8547	0.8547
	合计					1,000	本位币	854.70	0.8547	0.8547	0.8547	0.8547
1.02	笔壳		02	深圳专一璽	支	2,000	人民币	5,128.21	2.5641	2.5641	2.5641	2.5641
	合计					2,000	本位币	5,128.21	2.5641	2.5641	2.5641	2.5641
1.04	笔芯	红色	01	深圳东星文	支	2,000	人民币	2,051.28	1.0256	1.0256	1.0256	1.0256
	合计					2,000	本位币	2,051.28	1.0256	1.0256	1.0256	1.0256
1.05	笔帽	红色	02	深圳专一璽	支	2,000	人民币	3,418.80	1.7094	1.7094	1.7094	1.7094
	合计					2,000	本位币	3,418.80	1.7094	1.7094	1.7094	1.7094
1.06	纸箱	500PCS装	01	深圳东星文	支	50	人民币	213.68	4.2736	4.2735	4.2735	4.2735
	合计					50	本位币	213.68	4.2736	4.2735	4.2735	4.2735

图 13-22　“采购价格分析表”窗口

其他采购报表的使用方法可以参照前面几张报表进行。在报表查询过程中，一定要多留意“过滤”窗口中有什么条件，在时间允许的情况下，最好对每一种条件都进行测试，以更多地了解采购报表的功能和实际企业业务中的作用。

13.4　习题

（1）画出采购管理系统的数据流向。

（2）采购发票与采购入库单进行钩稽有什么作用？

第 14 章 生产管理

学习重点

通过本章的学习，了解生产管理模块的功能、生产管理操作流程、各种生产单据的处理方法和意义，以及生产订单执行情况表的查询和生产报表的查询。

14.1 概述

金蝶 KIS 专业版生产管理系统是为中小型加工企业专门设计的，符合通用业务处理流程的规范。生产管理系统以生产任务单为核心，提供了采购建议、生产领料、产品入库、在产品产量录入、费用分摊、生产成本核算等功能。

通过采购建议功能，系统可以根据所下达的生产数量和库存数量，为企业提供各种外购原材料的采购数量建议，既能保证生产原材料的充足供应，又能将库存数量降到最低。

通过生产成本核算功能，系统可以自动计算产品入库成本，解决小型生产型企业成本核算复杂的问题。

在主界面窗口，单击"生产管理"模块，切换到"生产管理"功能界面，如图 14-1 所示。

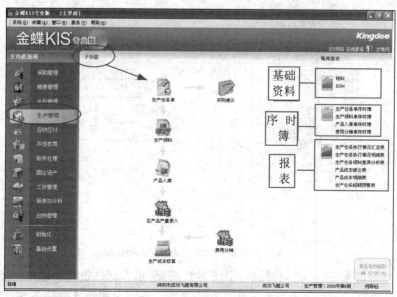

图 14-1 "生产管理"功能界面

- **子功能**：显示当前采购管理下可以处理的单据类型。
- **基础资料**：快速进行基础资料管理。功能与"基础设置"中的功能相同。
- **序时簿**：查询相应单据的序时簿情况。
- **报表**：查询和分析生产情况。

1. 生产管理系统数据流向（如图 14-2 所示）

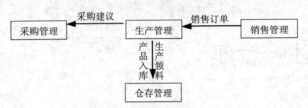

图 14-2　生产管理数据流向

- **销售管理**：接收销售管理中的销售订单，在"采购建议"中进行 MRP（物料需求计划）计算后，生成采购材料建议表。或者下达生产任务单时关联销售订单。
- **采购管理**：生产管理系统中的"采购建议"功能生成的采购建议表，可以直接下达采购订单。
- **仓存管理**：接收生产领料单和产成品入库单。

生产管理系统可以单独使用，这样只能管理基本的采购操作。也可以与其他系统结合运用，这样能提供更完整、全面的企业物流业务流程管理和财务管理信息。

2. 生产管理系统每期的操作流程

生产管理系统新、老用户的操作流程如图 14-3 所示。

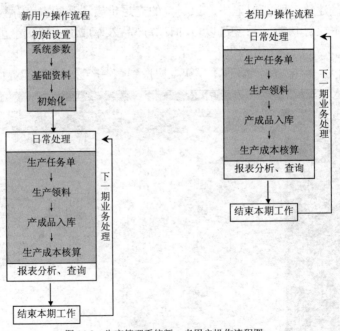

图 14-3　生产管理系统新、老用户操作流程图

新使用生产管理系统时，必须要进行系统参数设置、录入基础资料和录入初始化数据之后，才能进行日常的单据处理和报表查询工作。初始设置工作请参照第 4 章和第 5 章的内容。

14.2 日常业务处理

基础资料、初始化设置和系统设置完成，可以进行日常的业务处理，日常业务处理包括各种生产单据的录入、查询和修改等操作。查询相关报表，以对企业的生产情况做出分析和预算处理。

14.2.1 生产任务单

生产任务单是生产部门下达到各生产车间的加工任务单，该任务单信息同时传递到各相关部门，如仓库部门凭生产任务单发料和产成品入库。

当下达生产任务单时，若该生产物料已建立 BOM 档案，则系统会自动根据 BOM 档案展开计算所有的物料和数量，以提高生产领料配套的准确性。

例 1：2009-6-5 日生产部门接到市场部预测通知，东莞丽明将要订购 10 000 支 3.02 红色圆珠笔，经向高层汇报同意，提前下达 4 000 支 3.02 红色圆珠笔的生产任务，做为库存备料，计划完工日期为 2009-6-9 日。

（1）以"张强"身份登录"成功飞越公司"账套，单击【生产管理】→【生产任务单】，系统进入"生产任务单"单据录入窗口，如图 14-4 所示。

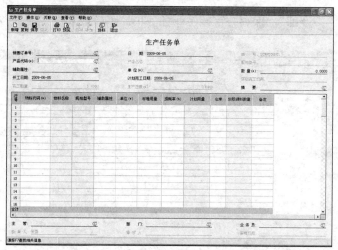

图 14-4 "生产任务单录"入窗口

（2）产品代码获取"3.02"，按下 Enter 键。由于该物料已经建立 BOM 档案，系统自动将所需要的物料显示在表体中，如图 14-5 所示。

图 14-5 BOM 展开后的表体

（3）表头数量修改为"4 000"，这时表体中的物料将自动换算出计划用量，计划完工日期修改为"2009-6-9"，如图 14-6 所示。

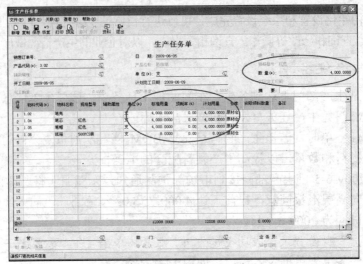

图 14-6　设置"生产任务单"窗口

（4）部门获取"生产部"，保存并审核生产任务单，审核成功的生产任务单如图 14-7 所示。

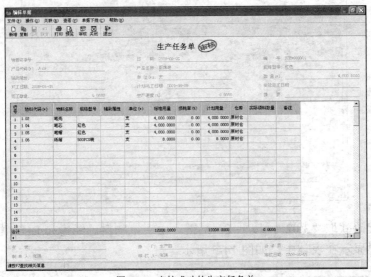

图 14-7　审核成功的生产任务单

> **注意**　在"查看"菜单下的"子件需要展开到最明细级物料"项，是指当 BOM 层级为多级，选中该项，下达生产任务单时，系统中所需要的物料从当前级展开到最末一级，反之，则只展开当前层级所需要的物料。

14.2.2　采购建议

采购建议可以称为简化型 MRP（物料需求计划）。根据需求单据，它可以是销售订单，也可以是生产任务单，根据这些单据上的产品 BOM 档案，考虑一些因素，如即时库存、安全库存等，然后计算所需要的采购物料和采购数量。可以计算出"需要什么物料，需要各物料的数量是多少。"为有效降低库存资金的积压提供了有力保证。

例 2：将刚才下达的生产任务单进行"采购建议"，然后根据采购建议来下达采购订单。

（1）在主界面窗口，单击【生产管理】→【采购建议】项，系统进入"采购建议向导"窗口，如图 14-8 所示。

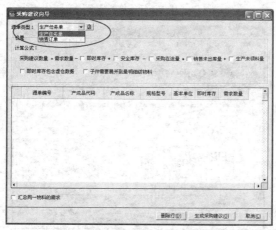

图 14-8 "采购建议向导"窗口

- **源单类型**：选择生产任务单或销售订单中的一种类型，然后单击"⬚"按钮，系统弹出相应单据选择窗口。
- **需求数量**：生产任务单的"需求数量"取自生产任务单上的"基本单位计划用量"。销售订单的"需求数量"为销售订单表体对应物料的"数量"列×基本单位换算率。
- **即时库存**：取对应物料代码即时库存基本单位数量。
- **安全库存**：根据物料代码基础资料里维护的"安全库存数量"填入，基础资料里未维护的以"0"显示。
- **采购在途量**：所有已审核且未呈关闭状态的采购订单未入库的基本单位数量之和（该值控制最小为 0）。
- **销售未出库量**：所有已审核且未呈关闭状态的销售订单未出库的基本单位数量之和（该值控制最小为 0）。
- **生产未领料量**：所有已审核且未呈关闭状态的生产任务单未领出材料的基本单位数量之和（该值控制最小为 0）。
- **即时库存包含虚仓数据**：选中该项，"采购建议"运算时"即时库存量"考虑虚仓的数量。
- **汇总同一物料的需求**：选中该项，系统即时对"采购建议向导"表体的数量根据物料编码进行汇总，如有同一物料，进行合并显示。

（2）源单类型选择"生产任务单"，单击"⬚"按钮，系统弹出过滤窗口。保持默认值不变，单击"确定"按钮，系统进入"生产任务单序时簿"窗口，如图 14-9 所示。

（3）选中生产任务单中的任意一行记录，若需要选择多张生产任务单时，则使用 Ctrl 键或 Shift 键辅助选择。单击"返回"按钮，获取生产任务单并返回"采购建议向导"窗口，如图 14-10 所示。

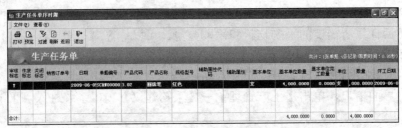

生产任务单序时簿
文件(F) 查看(V)
打印 预览 过滤 刷新 返回 退出
生产任务单
审核标志 作废标志 关闭标志 销售订单号 日期 单据编号 产品代码 产品名称 规格型号 辅助属性代码 辅助属性 基本单位 基本单位数量 基本单位完工数量 单位 数量 开工日期
Y 2009-06-0 SCRW00000 3.02 圆珠笔 红色 支 4,000.0000 0.0000 支 ,000.0000 2009-06-0
合计: 4,000.0000 0.0000 4,000.0000

图 14-9 “生产任务单序时簿”窗口

采购建议向导
源单类型： 生产任务单
设置
计算公式：
采购建议数量 = 需求数量 − 即时库存 + 安全库存 − 采购在途量 + 销售未出库量 + 生产未领料量
即时库存包含虚仓数据 子件需要展开到最明细级物料
源单编号 产成品代码 产成品名称 规格型号 基本单位 即时库存 需求数量
1 SCRW000001 3.02 圆珠笔 红色 支 0 4000.0000
获取成功的生产任务单
汇总同一物料的需求
删除行(D) 生成采购建议(D) 取消(C)

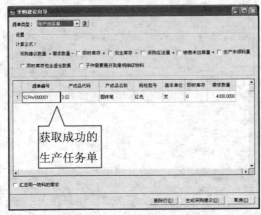

图 14-10 获取成功的生产任务单

（4）计算公式下的各项不变化，单击“生成采购建议”按钮，系统经过后台计算后进入“采购建议”窗口，如图 14-11 所示。

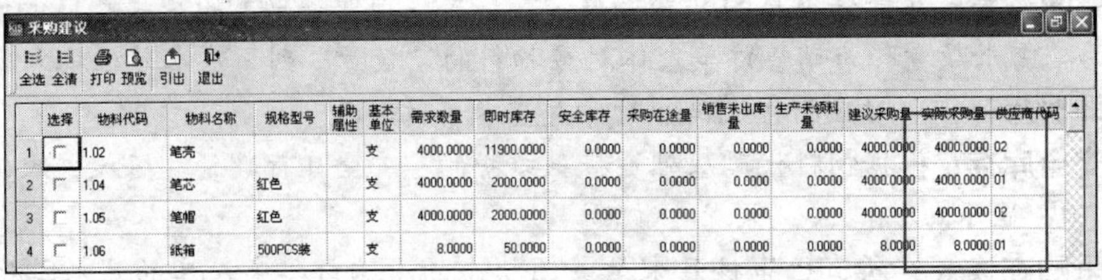

采购建议
全选 全清 打印 预览 引出 退出
选择 物料代码 物料名称 规格型号 辅助属性 基本单位 需求数量 即时库存 安全库存 采购在途量 销售未出库量 生产未领料量 建议采购量 实际采购量 供应商代码
1 1.02 笔壳 支 4000.0000 11900.0000 0.0000 0.0000 0.0000 0.0000 4000.0000 4000.0000 02
2 1.04 笔芯 红色 支 4000.0000 2000.0000 0.0000 0.0000 0.0000 0.0000 4000.0000 4000.0000 01
3 1.05 笔帽 红色 支 4000.0000 2000.0000 0.0000 0.0000 0.0000 0.0000 4000.0000 4000.0000 02
4 1.06 纸箱 500PCS装 支 8.0000 50.0000 0.0000 0.0000 0.0000 0.0000 8.0000 8.0000 01

图 14-11 “采购建议”窗口

在“采购建议”窗口中，建议采购量与需求数量相等，是因为计算公式中只计算需求量，未考虑即时库存等因素，所以得出该数据。

（5）计算公式下的选项选择发生改变后，再查看采购数量。单击“退出”按钮返回“采购建议向导”窗口，在计算公式下选中“即时库存”项，如图 14-12 所示。

（6）再单击“生成采购建议”按钮，系统进入“采购建议”窗口，请注意“建议采购量”的数据已发生变化，如图 14-13 所示。

（7）生成采购订单。选中 1.04 和 1.05 物料，可以修改实际采购量。录入供应商代码后，单击窗口右下角处的“下推采购订单”按钮，系统弹出“采购订单信息确认”窗口，在此窗口中可以修改采购价格，如图 14-14 所示。

（8）单击“确定”按钮，稍后系统会弹出生成某某采购订单成功的提示窗口，单击“关闭”按钮返回“采购订单信息确认”窗口。单击“关闭”按钮返回“采购建议向导”窗口，单击“退出”按钮结束采购建议计算。

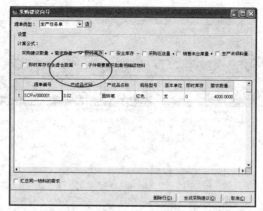

图 14-12 选择"即时库存"项

图 14-13 选择"即时库存"项后的建议采购量

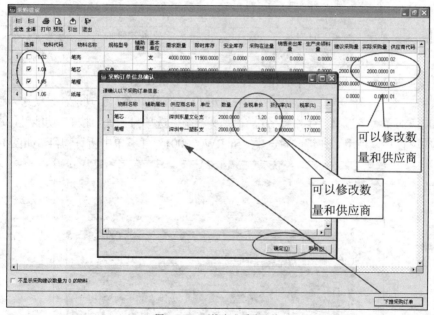

图 14-14 下推生成采购订单

（9）查询生成的采购订单并审核。以"张琴"身份登录账套，单击【采购管理】→【采购订单序时簿】，系统弹出过滤窗口。在此窗口中将时间选择"全部"，单击"确定"按钮，系统进入"采购订单序时簿"窗口，窗口中 4 号、5 号订单即为刚才采购建议生成的采购订单，如图 14-15 所示。

在此窗口中可以对采购订单进行修改、审核和删除等操作。

（10）审核 4 号和 5 号采购订单。

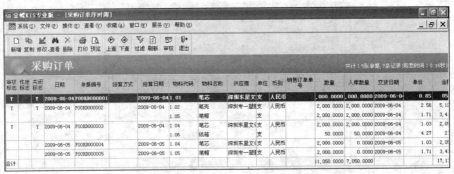

图 14-15 "采购订单序时簿"窗口

14.2.3 生产领料单

生产领料单是在仓库管理员接收到生产任务开工指示后,向生产部发料并填写的出库单据。生产领料单有两种,一种是蓝字领料单,另一种是红字领料单,红字单是蓝字单的反向单据,代表物料的退回。

生产领料单一般是由仓库管理员填写。金蝶 KIS 专业版中的生产领料单有两个模块用于录入,一个是在【生产管理】→【生产领料】功能中录入,另一个是在【仓存管理】→【生产领料】中录入。

> **注意** 生产领料单由谁制单、谁审核、谁领料等,这是关于业务权限的问题,与是否在生产管理下填写生产领料单,还是在仓存管理下填写生产领料单没有 关系。

例 3:2009-6-5 日将刚才的生产任务单发料 2 000 套。

(1) 以"王平"身份登录账套,单击【生产管理】→【生产领料】功能,系统进入"生产领料单"录入窗口。源单类型选择"生产任务单",光标移至"选单号"处,按 F7 功能键,进入"生产任务单"序时簿窗口,使用 Ctrl 键同时选中"SCRW000001"任务单中所有物料,如图 14-16 所示。

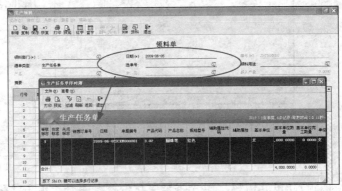

图 14-16 选中"SCRW000001"任务单中所有物料

(2) 单击"返回"按钮,系统将获取成功的物料信息显示在"生产领料"单表体中。将投入产量修改为"2 000",这时"实发数量"自动换算出 2 000 套的用量,如图 14-17 所示。

(3) 领料部门获取"生产部",领料获取"张强",发料获取"王平",若发料仓库有变化可以修改,保存并审核。审核成功后的生产领料单如图 14-18 所示。

第14章 生产管理

图 14-17 修改投入产量后的实发数量

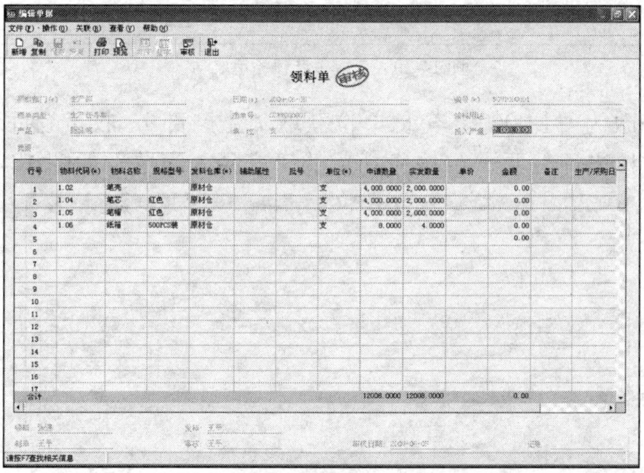

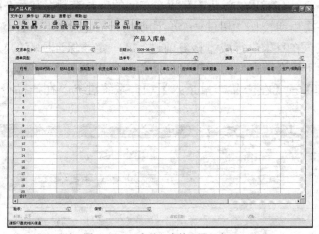

图 14-18 审核成功后的生产领料单

14.2.4 产品入库单

产品入库单是指生产部门加工好产品后，送回仓库储存，仓库管理员开具的一张入库单据。

例 4：2009-6-5 日下午下班前，生产部领出的 2 000 套物料，已经组装好 1 000 套，将交由仓库管理，录入该张产品入库单。

（1）以"王平"身份登录账套，单击【生产管理】→【产品入库】，系统进入"产品入库单"录入窗口，如图 14-19 所示。

图 14-19 "产品入库单"录入窗口

269

（2）源单类型选择"生产任务单"，选单号处按 F7 功能键获取，时间选择"全部"，单击"确定"按钮系统进入"生产任务单序时簿"窗口，选中"SCRW000001"任一记录，单击"返回"按钮，系统将获取成功的信息显示在产品入库单序时簿中，如图 14-20 所示。

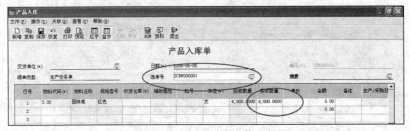

图 14-20　获取生产任务单成功

（3）实收数量修改为"1 000"，交货单位获取"生产部"，收货仓库录入"03"，其他保持默认值，保存并审核当前发票。审核成功后的"产品入库单"如图 14-21 所示。

图 14-21　审核成功后的"产品入库单"

14.2.5　在产品产量录入

在产品产量录入是指查询已下达的生产任务单，在生产领料时发出的投入产量，然后根据已经产成品入库情况，计算出在产品还存放在车间的产品套数，为生产成本核算做好准备。该功能主要适用于生产周期较长（超过一个会计期间）的企业。

该功能的工作应该在月末进行成本核算前进行，一定要保证所有的领料和入库单据都已经录入和审核，否则可能会造成数据不正确，从而导致成本核算不准确。

单击【生产管理】→【在产品产量录入】项，系统进入"在产品产量录入"窗口，如图 14-22 所示。

图 14-22　"在产品产量录入"窗口

修改期末在产品实际数量和约当系数后，单击"保存"按钮即可。

14.2.6 费用分摊

产品成本＝材料成本＋人工成本＋费用。材料成本由"生产领料单"核算而得，人工成本和费用则需要录入"费用分摊单"，选择"分摊方式"后，录入人工费用并将各项费用分摊到所选定的"产品入库单"中，以计算出正确的产品成本。该项工作通常由材料会计人员负责。

系统提供4种分摊方式：按产品数量分摊，按产品材料成本分摊，按工时分摊和手工分摊。

例 5：录入刚才录入的"产品入库单"对应的费用分摊单，人工费用合计100元，折旧费用合计33元，录入该张费用分摊单。

（1）以"何陈钰"身份登录账套，单击【生产管理】→【费用分摊】，系统弹出"费用分摊单"录入窗口，如图14-23所示。

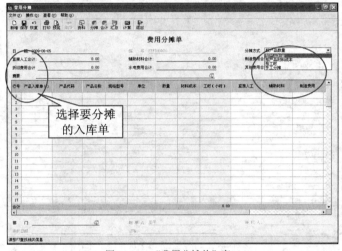

图14-23 "费用分摊单"窗口

（2）分摊方式选择按产品数量分摊。表体产品入库单获取"CIN000001"号单，直接人工合计录入100，折旧费用录入33，单击"分摊"按钮，系统将费用分摊后返写到各行费用列，如图14-24所示。

图14-24 费用分摊数据录入

在表体窗口中，也可以同时录入多张产品入库单，分别录入每一张单据的人工费用和其他费用，然后单击"合计"按钮，系统会将表体中数据返写回表头相应合计项中。

（3）保存并审核当前费用分摊单。

14.2.7 生产成本核算

生产成本核算是指核算所有产品入库单上的成品入库单价，该单价由对应的"生产领料单"计算出材料成本，然后加上费用分摊单上的费用，计算出入库成本。

在进行生产成本核算之前，最好将采购入库单和其他入库单核算出正确的入库成本后，再核算材料出库成本，再返回"生产成本核算"，这样的流程才能保证生产成本单价的正确性。

在"成功飞越公司"账套中，由于采购入库单和采购发票已经钩稽，并且没有其他入库单需要处理，所以在此可以练习"生产成本核算"操作。

（1）为了查看核算效果，先查询产品入库单上的单价情况。单击【生产管理】→【产品入库单序时簿】，系统弹出过滤窗口。在此窗口中单击"确定"按钮进入"产品入库单序时簿"窗口，双击打开"产品入库单"，该张入库单单价显示为"0"，如图14-25所示。

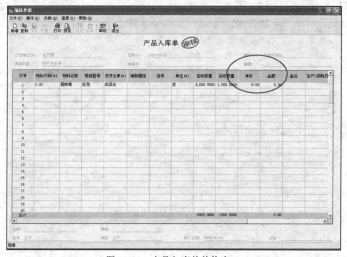

图14-25 产品入库单单价窗口

（2）退出"产品入库单序时簿"窗口，单击【生产管理】→【生产成本核算】项，系统首先计算"生产领料出库成本"，如图14-26所示。

单击"查看报告"按钮可以查看生产领料出库成本计算的过程。

（3）单击"继续"按钮，系统开始计算"产品入库成本"，如图14-27所示。

图14-26 计算生产领料出库成本

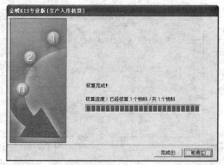

图14-27 计算产品入库成本

（4）单击"完成"按钮结束核算工作。再查看"产品入库单"情况时，在产品入库单中已经显示入库单价，如图14-28所示。

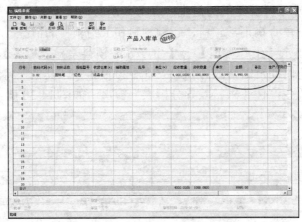

图 14-28 计算成功的产品入库单单价表

14.3 生产账簿报表

金蝶 KIS 专业版为用户提供了详细的生产报表,包括生产任务单执行情况汇总表、生产任务执行情况明细表、生产任务领料差异分析表、产品成本综合表、产品成本明细表、生产任务超期预警表等。

14.3.1 生产任务执行情况明细表

生产任务执行情况明细表是用于查询在一定时间范围内,满足查询条件的"生产任务"执行的明细情况的,如什么日期下达的任务单,生产何种产品,要求什么时间完工,已经交货多少,还有多少数量未交货。通过查询采购订单执行明细表,可以方便生产部、计划部和企业高层即时了解生产任务的执行情况。

在主界面窗口,单击【生产管理】→【生产任务执行情况明细表】,系统弹出"过滤"窗口。在此窗口中,将时间范围修改为 2009-6-1～2009-6-30,其他保持默认条件,单击"确定"按钮,系统进入"生产任务执行情况明细表"窗口,如图 14-29 所示。

图 14-29 "生产任务执行情况明细表"窗口

14.3.2 生产任务领料差异分析表

企业在下达生产任务单后,需要领料进行生产。在生产过程中,是否有超额领料情况发生或者因为技术改进等原因节约用料,这些都直接影响企业的生产成本,企业管理层需要适时掌握产品的材料耗费情况。

生产任务领料差异分析表提供的是生产任务单所关联的实际领料与计划领料的差异情况表，可以按生产任务单查询正常领料、超额领料和节约领料的情况。

在主界面窗口，单击【生产管理】→【生产任务领料差异分析表】，系统弹出"过滤"窗口。在此窗口中，将时间范围修改为2009-6-1～2009-6-30，其他保持默认条件，单击"确定"按钮，系统进入"生产任务领料差异分析表"窗口，如图14-30所示。

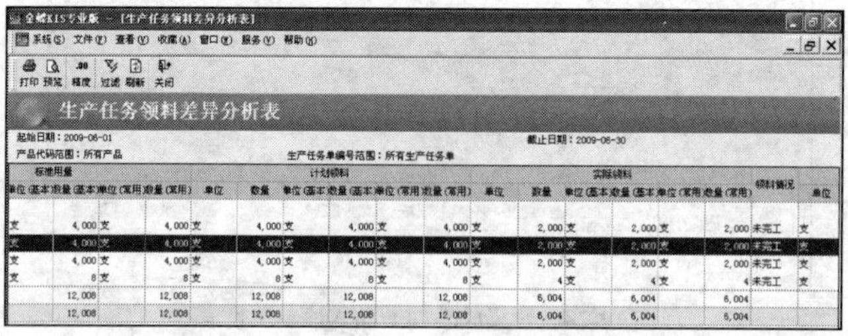

图14-30 "生产任务领料差异分析表"窗口

14.3.3 生产任务超期预警表

该表功能是根据生产任务单上的完工日期及数量，以及与该生产任务单有关联关系的入库单上的入库日期和数量，将已超过完工日期但还未入库的数据显示出来，做到随时监控生产任务的执行情况。系统只需显示未完工的生产任务单，已完工的生产任务单不显示。

在主界面窗口，单击【生产管理】→【生产任务超期预警表】，系统弹出"过滤"窗口。在此窗口中，将时间范围修改为 2009-6-1～2009-6-5，其他保持默认条件，单击"确定"按钮，系统进入"生产任务超期预警表"窗口，请注意当前报表没有数据。单击"过滤"按钮系统弹出"过滤"窗口，将时间范围修改为2009-6-1～2009-6-30，其他保持默认条件，单击"确定"按钮，系统进入"生产任务超期预警表"窗口，现在表中有数据了，如图14-31所示。

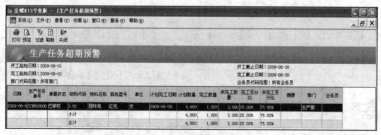

图14-31 "生产任务超期预警表"窗口

这是因为生产任务单日期为2009-6-9，已经超过查询范围日期2009-6-30，所以显示在超期预警表中。

其他生产报表的使用方法可以参照前面几张报表进行。在报表查询过程中，一定要多留意"过滤"窗口中有哪些条件，在时间允许的情况下，最好对每一种条件都测试一下，以更多地了解生产报表的功能和实际企业业务中的作用。

14.4 习题

（1）画出生产管理系统的数据流向。
（2）下达生产任务单时，如何才能展示最明细级物料？

第 15 章 仓存管理

学习重点

通过本章的学习，了解仓存管理模块两功能、仓存管理操作流程、各种仓库单据的处理方法和意义，以及仓库类报表的查询方法。

15.1 概述

物料是企业在生产经营过程中为销售或耗用而存储的各种资产，包括商品、产成品、半成品、在产品以及各种材料、燃料、包装物、低值易耗品等。物料是保证企业生产经营过程顺利进行的必要条件，是企业的一项重要的流动资产，其价值在企业流动资产中占有很大的比重。

"仓存管理"是金蝶 KIS 专业版中的重要模块，提供物料的外购入库、产成品入库、其他入库、生产领料、销售出库、其他出库、调拨业务和盘点业务等全面的业务应用。

"仓存管理"系统可以单独使用，也可以与采购管理、销售管理、物料需求计划及存货核算集成使用，发挥更加强大的应用功能。

在主界面窗口，单击"仓存管理"，切换到"仓存管理"功能界面，如图 15-1 所示。

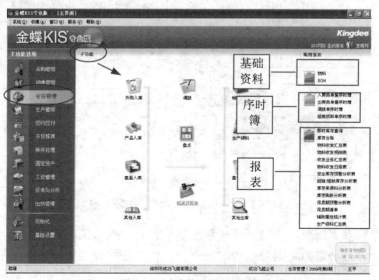

图 15-1 "仓存管理"功能界面

- **子功能**：显示当前采购管理下可以处理的单据类型。
- **基础资料**：快速进行基础资料管理。功能与"基础设置"中的功能相同。
- **序时簿**：查询相应单据的序时簿情况。
- **报表**：查询、分析物料库存情况。

1. 仓存管理系统数据流向（如图 15-2 所示）

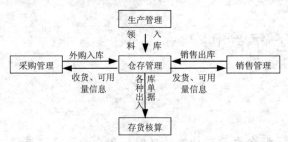

图 15-2　仓存管理系统数据流向

- **销售管理**：销售管理中的销售出库单与仓存管理同步，同时仓存管理将发货信息和可用量信息反馈到销售管理系统中。
- **采购管理**：采购管理中的采购入库与仓存管理同步，同时仓存管理将收货信息和可用量信息反馈到采购管理系统中。
- **生产管理**：生产管理中的生产领料和产品入库与仓存管理同步，同时仓存管理将发货、收货信息和可用量信息反馈到生产管理系统中。
- **存货核算**：接收仓存管理系统中的所有出入库单据来进行成本核算。

2. 仓存管理系统每期的操作流程

仓存管理系统中新、老用户的操作流程如图 15-3 所示。

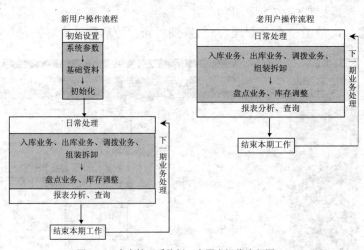

图 15-3　仓存管理系统新、老用户操作流程图

新使用仓存管理系统时，必须要进行系统参数设置、录入基础资料和录入各物料的期初数量之后，才能进行日常的单据处理和报表查询工作。初始设置工作请参照第 4 章和第 5 章的内容。

15.2 日常业务处理

基础资料、初始化设置和系统设置完成后,可以进行日常的业务处理。日常业务处理包括各种仓存单据录入、查询和修改等操作。

15.2.1 外购入库、生产领料、产品入库和销售出库

外购入库单的处理方法参照采购管理中的"采购入库",产品入库单参照生产管理中的"产品入库",销售出库单参照销售管理中的"销售出库",生产领料单参照生产管理中的"生产领料"。以上4种单据在本章不再讲述,请参照相关章节。

15.2.2 其他入库

其他入库主要是处理不是由销售行为和生产行为所形成的入库业务,如供应商赠品、样品入库等业务。

例 1:2009-6-7日接收到东星文化用品公司赠送10支1.01蓝色笔芯,以"其他入库"单处理该业务。

(1)以"王平"身份登录"成功飞越公司"账套,单击【仓存管理】→【其他入库】,系统进入"其他入库"录入窗口,如图15-4所示。

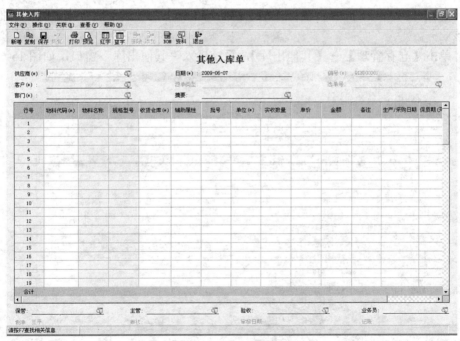

图15-4 "其他入库单"窗口

(2)在此窗口中,将供应商录入"01",摘要录入"赠品",物料代码录入"1.01",收货仓库录入"01",实收数量录入"10",其他保持默认值,保存并审核该单据,审核成功后的"其他入库单"如图15-5所示。

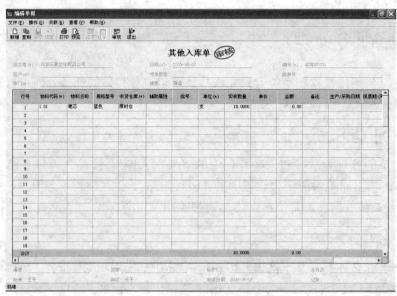

图 15-5 "其他入库单"审核成功

15.2.3 其他出库

其他入库主要是处理非销售行为和生产行为所形成的入库业务，如赠品业务出库、样品出库等。

例 2：2009-6-7 日为新客户 AAA 邮寄样品 3.01 蓝色圆珠笔 1 支，以"其他出库"单处理该业务。

（1）单击【仓存管理】→【其他出库】，系统进入"其他出库"窗口，如图 15-6 所示。

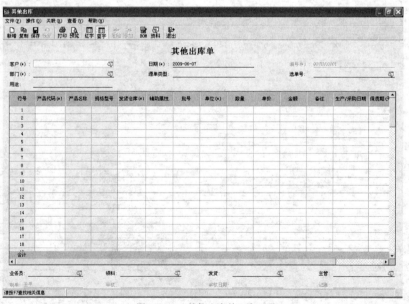

图 15-6 "其他出库单"窗口

（2）在"客户"处按 F7 功能键，系统弹出客户档案管理窗口，单击"新增"按钮，系统弹出新增窗口。在此窗口中，将代码录入 05，名称录入 AAA，如图 15-7 所示。

图 15-7　新增客户档案

（3）保存 AAA 客户档案，并转到"其他出库单"中，将摘要录入"邮寄样品"，产品代码录入"3.01"，发货仓库录入"03"，数量录入"1"，其他保持默认值，保存并审核当前的单据，审核成功后的单据如图 15-8 所示。

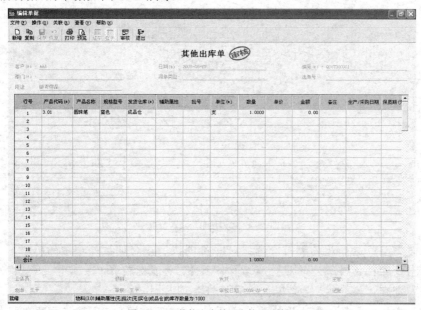

图 15-8　"其他出库单"审核成功窗口

15.2.4　仓库调拨

"仓库调拨单"是用于处理由于仓库变化，而产生的物料转移存储位置的业务。例如，外购来料经质检不合格，需要调拨到待处理仓库进行再次核定后再做处理，或者零售公司从集团仓库将货物调拨到分公司仓库的物料转移业务处理。

金蝶 KIS 专业版中存在不同类型的仓库，因此就存在 3 种不同的仓库间调拨业务，如下所示。

● **实仓同实仓之间的调拨业务**：这种业务主要处理不同实仓间的货品调拨。由于实仓是需要核算货品成本的，因此不同实仓间的调拨存在两种情况，同价调拨和异价调拨。

● **实仓同虚仓之间的调拨业务**：这种业务处理的是实仓和虚仓之间的货品调拨。由于虚仓是不需要核算货品成本的，因此不同仓库类型间的调拨只有一种情况，即异价调拨，所有从实仓调拨到虚仓的货品成本单价自动为零；所有从虚仓调拨到实仓的货品，用户需要为货品赋予单价，并作为入库成本参与实仓的货品成本核算。

- **虚仓同虚仓之间的调拨业务**：这种业务处理的是虚仓间的货品调拨。由于虚仓是不需要核算成本的，因此不同虚仓间的调拨只有一种情况，即同价调拨。所有虚仓间的货品在调拨前后，单价为零，只对数量进行管理，因此虚仓调拨单不存在成本核算，也不会生成凭证。

第一种业务调拨单价相同的用同价调拨，调拨单价不同的用异价调拨，第二种调拨业务只能用异价调拨处理，第三种调拨业务必须通过虚仓调拨处理。

单击【仓存管理】→【调拨单】，系统进入"调拨单"录入窗口，如图15-9所示。

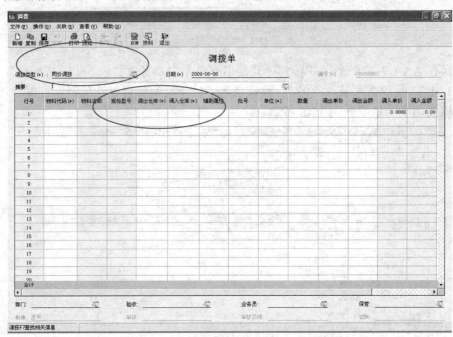

图15-9 "调拨单"录入窗口

- **调拨类型**：选择是属于同价调拨、异价调拨、虚仓调拨处理中的一种。
- **调出仓库**：物料所处的原仓库名称，按F7功能键获取。
- **调入仓库**：按F7功能键获取，该物料要调入到哪个仓库。

调拨单除以上3个项目要注意外，其他项目的处理方法可以参照前面的单据处理方法。

15.2.5 组装作业

组装件是由多种物料组成，不在生产环节进行组合，而在仓库进行组装或配套，组装后在仓库又可以拆开成为各相应子件。组装件和组装子件之间是一对多的关系。组装作业是指在仓库中把多个库存组装子件组装成一个组装件的过程；拆卸是指将一个组装件拆卸成多个组装子件的过程。例如，销售电脑时需要配套赠送鼠标垫，但是该鼠标垫不在生产线上放入电脑机箱，而是出库时做为配套子件现时出库。

- **组装确认**：组装拆卸单（组装）审核，系统自动生成对应的组装子件出库（其他出库单）、组装件入库（其他入库单）。

○ **拆卸确认**：组装拆卸单（拆卸）审核，系统自动生成对应的组装子件入库（其他入库单）、组装件出库（其他出库单）。

进行组装业务的条件有以下两点。

（1）产品档案中的"物料属性"必须是"组装件"，否则不能建立组装件 BOM。

（2）在基础资料中定义组装件 BOM 档案，并且审核后，才能"使用"，否则不能进行组装单的录入。

单击【仓存管理】→【组装拆卸单】，系统进入"组装拆卸单"录入窗口，如图 15-10 所示。

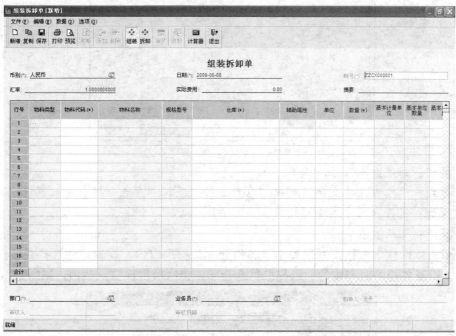

图 15-10 "组装拆卸单"录入窗口

组装单的录入方法可以参照前面单据的处理方法，唯一不同点是第一行分录需要录入的是"组装件"的物料代码，随后系统会自动从第二行分录起展开组装件的子件物料，第一行是组装件，其他都是子件物料。

切换到"拆卸单的"方法是单击工具栏上的"拆卸"按钮即可。

15.2.6 盘点

企业必须对物料进行定期或不定期的清查，查明物料盘盈、盘亏及损毁的数量以及造成的原因，并据此编制物料盘点报告表，该业务称为"盘点"。系统还可以根据盘点报告生成盘盈单和盘亏单。按规定程序，盘点报告需要报有关部门审批。经有关部门批准后，应进行相应的账务处理，调整物料账的实存数，使物料的账面记录与库存实物核对相符。

盘点流程介绍如下。

（1）新增盘点方案，确定盘点范围（要进行盘点的仓库和盘点截止日期）。

（2）输出盘点表。可以将盘点表打印，以备在实物盘点时书写正确的实存数；或者引出盘点数据（"引出"功能在"物料盘点报告单"中的"文件"菜单），以供仓管人员进行盘点。

（3）实物盘点结束，录入盘点数据，或者把 Excle 格式的盘点结果数据引入。

（4）编制盘点报告单，系统进行账存数据与实存数据差异比较，再生成盘盈单或盘亏单。

例 3：以盘点流程进行本账套中的原材仓库进行盘点，来介绍盘点作业的使用方法。

（1）单击【仓存管理】→【盘点】，系统进入"盘点"管理窗口，如图 15-11 所示。

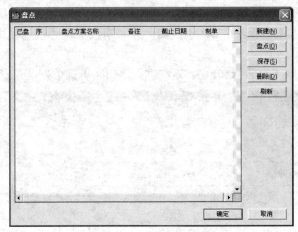

图 15-11 "盘点"管理窗口

- **新建**：新建盘点方案。
- **盘点**：选中盘点方案后，单击"盘点"按钮进入"盘点"报表录入窗口。
- **保存**：保存盘点方案变动信息。
- **删除**：删除盘点方案。

（2）单击"新建"按钮，系统弹出"备份仓库数据"窗口，在窗口中选择要备份哪些仓库的数据，以及备份的时间段等。选择原材仓仓库，其他项目保持默认值，如图 15-12 所示。

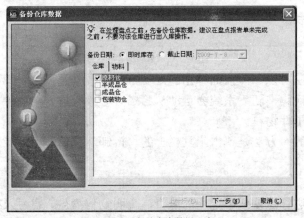

图 15-12 "备份仓库数据"窗口

- **备份日期**："即时库存"是指系统当天日期的库存数据；"截止日期"是指用户盘点到什么时期的库存数据，一般是早于系统日期，因为晚于系统日期的数据系统以"即时库存"处理。
- **仓库**：选择要备份的仓库名称，即选择要盘点什么仓库的数据。例如，选中"原材仓"选项，则该方案对原材仓进行备份，该方案所显示的盘点也只有"原材仓"的数据。

（3）单击"下一步"按钮，系统开始备份。备份成功后单击"完成"按钮，返回"盘点"窗口，可以看到新建成功的盘点方案，如图 15-13 所示。

（4）选中盘点方案，单击"盘点"按钮，系统进入"物料盘点表"窗口。在"盘点数量"处录入实盘数据，如 1.02 笔壳的盘点数量录入 10000，1.01 笔芯的盘点数量录入 10000，如图 15-14 所示。

图 15-13　新建成功的盘点方案

图 15-14　录入实盘数量

可以将"物料盘点表"打印输出后，到仓库进行实盘工作，然后返回来再录入"盘点数量"。

（5）编制盘点报告。单击"编制"按钮，系统进入"物料盘点报告单"窗口，显示盘盈数量和盘亏数量列，如图 15-15 所示。

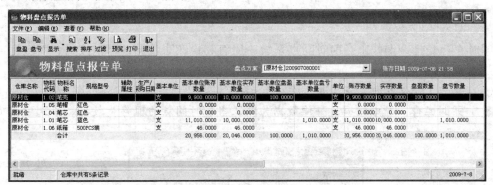

图 15-15　"物料盘点报告单"窗口

（6）生成盘盈盘亏单。单击"盘盈"按钮，系统弹出提示窗口，如图 15-16 所示。

（7）单击"确定"按钮，系统进入"盘点报告单"窗口，"盘盈数量"列数据，即为盘盈数据，如图 15-17 所示。

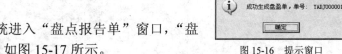

图 15-16　提示窗口

（8）保存并审核当前盘点单。单击"退出"按钮返回到"盘点报告单"窗口。单击"盘亏"按钮，进入"盘点报告单"窗口，"盘亏（损毁）数量"列数据即为盘亏数据，保存并审核该单据，审核成功如图 15-18 所示。

图 15-17 "盘点报告单"窗口

图 15-18 盘亏单

15.3 仓存报表分析

金蝶 KIS 专业版仓存管理除提供基本报表查询功能外,还提供强大的报表分析查询功能,可以进行安全仓库预警分析、超储/短缺库存分析和库存账龄分析等各种分析功能,以提供即时方便的分析数据。

15.3.1 即时库存查询

即时库存是指查询截止当前时间点系统中所有物料在账数据,可以按照仓库查询,也可以按照物料查询。

(1)单击【仓存管理】→【即时库存】,系统进入"过滤"窗口,如图 15-19 所示。

● **即时库存**:选中该项,查询数据为截止当前时间点的现存量数据。不选中该项,可以设置任意时间点。

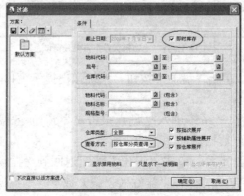

图 15-19 "过滤"窗口

- **查看方式**：选择"按仓库分类查询",则看到的数据为每一仓库下所有物料的现存量;选择"按物料分类查询",则看到的数据为每一物料在不同仓库下的现存量数据。

(2) 在此保持默认值,单击"确定"按钮,系统进入"即时库存查询"窗口,如图15-20所示。

图15-20 "即时库存查询"窗口

窗口左侧显示为仓库名称,表示当前查询模式是查询某个仓库下的所有物料情况。

(3) 切换到"按物料分类查询"。单击"过滤"按钮,系统弹出"过滤"窗口,查看方式选择"按物料分类查询",如图15-21所示。

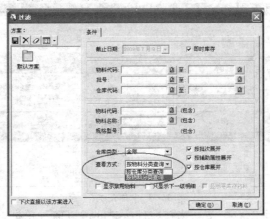

图15-21 按物料分类查询

(4) 单击"确定"按钮,系统进入"即时库存查询"窗口,如图15-22所示。

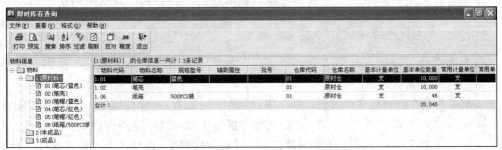

图15-22 按物料分类查询"即时库存查询"窗口

窗口左侧显示为物料大类名称和物料名称,表示当前查询模式是查询某个物料在所有仓库下的现存量情况。

15.3.2 库存台账

库存台账是用于查询每一物料在所查询时间范围内的入库、出库和结存情况,所查询情况可以与"物料卡"上的流水账进行核对。

（1）单击【仓存管理】→【库存台账】，系统进入"过滤"窗口，如图15-23所示。

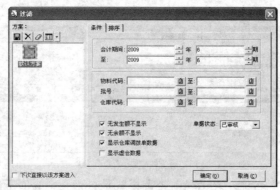

图15-23 "过滤"窗口

（2）保持默认查询条件，单击"确定"按钮系统进入"库存台账"窗口，如图15-24所示。

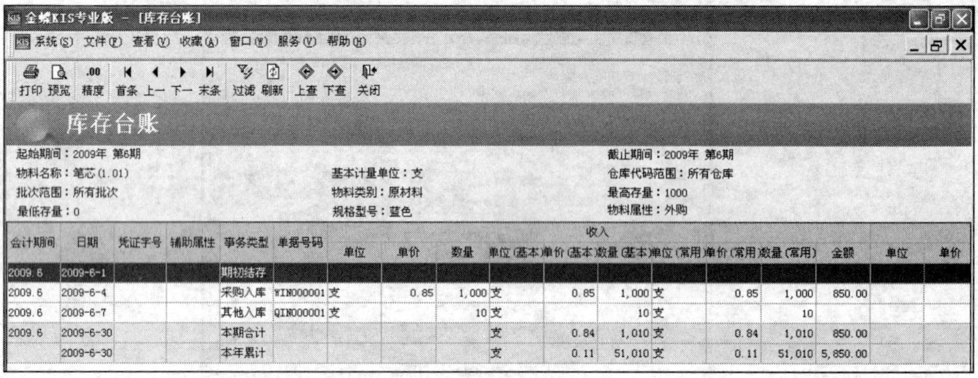

图15-24 "库存台账"窗口

在库存台账窗口可以看到某一物料在什么时间，以何种单据，是入库还是出库行为的显示报表，双击明细记录可以进入单据窗口。

单击首条、上一、下一、末条按钮可以切换查询不同物料库存台账的情况。

15.3.3 安全库存预警分析表

安全库存预警分析表是用于查询所有现存量低于安全库存量的物料，以供采购部或者计划部即时进行补货处理。

安全库存量在物料档案中设置，即可以建立档案时设置，也可以在以后的业务中随时修正。

例 4：设置"纸箱"物料的安全库存量为100，然后返回查询安全库存预警分析表。

（1）在主界面窗口，单击【基础设置】→【核算项目】，系统进入"核算项目"管理窗口，找到"物料"下的"1.06 纸箱"，双击打开，将安全库存数量修改为100，如图15-25所示。

（2）保存修改。

（3）在主界面窗口，单击【仓存管理】→【安全库存预警分析表】，系统弹出"过滤"窗口，如图15-26所示。

（4）保持默认条件，单击"确定"按钮，系统进入"安全库存预警分析表"窗口，如图15-27所示。

图 15-25 修改安全库存量

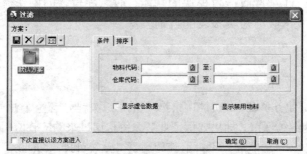

图 15-26 "过滤"窗口

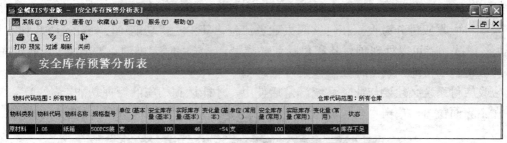

图 15-27 "安全库存预警分析表"窗口

窗口中变化量即为不足量。

其他仓存管理报表的使用方法可以参照前面几张报表，在报表查询过程中，一定要多留意"过滤"窗口中有些什么条件，在时间允许的情况下，最好每一条件都测试一下，以便更多地了解仓存管理报表的功能和实际企业业务中的作用。

15.4 习题

（1）画出仓存管理系统的数据流向。
（2）仓库调拨单一般使用什么业务情况？
（3）组装件一般使用在何业务情况？
（4）能否随时盘点？

第 16 章 应收应付

学习重点

通过本章的学习，了解应收应付模块的功能、收款和付款的操作流程、其他收款单和付款单的处理方法，以及应收应付类报表的查询方法。

16.1 概述

应收应付系统负责业务系统中赊销和赊购发票的后续处理，与整个业务系统绑定使用，原有财务系统应收应付功能继续保留。如果要保证业务系统传递过来的应收应付数据和财务系统一致，则在启用业务系统应收应付功能后，不再继续使用财务系统处理重复业务，否则会存在差额，而产生差额的部分没有业务关联。例如，以后的所有有关应收应付款的业务凭证由业务系统生成后再传递到账务处理系统，而在账务处理系统不要手工重复录入该凭证，否则会产生差异。

系统将应收应付分为收款和付款两大业务流程，其中收款功能可以处理预收款和收款业务类型，付款功能可以处理预付款和付款业务类型。系统同时提供预收冲应收、应收冲应付、预付冲应付和应付冲应收 4 种往来核销方式。

应收应付系统必须要与业务系统绑定后使用，才能达到相应的管理功能。

在主界面窗口，单击"应收应付"，切换到"应收应付"功能界面，如图 16-1 所示。

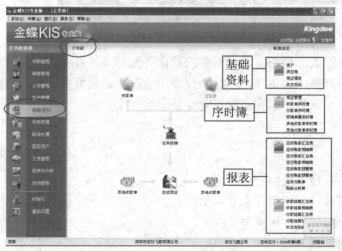

图 16-1 "应收应付"功能界面

- **子功能**：显示当前采购管理下可以处理的单据类型。
- **基础资料**：快速进行基础资料的管理。功能与"基础设置"中的功能相同。
- **序时簿**：查询相应单据的序时簿情况。
- **报表**：查询、分析应收应付情况。

1. 应收应付系统数据流向（如图 16-2 所示）

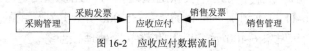

图 16-2　应收应付数据流向

- **销售管理**：销售管理中的销售发票传到应收应付系统，以供收款单处理时关联源单，同时自动进行核销处理。可以查询到明细的应收款对账单。
- **采购管理**：采购管理中的采购发票传到应收应付系统，以供付款单处理时关联源单，同时自动进行核销处理。可以查询到明细的应付款对账单。

2. 应收应付系统每期的操作流程

应收应付系统新、老用户的操作流程如图 16-3 所示。

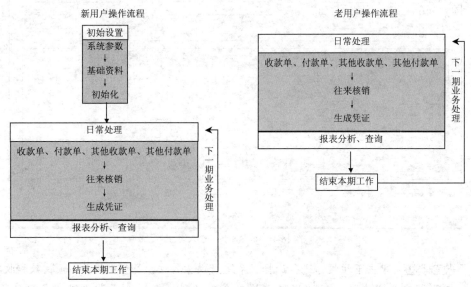

图 16-3　应收应付系统新、老用户操作流程图

新使用应收应付系统时，必须要进行系统参数设置、录入基础资料和录入应收应付期初数据之后，才能进行日常的单据处理和报表查询工作。初始设置工作请参照第 4 章和第 5 章的内容，凭证模板管理请参照后面的 16.2.5 小节的内容。

16.2　日常业务处理

基础资料、初始化设置和系统设置完成后，可以进行日常的业务处理。日常业务处理包括收款单、付款单、其他收款单、其他付款单、往来核销和生成凭证处理操作。

16.2.1 收款单

收款单是处理由销售行为所发生的收款业务。系统提供三种收款类型：收款、预收款和收款退款。收款是赊销发票产生的，选择此类型，则对以前的应收账款进行处理，可以在表体中选择所收款项对应的销售单据；预收款是在销售业务发生之前先收到对方预付的全部或部分货款，选择此类型时表体不可用；收款退款是指对已经收款的进行退款处理。

例1：2009-6-11 日收到深圳科林的货款 35 000 元，分别核销的是期初应收款 28 600 元和 ZSEFP000001 销售发票 6 400 元，以"收款单"处理该业务。

（1）以"何陈钰"身份登录"成功飞越公司"账套，单击【应收应付】→【收款单】，系统进入"收款单据"录入窗口，如图 16-4 所示。

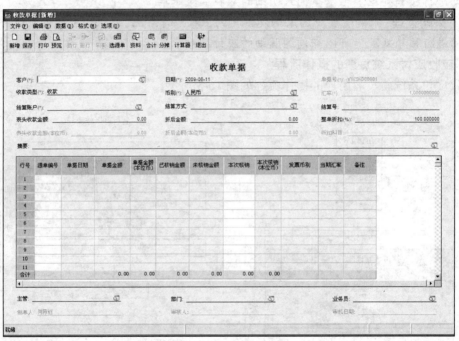

图 16-4 "收款单据"录入窗口

- **收款类型**：单击下拉按钮进行选择，系统提供 3 种收款类型：收款、预收款和收款退款。
- **结算账户**：用来记录凭证模板中收款金额的科目来源，通常为现金或银行等科目。
- **结算方式和结算号**：选择结算方式和录入对应的结算号。
- **表头收款金额**：为整单表体的实收金额合计。当收款类型为"预收款"时，此处即为金额唯一录入处。
- **整单折扣、折后金额和折扣科目**：此三项共同完成整单折扣功能。折后金额=收款金额×整单折扣，即输入折扣后自动计算出折后金额。当整单折扣修改后，折扣科目项目自动激活，此时可以选择对应的折扣科目。
- **表头收款金额（本位币）**：为整单表体的实收金额合计（本位币）。
- **折后金额（本位币）**：为整单表体的折后金额合计（本位币）。
- **源单编号**：此处负责调入赊销发票，并显示对应发票的编号。源单类型有 4 种来源，普通发票、专用发票、期初金额、其他应收单。

- **本次核销**：本次对应此张单据的收款金额。利用表头工具栏的"合计"按钮可以将实收金额合计反填到表头的收款金额处；同时，收款金额处的数值可以通过表头工具栏的"分摊"按钮按先后顺序分摊数值。

- **本次核销（本位币）**：本次对应此张单据的收款金额对应本位币。如果是本币发票，则此处金额和实收金额相同；如果是外币发票，对应本币则是按当期系统默认汇率折算的金额。

- **发票币别、当期汇率**：指当前所选发票的币别和当期的固定汇率。收款单据中不允许混合收款，即表体的单据必须是同一种币别。

（2）在客户处录入"01"，收款类型选择"收款"，光标移至表体"源单编号"处，按F7功能键，系统进入"收款源单"窗口，选中期初记录和ZSEFP000001发票，如图16-5所示。

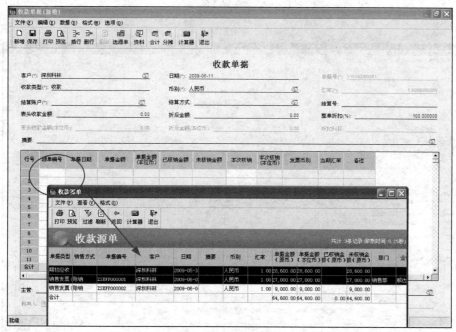

图16-5 获取收款源单

> **注意** 在表体选取"客户"信息是为了在获取源单时只过滤该客户下的单据，以提高选单效率。

（3）单击"返回"按钮，返回收款单并将源单信息显示在表体中。在"表头收款金额"处录入"35000"，单击工具栏上的"分摊"按钮，系统将收款金额依次分摊到表体的"本次核销"处，如图16-6所示。

（4）结算账户选择"1002.01 工行东桥支行 125"，结算方式选择"支票"，保存并审核当前收款单，审核成功后的窗口如图16-7所示。

"预收款"单处理时不用选择"源单"，直接在表头收款金额处录入收款金额即可。"收款退款"单的处理方法类似"收款"单，不同之处是所选择的源单为已经审核的"收款单"。

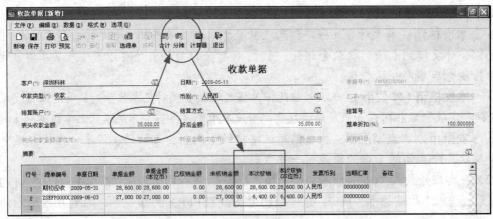

图 16-6 表头收款金额分摊

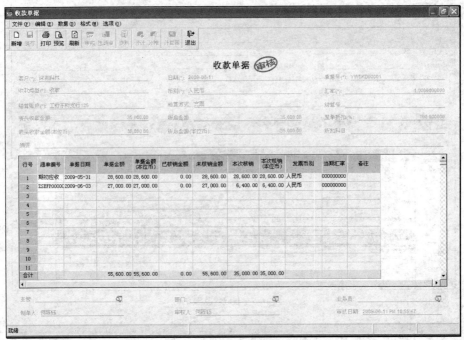

图 16-7 审核成功的收款单

16.2.2 付款单

付款单是处理由采购行为所发生的付款业务。系统提供 3 种付款类型：付款、预付款和付款退款。付款是赊购发票产生的，选择此类型，则对以前的应付账款进行处理，可以在表体中选择所收款项对应的采购单据；预付款是在采购业务发生之前先给供应商方预付的全部或部分货款，选择此类型时表体不可用；付款退款是指对已经付款的货物进行退款处理。

例 2：2009-6-11 日与东星文化用品公司达成新的采购协议，但是对方要求公司预付部分货款 5000 元后，方能送货到公司，以"付款单"处理该业务。

（1）单击【应收应付】→【付款单】，系统进入"付款单据"录入窗口，如图 16-8 所示。

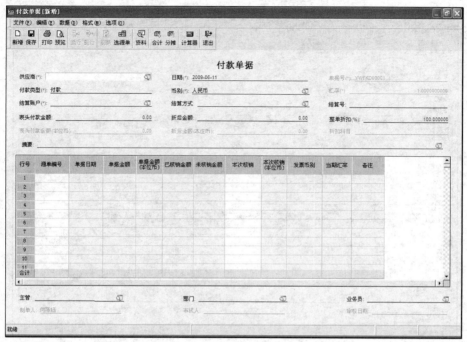

图 16-8 "付款单据"录入窗口

（2）在此窗口中，将供应商处录入"01"，付款类型选择"预付款"，结算账户选择"1002.01"，结算方式选择"支票"，表头付款金额录入"5000"，如图 16-9 所示。

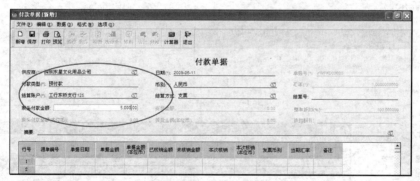

图 16-9 录入预付款数据

（3）保存并审核当前付款单。

付款单和付款退款单的处理方法请参照前面的单据。

16.2.3 往来核销

往来核销是解决企业往来业务款项转销的需求。此单据可以处理预收冲应收、预付冲应付、应收冲应付和应付冲应收 4 种业务。

例 3：2009-6-11 日东星文化用品公司来电沟通，先前预付的 5 000 元作为前期应付款进行核销，待送货后再重新核算新的应付账款，以"往来核销"处理该笔业务。

（1）单击【应收应付】→【往来核销】，系统进入"往来核销"录入窗口，如图 16-10 所示。

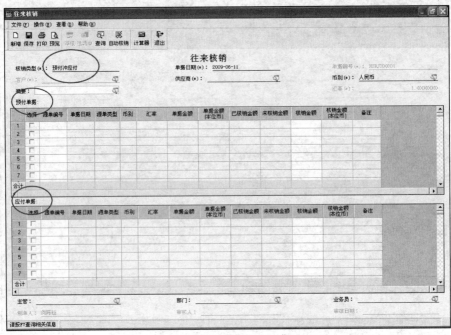

图 16-10 "往来核销"录入窗口

(2)单击"核销类型"下拉按钮,选择"预付冲应付"项,此时客户项被屏蔽,在供应商处录入"01",在"预付单据"的源单编号处按 F7 功能键,系统进入"预付源单"窗口,如图 16-11 所示。

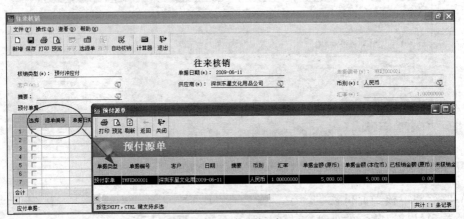

图 16-11 "预付源单"窗口

(3)选中"YWFKD000001"号预付单,单击"返回"按钮返回"往来核销"窗口。在"应付单据"的源单编号处按 F7 功能键,系统进入"应付源单"窗口,如图 16-12 所示。

(4)选中"期初应付"的 11 000 元记录,单击"返回"按钮,将该记录显示在表体中。单击工具栏上的"自动核销"按钮,此时"应付单据"中的"核销金额"修改为"5 000",如图 16-13 所示。

第16章 应收应付

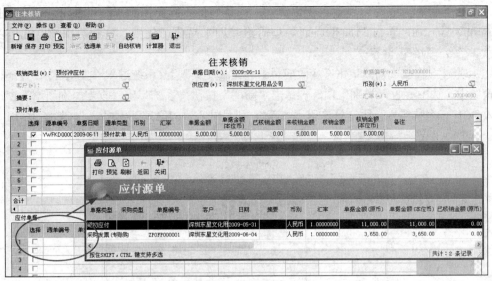

图 16-12 "应付源单"窗口

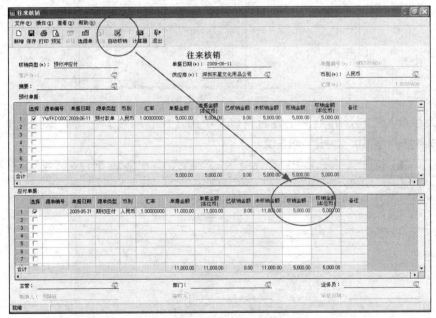

图 16-13 修改核销金额

（5）保存并审核当前核销单据。

> **注意** 取消该笔核销业务的方法是，在"核销单据序时簿"窗口中删除该笔业务即可。

16.2.4 其他收款单、其他付款单

其他收款单是处理非主营业务收入的其他收款业务，如押金收入、员工借款等，主要是对收款过程的管理。同时通过输入收入类别，系统提供不同收入类别的收款汇总及明细报表。

其他付款单是处理非主营业务支出的其他付款业务，如租金支出、差旅费支出等，主要是

对付款过程的管理。同时通过输入支出类别，系统提供不同支出类别的付款汇总及明细报表。

例4：2009-6-11日将瑞风商务车借给深圳永昌公司使用，收到费用500元，以"其他收款单"处理该笔业务。

（1）先建立收支类别。单击【应收应付】→【收支类别】，系统进入"收支类别"管理窗口。在此窗口中，选中"收入类别"项，再单击"新增"按钮，系统弹出"收支类别新增"窗口，代码录入"01"，名称录入"固定资产租用收入"，科目录入"6301 营业外收入"，如图16-14所示。

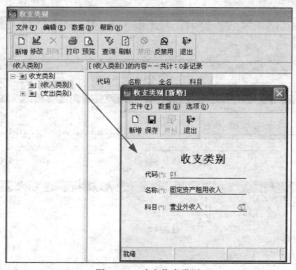

图16-14　建立收支类别

（2）保存录入资料，并返回主界面窗口，单击【应收应付】→【其他收款单】，系统进入"其他收款单"窗口，如图16-15所示。

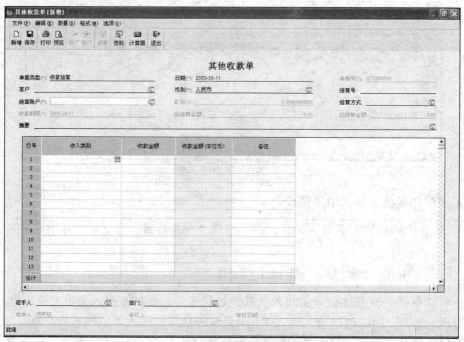

图16-15　"其他收款单"窗口

单据类型有"收款结算"和"其他应收"两种。"收款结算"类型用于处理已经收到费用的业务;"其他应收"类型是处理先挂应收账款,后期使用"收款单"可引用的源单收款的业务。

(3) 将单据类型选择"收款结算",客户录入"04",结算账户选择"1001.01 人民币",表体收入类别选择"固定资产租用收入",收款金额录入"500",如图 16-16 所示。

图 16-16　收款结算单内容

(4) 保存并审核其他收款单。

"其他付款单"业务的操作方法可以参照"其他收款单"的方法。

16.2.5　生成凭证

"生成凭证"功能可以将应收应付系统中各种业务单据按凭证模板生成凭证,并可根据凭证模板上选定的科目属性生成不同的凭证,如数量金额凭证、外币凭证等并传递到账务处理系统。还可对生成的凭证进行查询和修改,实现单据和凭证之间的联查,使物流和资金流在本模块中实现同步。

1. 凭证模板

凭证模板是对业务单据要生成何种格式的凭证进行设置,预设好凭证模板可以提高生成凭证速度。

在主界面窗口,单击【应收应付】→【凭证模板】,系统进入"凭证模板"管理窗口,如图 16-17 所示。

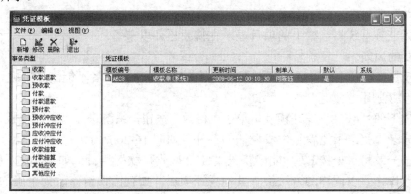

图 16-17　"凭证模板"管理窗口

窗口左侧显示的是单据类型,右侧显示该单据类型下所具有的凭证模板。同时可以进行凭证模板的新增和修改等操作。

新增凭证模板的方法是：首先选中要处理的单据类型名称，再单击"新增"按钮，系统进入"凭证模板"设置窗口，如图 16-18 所示。

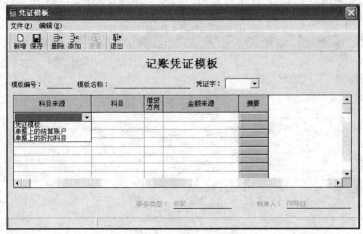

图 16-18 "凭证模板"设置窗口

● **模板编号、模板名称、凭证字**：录入模板编号和模板名称，并且选择生成凭证字时的凭证字。

● **科目来源**：不同单据可能有不同的科目来源。收款单上的科目来源有凭证模板、单据上的结算账户和单据上的折扣科目三种，每一条分录只能选择一种来源。选择"凭证模板"项，同时在"科目"项按 F7 功能键获取科目代码，则以后生成凭证时，该条分录的科目代码即为刚才所设定的科目。选择"单据上的结算账户"，则该条分录的科目为结算账户对应的科目。选择"单据上的折扣科目"，则该条分录的科目为单据上所选择的折扣科目。

● **金额来源**：不同单据有不同的金额来源，单击下拉列表进行选择。在选择金额来源时，应注意配合相应的科目及借贷方向，并保证借贷平衡，否则凭证不能保存。

● **摘要**：设置摘要内容。单击"摘要"按钮，系统弹出"摘要定义"窗口，双击"可选择摘要单元"中的项目，则显示在"摘要公式"区域中，如图 16-19 所示。

在生成凭证时系统将单据上的项目显示在摘要栏，以节省手工录入摘要的烦琐。

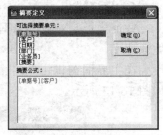

图 16-19 "摘要定义"窗口

修改模板是指系统中所设置的模板不符合财务核算要求，或者不能满足生成凭证的条件，需要修改后才能使用。

选中收款下的"A628"凭证模板，单击"修改"按钮，系统进入"凭证模板"设置窗口，注意第三条分录为空，不能满足生成凭证的条件，如图 16-20 所示。

在第三条分录科目处按 F7 功能键获取"1122 应收账款"科目，如图 16-21 所示。

保存修改操作。以同样的方法检查其他凭证模板，如有错误请修改为正确的模板。

2. **生成凭证**

生成凭证是将相关单据生成凭证的过程。以"收款单"生成凭证为例，介绍生成凭证的处理方法。

（1）在主界面窗口，单击【应收应付】→【生成凭证】，系统弹出"选择事务类型"窗口。一次只能处理一种单据类型，选中"收款"项，如图16-22所示。

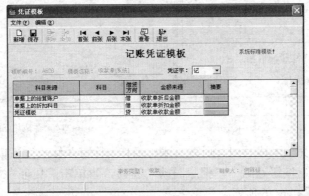

图16-20　收款单凭证模板

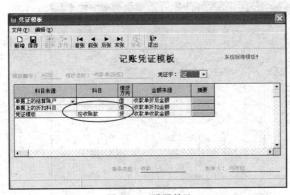

图16-21　设置科目

图16-22　"选择事务类型"窗口

（2）单击"确定"按钮，系统弹出"过滤"窗口，保持默认值单击"确定"按钮进入"单据序时簿"窗口，如图16-23所示。

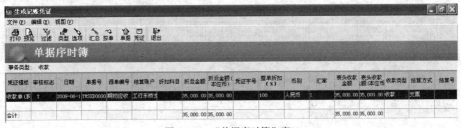

图16-23　"单据序时簿"窗口

● **类型**：单击"类型"按钮，系统弹出"选择事务类型"窗口，可以选择其他单据类型进行凭证处理。

● **选项**：单击"选项"按钮，系统弹出"生成凭证选项"窗口，如图16-24所示。

在选项窗口可以设置异常处理设置，查询默认模板，设置科目合并选项，单击"模板设置"按钮可以进入模板设置窗口。

（3）由于系统中只有一张收款单，选中该项，单击工具栏上的"按单"按钮，稍后系统弹出"生成凭证成功"提示窗口，如图16-25所示。

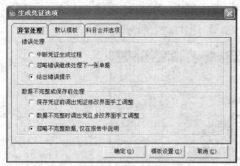
图 16-24 "生成凭证选项"窗口

图 16-25 "生成凭证成功"提示窗口

当系统提示生成凭证不成功时,则需要退出窗口,检查并修改凭证模板后,再生成凭证。

(4)单击"确定"按钮返回"单据序时簿"窗口,再单击"凭证"按钮,系统弹出该张单据的凭证信息,如图 16-26 所示。

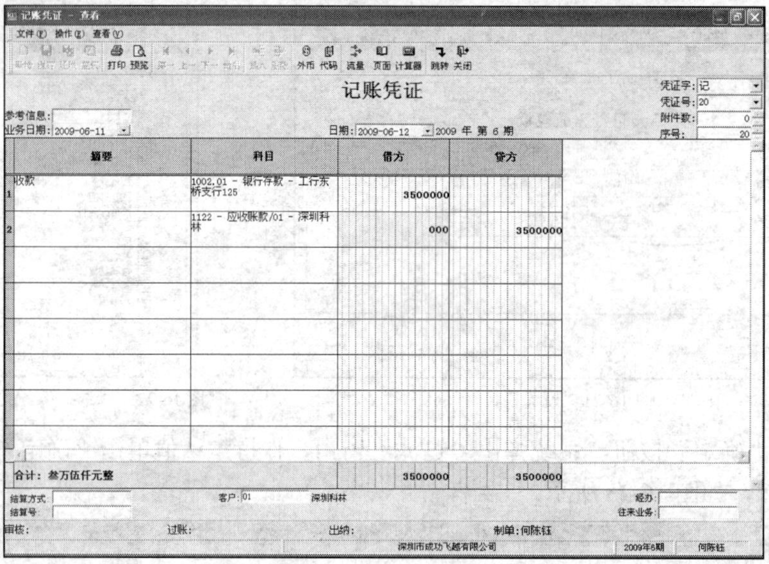

图 16-26 收款单凭证

请读者按照同样的方法将其他单据生成凭证。

16.3 应收应付报表分析

金蝶 KIS 专业版应收应付系统为用户提供了应收账款汇总表、应收账款明细表、应付账款汇总表、应付账款明细表、应收账款预警表、应付账款预警表、往来对账单和账龄分析等报表,为企业即时掌控往来账款提供了支持。

16.3.1 应收账款汇总表

应收账款汇总表是用于查询一定时间范围内,应收账款的汇总情况,应收多少,实收多少,还余多少等。

单击【应收应付】→【应收账款汇总表】,系统进入"过滤"窗口,如图 16-27 所示。

第16章　应收应付

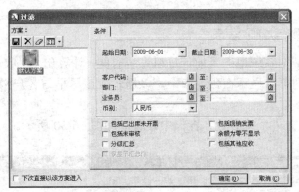

图 16-27 "过滤"窗口

将时间范围设置为 2009-6-1～2009-6-30，其他条件保持默认值。单击"确定"按钮，系统进入"应收账款汇总表"窗口，如图 16-28 所示。

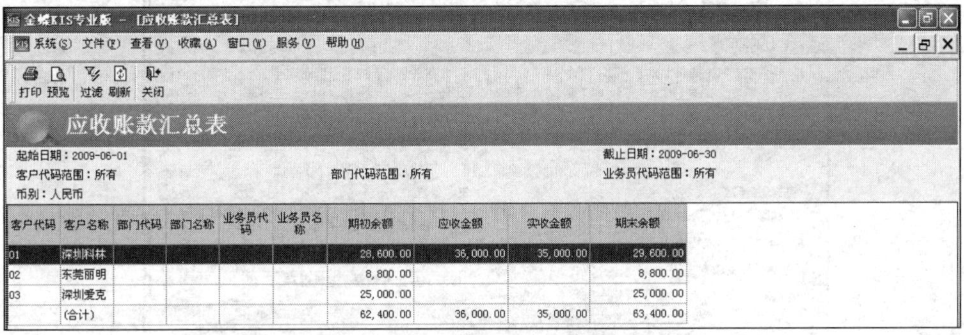

图 16-28 "应收账款汇总表"窗口

双击汇总记录可以进入"应收账款明细表"窗口。

16.3.2　应收账款明细表

应收账款明细表是用于查询一定时间范围内，应收账款的明细情况，如上期期末账款是多少，预收多少，应收多少，实收多少。

单击【应收应付】→【应收账款明细表】，系统进入"过滤"窗口，将时间范围设置为 2009-6-1～2009-6-30，其他条件保持默认值。单击"确定"按钮，系统进入"应收账款明细表"窗口，如图 16-29 所示。

图 16-29 "应收账款明细表"窗口

16.3.3 应收账款预警表

应收账款预警表是由系统根据当前计算机系统时间,计算出与"收款日期"的差距天数,如果超出预警天数,则可以显示在预警表中,以提示应该尽早与客户沟通,收回货款,防止坏账的产生。

"应收预警天数"在"系统参数"窗口中设置,如图16-30所示。

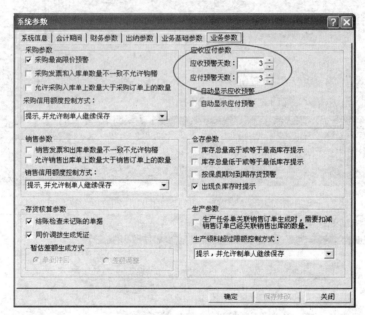

图16-30 预警天数的设置

例如,将"应收预警天数"设置为3天。如果同时选中"自动显示应收预警"项,则在登录账套后,每一次使用应收应付系统时,系统会自动弹出应收预警表。

为查询看预警效果,请将计算机系统日期修改为"2009-7-10"。

单击【应收应付】→【应收账款预警表】,系统弹出"过滤"窗口,将日期范围设置为2009-6-1~2009-6-30。单击"确定"按钮,系统进入"应收账款预警"窗口,如图16-31所示。

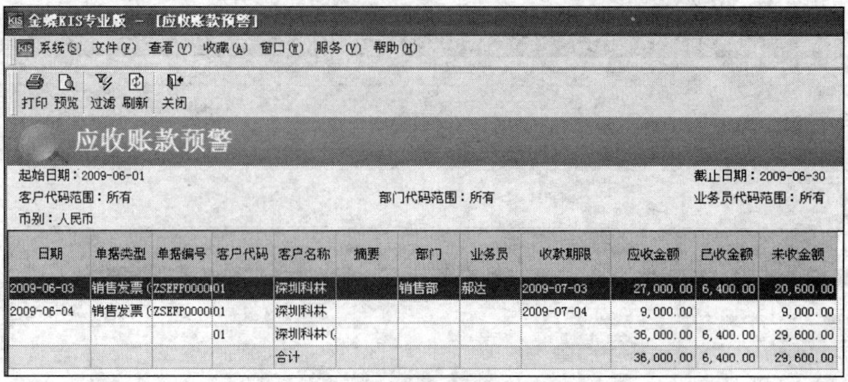

图16-31 "应收账款预警"窗口

16.3.4 账龄分析

账龄分析表主要是用来对往来核算项目的往来款项余额的时间分布进行分析。账龄分析表可以对核算项目的账龄进行计算，每一个核算项目或是核算项目组合只会处于一个唯一的账龄段中。

单击【应收应付】→【账龄分析表】，系统弹出"过滤"窗口，如图16-32所示。

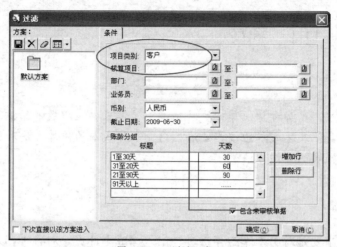

图16-32 "过滤"窗口

项目类别处选择要分析的对象，账龄分组可以自由设定分析天数。设置完成后，单击"确定"按钮，系统进入"账龄分析表"窗口，如图16-33所示。

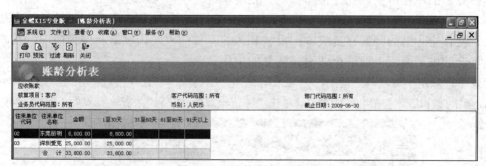

图16-33 "账龄分析表"窗口

其他报表的使用方法可以参照前面几张报表。在报表查询过程中，一定要多留意"过滤"窗口中有哪条件，在时间允许的情况下，最好对每一条件都测试一下，以便更多地了解应收应付报表的功能和实际企业业务中的作用。

16.4 习题

（1）画出应收应付系统的数据流向图。
（2）收款类型有哪几种？
（3）往来核销可以处理哪几种业务？

第 17 章 存货核算

学习重点

通过本章的学习，了解存货核算模块的功能，了解采购入库成本的核算方法、估价入库成本的核算方法、其他入库成本的核算方法、自制入库成本的核算方法和出库成本方法，以及凭证生成和存货报表的查询方法。

17.1 概述

存货核算系统主要是对出入库的存货进行出入库成本计算，对各种出入库单据（采购入库单、成品入库单、销售出库单、材料领用单等）进行审核、勾稽后，根据预先定义好的物料成本计价方法（如先进先出、后进先出、加权平均等），系统自动计算材料的出库成本。材料成本核算后的单据可生成凭证传递到账务处理系统。

存货的核算是企业会计核算的一项重要内容。进行存货核算，应该正确地计算存货购入库成本，促使企业努力降低存货成本；反映和监督存货的收发、领退和保管情况，反映和监督存货资金的占用情况，促进企业提高资金的使用效率。

存货核算系统不可以单独使用，须与采购管理、销售管理和仓存管理等系统集成使用，才能核算出正确的材料成本。在主界面窗口，单击"存货核算"，切换到存货核算界面，如图 17-1 所示。

图 17-1 "存货核算"功能界面

- **子功能**：显示当前采购管理下可以处理的单据类型。
- **基础设置**：对基础项目进行设置。
- **序时簿**：查询相应单据的序时簿情况。
- **报表**：查询、分析存货成本情况。

1. 存货核算系统数据流向（如图17-2所示）

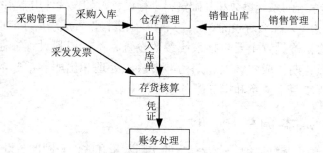

图17-2 存货核算系统数据流向图

- **采购管理**：主要接收采购系统产生的已审核的采购发票和采购入库单，进行外购入库核算或估价入库核算。
- **仓存管理**：接收仓存系统所有的出入库单据，进行出入库金额核算。
- **销售管理**：销售管理系统产生的已审核的销售出库单传递到仓存管理系统，仓存管理系统再传递到存货核算系统，以计算材料的出库成本。
- **账务处理**：存货核算系统生成的凭证传递到账务处理系统。

2. 存货核算系统每期的操作流程

存货核算系统新、老用户的操作流程如图17-3所示。

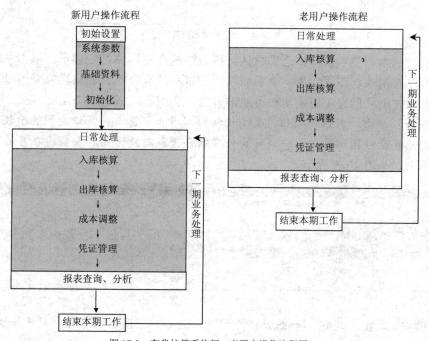

图17-3 存货核算系统新、老用户操作流程图

新使用存货核算系统时,必须要进行系统参数设置、录入基础资料和录入存货期初数据之后,才能进行日常的单据处理和报表查询工作。

17.2 初始设置

初始设置是对本系统的系统参数和基础资料进行设置,如设置使用本系统的具体日期,这样才能知道期初数据应该录入什么时候的数据;只有基础资料设置成功后才能正常进行单据处理。

存货核算系统的初始设置主要包括系统参数设置、基础资料设置、存货期初数量和金额录入、凭证模板管理、期初成本调整、期初异常余额处理和出库异常成本处理。基础资料设置和存货期初录入请参照第4章和第5章的内容。

17.2.1 期初成本调整

在实际工作中,由于某种原因,企业存货的实际数量和账面反映的数量是一致的情况下,存货金额仍然账物不符,如数量为零,金额不为零,则需要单独进行期初余额调整。对于出入库单据的金额调整,可以通过成本调整单进行,期初成本调整功能可处理成本调整单的录入和维护。

以"何陈钰"身份登录账套,单击【存货核算】→【期初成本调整】,系统进入"期初成本调整"窗口,如图17-4所示。

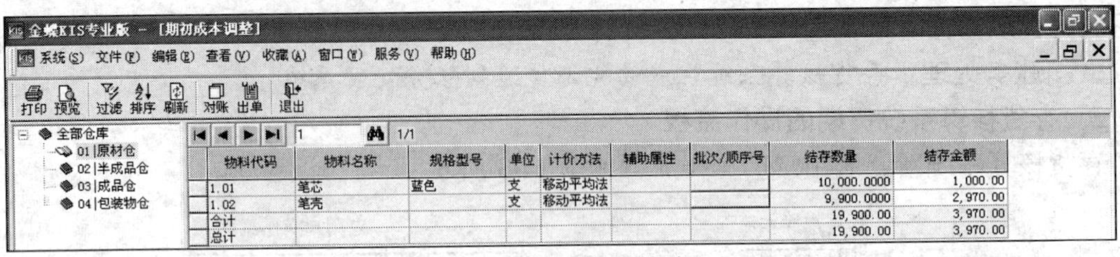

图17-4 "期初成本调整"窗口

在"期初成本调整"窗口,仓库默认按树型结构在左侧窗格中显示,单击左侧对应的仓库名称,可以查询该仓库下的所有物料明细的数量和结存金额。如果物料采用批次管理,计价方法为先进先出、后进先出的物料可双击"批次/顺序列"来查看明细。

● **对账**:单击"对账"按钮,系统切换到"对账"窗口,窗口左侧显示物料所在的会计科目,右侧显示对账结果。同一科目的仓存结存金额与总账结存金额存在差异时,系统会提示对账不平,如图17-5所示。

图17-5 "对账"窗口

● **调整**:单击"调整"按钮切换到"调整"窗口,如图17-3所示。对于加权平均法和移动平均法的物料可通过直接修改结存金额的方式来调整期初金额。对于分批认定法、先进先出法、后进先出法的物料应双击"批次/顺序号",调整明细批次(序列)的金额。对于计划成本法的物料应调整结存差异。

● **出单**:调整结存金额修改完毕后,单击"出单"按钮,系统弹出提示窗口,如图17-6所示。系统将调整差额自动生成成本调整单,日期为本期间的第一天,并自动审核,该调整单可以在【存货核算】→【成本调整单】下查询到,如图17-7所示。

图17-6 出库提示窗口

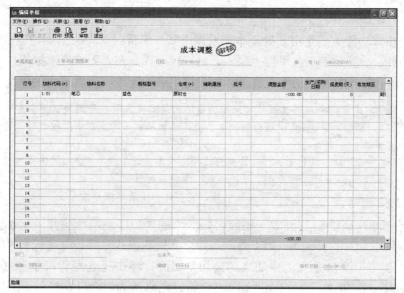

图17-7 出库调整单

17.2.2 期初异常金额处理

期初异常金额处理是处理期初仓存余额中存在的物料数量结存为0但金额不为0的异常余额信息,这部分数据是期初仓存余额中的异常数据,一般需要进行期初余额调整。

由于本账套没有数据供练习使用,在此只讲解操作方法。

单击【存货核算】→【期初异常金额处理】,系统进入"期初异常金额处理"窗口,如图17-8所示。

图17-8 "期初异常金额处理"窗口

选中要生成成本调整单的明细行后单击"出单"按钮,系统将指定生成对应的成本调整单,并将成本调整单单据号显示在报表中。

在期初异常金额处理中生成成本调整单与在期初成本调整中生成成本调整单的功能是无法连接的,即两者只需要在一个地方生成成本调整单即可。如果一方已经对本物料生成了成本调整单,再对另一方生成成本调整单时,系统会自动删除前一张成本调整单,而保存最新的这张成本调整单。同时不论哪一方生成了成本调整单，在汇总报表的相同信息行中都会显示对应的成本调整单号。

17.3 日常业务处理

日常业务处理包括入库核算、出库核算和生成凭证等操作，并且根据核算出来的材料成本查询相关报表，以对企业的材料状况做出预策和分析处理。

17.3.1 估价入账核算

估价入账核算功能主要是用来处理本期发票未到，但货已入库的采购物料进行估价处理。暂估方式有两种，一种是手工在单据上录入，另一种方式是在"无单价单据维护"模块中进行单价更新。估价入账核算功能通常是在期末时确定供应商无法将发票送到的情况下使用。

> **注意**
> 1．暂估方式是指企业未收到已经入库物料的采购发票，不能正确地核算入库物料的成本，所以用"估价"的方式核算该物料的成本，待该笔物料的采购发票实际收到时，再核算正确的物料入库成本。
> 2．暂估是一种估计的行为，所以该单据核算的成本凭证必须冲回。回冲方式有差额调整和单到回冲两种方式，设置方法是在"系统参数"项中进行设置。
> 3．在此处先介绍"估价入账核算"功能，主要是为了展示演示效果。

例1：2009-6-12日收到专一塑胶公司送来的"1.03 笔帽-蓝色"5 000支，仓库管理员不管价格，只需录入数量即可，以"外购入库"单处理该业务后，再进行"估价入账核算"。

（1）以"王平"身份登录"成功飞越公司"账套，单击【仓存管理】→【外购入库】，系统进入"采购入库"单处理窗口在此窗口中，将日期修改为"2009-6-12"，供应商录入"01"，不选择任何源单，物料代码录入"1.03"，收料仓库"01"，实收数量录入"5 000"，如图17-9所示。

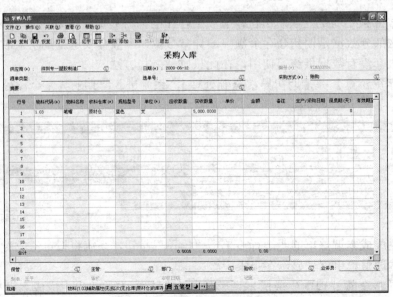

图17-9 采购入库单录入窗口

（2）保存并审核当前单据。

假设已经到期末，确认专一塑胶公司无法将该张外购入库单的发票送到，现以估价录入成本。

（3）再以"何陈钰"身份登录账套，单击【存货核算】→【估价入账核算】，系统弹出"过滤"窗口，如图17-10所示。

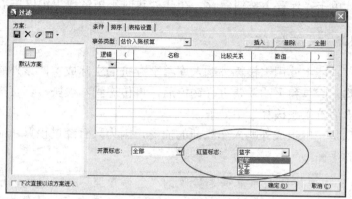

图17-10 "过滤"窗口

注意开票标志和红蓝标志项的选择。

（4）将红蓝标志选择为"全部"，单击"确定"按钮，系统进入"估价入账核算"序时簿窗口，如图17-11所示。

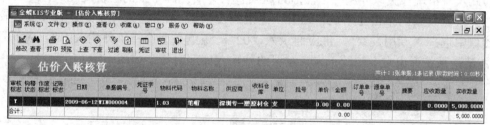

图17-11 "估价入账核算"序时簿窗口

暂估序时簿中的单据可能有单价，也可能无单价，录入单价的方法是：选中后单击"修改"按钮，系统进入"采购入库单"窗口，在单价位置处录入正确的"估价"即可，如图17-12所示。

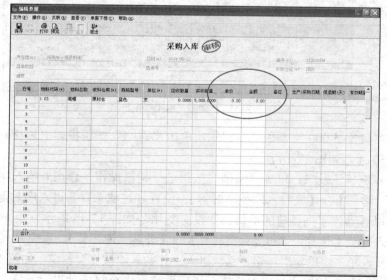

图17-12 单价录入窗口

> **注意** 存货核算中的暂估入库单据是接收的"仓存管理"中的未钩稽的"外购入库"单据,所以只有外购入库单经审核后,才能在存货核算中进行入库成本的核算。

修改完成后,单击"保存"按钮保存。在此处暂时不用修改单价以供后面练习。

17.3.2 外购入库核算

外购入库核算功能主要用来核算外购入库单上存货的实际成本,该外购入库单由"采购管理"系统中采购入库单和采购发票进行钩稽后,再传递到本模块,若有货到票未到的外购入库单,则是在"估价入账核算"中处理。

存货核算成功是正确生成外购入库凭证的前提,因为只有经过核算才能保证采购发票与外购入库单金额的平衡。

> **注意** 存货核算中的外购入库单据是接收的"仓存管理"中的已经钩稽的"外购入库"单据,所以只有外购入库单钩稽和审核后,才能在存货核算中进行入库成本的核算。

为了查看外购入库核算成本效果,刚才新增的"外购入库单"上没有单价,现录入一张发票与此入库单进行关联并钩稽,然后再返回查看外购入库单上的单价变化。

(1) 录入发票。单击【采购管理】→【采购发票】,系统进入"采购发票"处理窗口。在此窗口中选择"专用发票",供应商录入"02",源单类型选择"外购入库",选单号处按 F7 功能键,系统弹出专一塑胶下未开发票的外购入库序时簿,如图 17-13 所示。

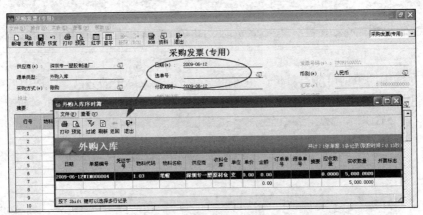

图 17-13 获取外购入库单

(2) 选中窗口中 5 000 支蓝色笔帽记录,单击"返回"按钮将该记录获取到表体中,含税单价录入 1.50 元,如图 17-14 所示。

(3) 保存并审核该发票,单击"钩稽"按钮进行钩稽操作。查询外购入库单上单价的变化。单击【采购管理】→【采购入库单序时簿】,设置好过滤条件,进入序时簿窗口,打开外购入库单,可以看到该单据目前的单价仍然没有变化,如图 17-15 所示。

(4) 外购入库成本核算。单击【存货核算】→【外购入库核算】,系统弹出"过滤"窗口,保持默认值不变,单击"确定"按钮,系统进入"外购入库核算"窗口,如图 17-16 所示。

(5) 单击"核算"按钮进行成本核算,稍后系统弹出核算成功提示。

第17章　存货核算

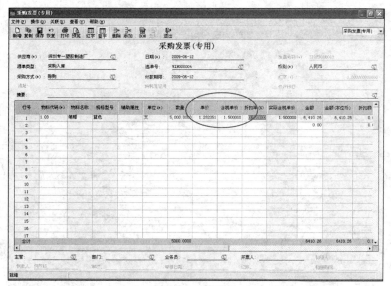

图 17-14　录入单价

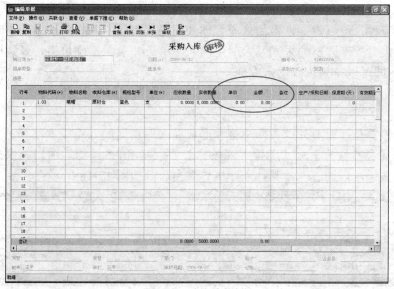

图 17-15　查询采购单价

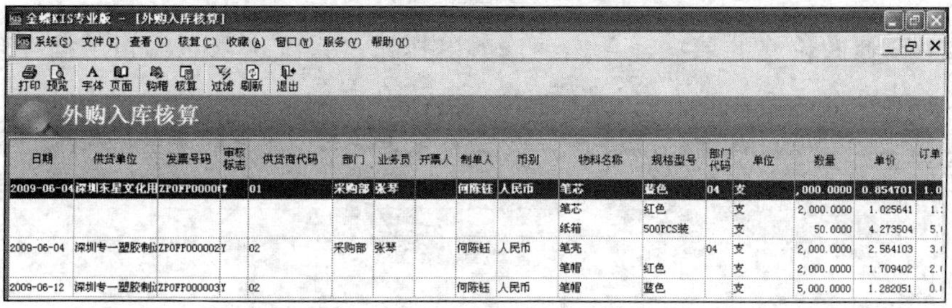

图 17-16　"外购入库核算"窗口

（6）再查询外购入库单上的单价变化。单击【采购管理】→【采购入库单序时簿】，设置好过滤条件，进入序时簿窗口，打开外购入库单，可以看到该单据目前的单价数，表示核

311

算入库成本成功，如图 17-17 所示。

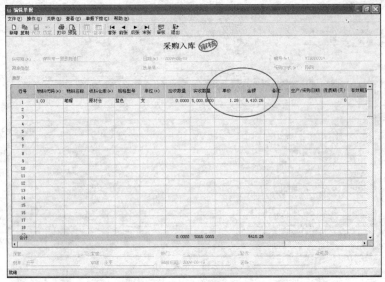

图 17-17 核算成功后的入库单价

通过以上流程，可以得知，做为仓库管理人员只负责外购入库单的录入，无须管单价正确与否，而是由财务部开出的采购发票引用该入库单，并录入正确价格，经钩稽后，再"外购入库核算"，即可以得到正确的入库成本。

17.3.3 其他入库核算

其他入库核算是针对非外购入库单据和产成品入库单据的入库成本核算。

（1）单击【存货核算】→【其他入库核算】，系统弹出"过滤"窗口，保持默认条件，单击"确定"按钮，系统进入"其他入库核算"窗口，如图 17-18 所示。

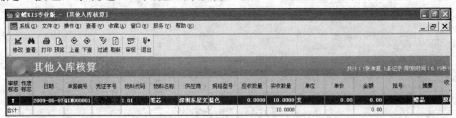

图 17-18 "其他入库核算"窗口

（2）选中要修改价格的单据，单击"修改"按钮，系统进入"编辑单据"窗口，在单价处手工录入成本价，例如录入"1.23"，如图 17-19 所示。

图 17-19 录入单价

保存后其他入库核算成功。

17.3.4 自制入库核算

自制入库核算主要是对半成品/产成品的入库成本进行核算。主要是针对该产品入库单无关联生产任务单和生产领料单时使用，因为当关联以上两种单据时，可以直接在"生产管理"系统下的"生产成本"功能中核算。另外，用户还可以通过"无单价单据维护"功能直接进行单价更新。

> **注意**　存货核算中的自制品单据是接收到的"仓存管理"系统中的"产品入库"单据，所以只有产品入库单经审核后，才能在存货核算中进行入库成本的核算。

例2：2009-6-12日生产部交回5月份领出的材料，现在才组装完成的3.01蓝色圆珠笔500支，以产成品录入该入库单，然后进行自制入库成本的核算。

（1）以"王平"身份登录账套，单击【仓存管理】→【产品入库】，系统进入"产品入库"单处理窗口，将日期修改为2009-6-12，交回部门获取"生产部"，不选择任何源单，物料代码录入"3.01"，收货仓库"成品仓"，实收数量录入"500"，如图17-20所示。

图17-20　"产品入库单"窗口

（2）保存并审核该单据。

（3）以"何陈钰"身份登录账套，单击【存货核算】→【自制入库核算】，系统弹出"过滤"窗口，保持默认条件，单击"确定"按钮，进入"自制入库核算"维护窗口，如图17-21所示。

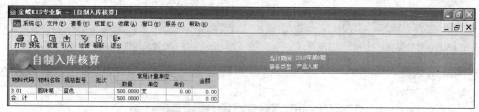

图17-21　"自制入库核算"维护窗口

在单价处录入成本价后，单击"核算"按钮即可。

17.3.5 组装核算

组装核算包括：组装单核算和拆卸单核算。

1. 组装单核算

单击【存货核算】→【组装单核算】，进入"组装核算序时簿"窗口，单击调出核算单据。对于组装业务，系统设置单独核算功能，可以通过在序时簿窗口中单击"核算"按钮进行入库核算。组装业务核算数据源是指，组装类型的其他入库单核算来源于组装类型的其他出库单出库成本和组装单中的实际费用,此处的实际费用就是组装业务中的组装费,需要计入物料成本。

操作前提是,组装入库的核算要求对应的其他出库单已经核算完毕,即已经存在出库成本。因此,需要首先进行材料出库核算,核算出其他出库单成本后再核算其他入库单成本。这个步骤是自动进行的。

2. 拆卸单核算

拆卸单核算需要手工处理,单价来源只能通过手工录入。因为拆卸的过程并没有受到严格限制,也不受 BOM 控制,因此无法确定通过组装件生成拆卸后的子件的真实成本,需要手工依照组装件的出库成本加上实际发生的费用来分摊到各个子件入库成本中。

进入"其他入库核算"功能,录入过滤条件,选择需估价的单据(本期、已审核、未生成凭证为固定条件),单击"确定"按钮,显示其他入库单序时簿,双击某一行,弹出该行所对应的单据,用户可录入单价,系统计算出金额,或录入金额,由系统倒算出单价。

17.3.6 存货出库核算

出库核算是系统根据物料档案所采用的"计价方法"来自动计算出物料的出库成本。

(1)单击【存货核算】→【存货出库核算】,系统进入"存货出库核算向导"窗口。单击"下一步"按钮,系统进入"选择需要进行结转的存货"窗口,如图 17-22 所示。

(2)选中"结转本期所有存货"项,单击"下一步"按钮,系统进入"设置结转成本过程中的选项"控制窗口,如图 17-23 所示。

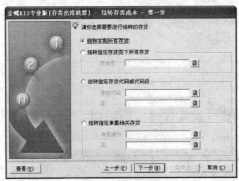

图 17-22 选择需要进行结转的存货窗口

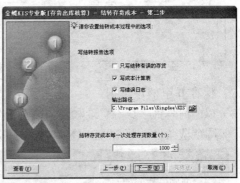

图 17-23 设置结转成本过程中的选项控制窗口

(3)保持默认值,单击"下一步"按钮,系统开始计算成本,稍后弹出核算成功窗口,如图 17-24 所示。

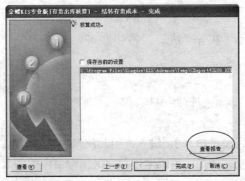

图 17-24 核算成功窗口

（4）单击“查看报告”按钮，系统进入“结转存货成本报告”窗口，如图17-25所示。

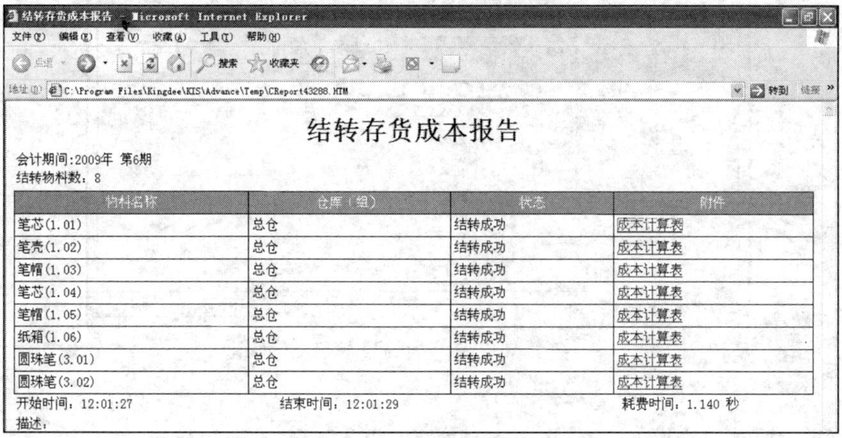

结转存货成本报告

会计期间:2009年 第6期
结转物料数：8

物料名称	仓库（组）	状态	附件
笔芯(1.01)	总仓	结转成功	成本计算表
笔壳(1.02)	总仓	结转成功	成本计算表
笔帽(1.03)	总仓	结转成功	成本计算表
笔芯(1.04)	总仓	结转成功	成本计算表
笔帽(1.05)	总仓	结转成功	成本计算表
纸箱(1.06)	总仓	结转成功	成本计算表
圆珠笔(3.01)	总仓	结转成功	成本计算表
圆珠笔(3.02)	总仓	结转成功	成本计算表

开始时间：12:01:27 结束时间：12:01:29 耗费时间：1.140 秒
描述：

图17-25 “结转存货成本报告”窗口

（5）单击要查看物料后的“成本计算表”，系统进入“成本计算表”窗口。在此窗口中可以查询成本计算过程的详细情况，如图17-26所示。

成本计算表

会计期间：2009年 第6期
物料名称：笔壳(1.02) 计量单位：支 计价方法：移动平均法

事务类型	单据号码	收入	发出	结存
期初余额				9900*0.3=2970 合计:9900*0.3=2970（数量,单价,金额）
采购入库	WIN000002	2000*2.564105=5128.21		
				11900*0.68=8098.21 合计:11900*0.68=8098.21
领料单	SOUT000001		2000*0.68=1360	
				9900*0.68=6738.21 合计:9900*0.68=6738.21

开始时间：12:01:28 结束时间：12:01:28 耗费时间：0.156 秒
描述：

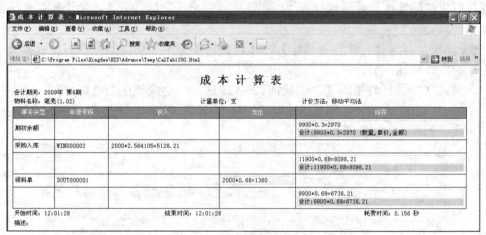

图17-26 “成本计算表”窗口

17.3.7 无单价单据序时簿

用户在实际应用中由于各种原因常常会遇到出入库单无法直接确定单价，本模块为用户提供了“无单价单据”的单价处理。

（1）单击【存货核算】→【无单价单据序时簿】，系统弹出“过滤”窗口，如图17-27所示。

（2）设置好过滤事务类型之后，请用户注意对“红蓝字”选项的选择，单击“确定”按钮系统进入“无单价单据序时簿”窗口。

（3）单击菜单上的“单据更新单价来源”选项，选择用于进行单价更新的单价来源。选择好“单价来源”后，单击工具栏上的“更新”按钮实现序时簿中无单价单据的单价更新功能；用户在更新单价之后，系统会暂不刷新序时簿界面，用户可以通过该界面查看各物料单价更新结果是否正确。

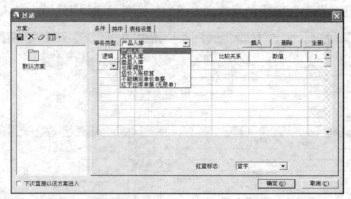

图 17-27 "过滤"窗口

17.3.8 生成凭证

生成凭证功能可以将存货核算系统中各种业务单据按凭证模板生成凭证，并可根据凭证模板上选定的科目属性生成不同的凭证，如数量金额凭证、外币凭证等并传递到账务处理系统。还可对生成的凭证进行查询和修改，实现单据和凭证之间的联查，物流和资金流在本模块实现同步。

"凭证模板"可选择在【存货核算】→【凭证模板】中处理，操作方法可以参照"应收应付"中的生成凭证一节。

（1）单击【存货核算】→【生成凭证】，系统进入"生成凭证"处理窗口。选中左侧要处理的单据类型，如选中"采购发票（发票直接生成）"，同时可以选择是按单生成还是汇总生成等方式，如图 17-28 所示。

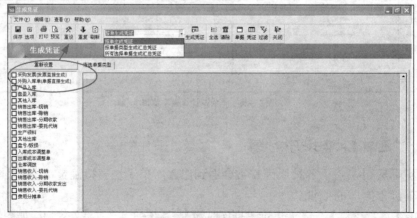

图 17-28 选择单据类型

（2）单击"重设"按钮，系统弹出"过滤"窗口，保持默认值，单击"确定"按钮，系统将符合条件的单据显示在窗口右侧，如图 17-29 所示。

（3）选中要生成凭证的发票，单击"生成凭证"按钮，稍后系统弹出生成凭证成功的提示窗口。再次选中该发票，单击"凭证"按钮，系统进入"记账凭证"窗口，如图 17-30 所示。

其他单据请读者自行练习。

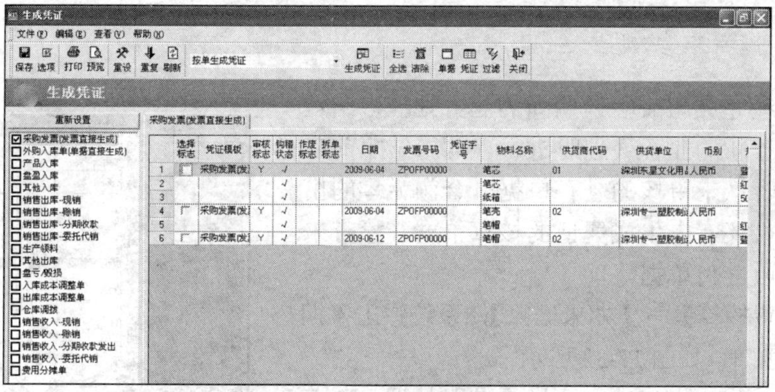

图 17-29 重设后的单据

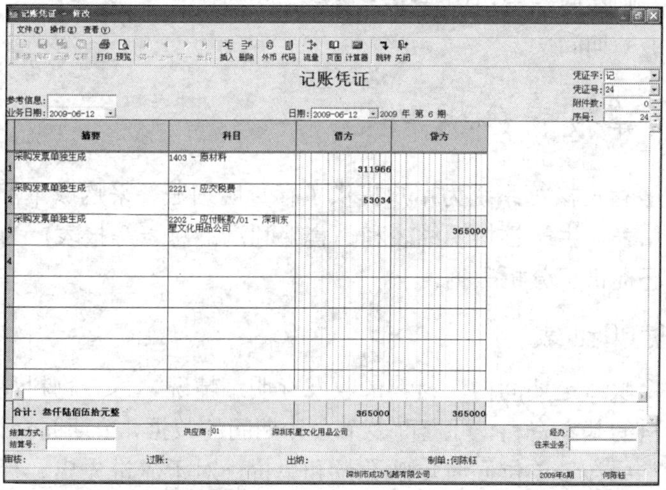

图 17-30 "记账凭证"窗口

17.3.9 与总账对账

与总账对账是指可以将核算系统的存货余额及发生额，与总账系统的存货科目余额及发生额进行核对，保证双方系统数据的一致性。

若对账不平，可能是以下几个原因：还有仓存单据未生成凭证；凭证模板设置不正确，存货收发未与存货科目借贷相对应；总账中有直接录入的涉及存货科目的凭证；暂估冲回后未继续暂估或生成外购入库凭证。

单击【存货核算】→【与总账对账】，系统弹出"过滤"条件窗口，保持默认条件，单击"确定"按钮，系统进入"仓存与总账对账单"窗口，如图17-31所示。

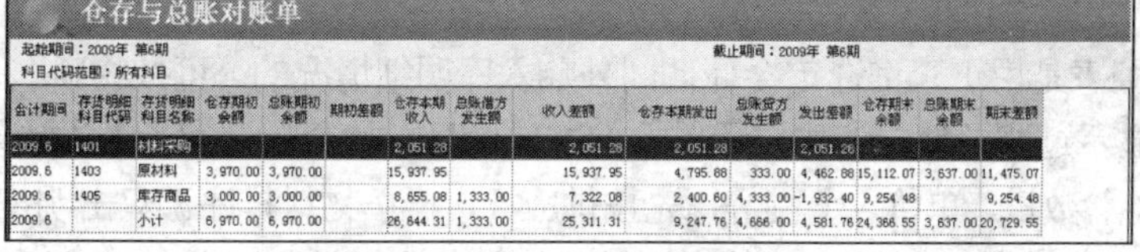

图 17-31 "仓存与总账对账单"窗口

17.3.10 期末结账

期末结账在完成当前会计期间的业务处理，结转到下一期间进行新的业务处理时进行。期末结账前应该检查以下内容：未审核的仓存单据、金额为零的出入库单据、是否还有未生成凭证的核算单据、检查未生成凭证的应收应付单据。

单击【存货核算】→【期末结账】，系统弹出"期末结账"向导窗口，如图17-32所示。

按照向导一步步操作，即可进行结账处理。若前期已有结账的期间，则在向导窗口中选中"反结账"项，即为反结账到上一期间。

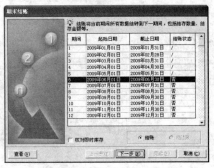

图17-32 "期末结账"窗口

17.4 存货核算报表分析

金蝶KIS专业版存货核算系统为用户提供了存货明细账、采购成本汇总表、采购成本明细表、生产领料汇总表、生产领料明细表和销售毛利润汇总表等报表，为企业即时掌握材料成本和资金积压情况提供了分析数据。

17.4.1 存货明细表

存货明细表是反映一定期间内，材料的收发存明细情况。每一物料显示为一页，表头显示期间范围和该物料的基本资料，可查询多个会计期间的数据，按期间合计收发数量和金额。以基本计量单位和常用计量单位同时反映数量和单价，对于先进先出、后进先出法的物料，期初余额按序列明细反映。对于分批认定法的物料自动显示批次。

单击【存货核算】→【存货明细表】，系统弹出"过滤"窗口，保持默认条件，单击"确定"过钮，系统进入"存货明细账"窗口，如图17-33所示。

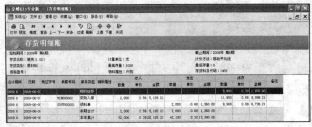

图17-33 "存货明细账"窗口

单击首条、上一、下一、末条按钮可以查询其他物料的收发明细情况。

17.4.2 采购成本明细表

采购成本明细表是用于查询选定会计期间外购入库明细情况的。可按物料、仓库、供应商代码范围过滤，表头显示过滤条件，表体显示单据的主要信息，如会计期间、入库单号、入库日期、物料代码、物料名称、数量、单价、金额等，先按供应商，再按物料排序。双击明细行可联查到单据。

用户可利用此张报表分析某一期间外购入库成本的明细组成情况，只要确认审核后的外购入库单就可以进行必要的统计，不需要与发票建立钩稽关系。

单击【存货核算】→【采购成本明细表】，系统弹出“过滤”窗口，保持默认条件，单击“确定”过钮，系统进入“采购成本明细表”窗口，如图 17-34 所示。

会计期间	日期	凭证字号	摘要	入库单号	供应商	收料仓库	物料代码	物料名称	规格型号	批次	计量单位	数量	单价	金额
2009.6	2009-06-0			WIN000001	深圳东星文化用品公司	原材仓	1.01	笔芯	蓝色		支	1,000	0.85	854.70
2009.6	2009-06-0			WIN000002	深圳专一塑胶制造厂	原材仓	1.02	笔壳			支	2,000	2.56	5,128.21
2009.6	2009-06-0			WIN000001	深圳东星文化用品公司	原材仓	1.04	笔芯	红色		支	2,000	1.03	2,051.28
2009.6	2009-06-0			WIN000002	深圳专一塑胶制造厂	原材仓	1.05	笔帽	红色		支	2,000	1.71	3,418.80
2009.6	2009-06-0			WIN000001	深圳东星文化用品公司	原材仓	1.06	纸箱	500PCS装		支	50	4.27	213.68
2009.6	2009-06-1			WIN000004	深圳专一塑胶制造厂	原材仓	1.03	笔帽	蓝色		支	5,000	1.28	6,410.26
2009.6			本期合计									12,050	1.50	18,076.93

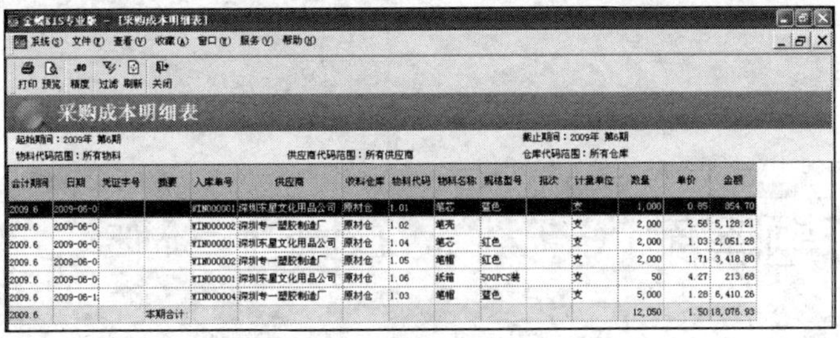

图 17-34　“采购成本明细表”窗口

17.4.3　销售毛利润汇总表

销售毛利润汇总表是反映已销售产品的销售收入与销售成本信息的。系统支持多种销售方式的显示，包含现销、赊销、委托代销、分期收款销售 4 种，对于不同的销售方式，取数方式也不相同。在系统中现销和赊销的销售收入、销售成本是通过已审核过的销售发票和销售出库单来反映和确认的，而分期收款和委托代销的销售收入、销售成本是通过已勾稽的销售发票和销售出库单来反映和确认的。产品的销售毛利润等于产品的销售收入减去与之核销的产品出库成本的差额，产品的销售毛利率等于产品的销售毛利除以该产品的销售收入，是反映产品的获利能力的信息。在系统中提供销售毛利率汇总表来反映销售毛利润和销售毛利率的信息。

图 17-35　“过滤”窗口

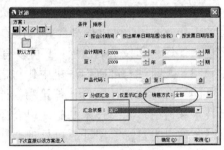

（1）单击【存货核算】→【销售毛利润汇总表】，系统弹出“过滤”窗口，将销售方式选择“全部”，汇总依据选择“客户”，如图 17-35 所示。

（2）单击“确定”按钮，系统进入“销售毛利润汇总表”窗口，如图 17-36 所示。

其他报表的使用方法可以参照前面几张报表，在报表查询过程中，一定要多留意“过滤”窗口中有哪些条件，在时间允许的情况下，最好将每一条件都测试一下，以便更多地了解存货核算报表的功能和实际企业业务中的作用。

会计期间	客户代码	客户名称	销售数量	销售单价	销售收入	出库数量	单位成本	销售成本	销售毛利	销售毛利率%
2009.6	01	深圳科林(	4,000	7.69	30,769.23	4,000	0.60	2,400.00	28,369.23	92.20
2009.6		合计	4,000	7.69	30,769.23	4,000	0.60	2,400.00	28,369.23	92.20

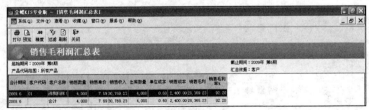

图 17-36　“销售毛利润汇总表”窗口

17.5　习题

（1）画出存货核算系统的数据流向。

（2）请说出存货核算系统的功能。

附录　习题答案

第1章　答案

（1）从狭义上讲，会计电算化是指电子计算机技术在会计工作中的应用过程；从广义上讲，会计电算化是指与电子计算机在会计工作应用中有关的所有工作，可称为"会计电算化工作"或"会计电算化活动"。

（2）A可以及时、准确、完整地提供会计信息；B可以减轻会计人员的工作强度，提高会计工作效率；C可以提高会计工作质量；D可以提高会计人员素质，促进会计职能转变；E促进会计理论和技术的发展；F可以有效防止造假作弊现金的发生。

（3）及时性与准确性，集中化与自动化，人机结合系统，内部控制更加严格。

（4）会计软件是以会计理论和会计方法为核心，以会计法规和会计制度为依据，以计算机技术和通信技术为技术基础，以会计数据为处理对象，以会计核算、财务管理、为经营提供财务信息为目标，用计算机处理会计业务的计算机应用软件。

（5）1、会计软件是否通过了省级以上（含省）财政部门的评审；2、会计软件是否满足本单位会计业务处理需求；3、会计软件的先进性；4、会计软件的易使用性；5、考查生产厂商的信誉及售后服务如何。

（6）模块组成和各模块之间数据流向见下图。

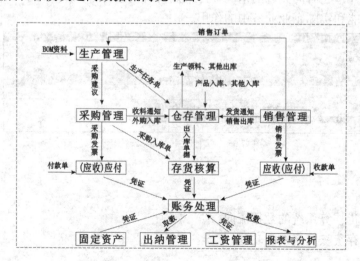

第 2 章 答案

（1）集中管理模式、分散管理模式、集中管理下的分散组织模式。
（2）电算主管、软件操作员、审核记账员、系统维护员、系统开发员。
（3）操作管理制度、数据管理制度、系统维护制度。

第 3 章 答案

（1）硬件环境。服务器端最低配置：CPU 1GHz Pentium4 处理器，内存要求 512MB，硬盘需要 1GB 以上的可用空间，驱动器需要 CD-ROM 或 DVD-ROM 驱动器，显示 Super VGA(1024x768)或更高分辨率的显示器（颜色设置为 32 位真彩色），鼠标 Microsoft 鼠标或兼容的指点设备。

推荐配置：CPU 1.7GHz Pentium4 处理器及以上，内存 1G 及以上，其他要求同最低配置。

客户端：最低配置：CPU 600MHz Pentium III 处理器，内存 256MB，硬盘 500MB 以上的可用空间，驱动器 CD-ROM 或 DVD-ROM 驱动器，显示 Super VGA (1024x768)或更高分辨率的显示器（颜色设置为 32 位真彩色），鼠标 Microsoft 鼠标或兼容的指点设备。

推荐配置：CPU 1GHz Pentium4 处理器及以上，内存 512MB 及以上，其他要求同最低配置。

软件环境。服务器端，需要安装的软件有数据库系统（SQL Server2000 标准版/企业版，或者 MSDE 数据库系统）和 Windows 简体中文版操作系统（2000/XP/2003）。

客户端需要安装 Windows 简体中文版操作系统（2000/XP/2003）。

（2）只有加密服务器运行后，金蝶 KIS 专业版才能登录。

（3）在使用金蝶 KIS 专业版进行业务处理之前，首先要建立账套。账套建立成功后进行系统设置，系统设置包含系统参数设置、基础资料设置和初始数据录入。系统参数是与账套有关的信息，如会计期间的设置、财务系统从哪个会计期间开始启用、凭证过账前是否需要审核和各种单据预警的设置等；基础资料是录入业务单据时要获取的基础数据，如会计科目、客户资料等；之后，录入账套启用会计期间的初始数据，如会计科目的期初数据和累计数据。然后检查数据是否正确，是否符合启用要求，如果符合，则可以结束初始化并启用账套。之后，可以进行日常的业务处理，如凭证录入、应收/应付账款的处理、固定资产的管理等，系统根据已保存的单据数据可生成相应的报表。每个月的业务工作处理完成后，可以进行月末结账，进入下一会计期间继续处理业务。

（4）账套是一个数据库文件，存放所有的业务数据资料，包含会计科目、凭证、账簿、报表和出入库单据等内容，所有工作都需要登录账套后才能进行。一个账套只能做一个会计主体（公司）的业务，金蝶软件对账套的数量没有限制，也就是说一套金蝶 KIS 专业版可以处理多家公司的账务。

（5）金蝶 KIS 专业版提供 2 种备份方法：手工备份和自动备份。

第 4 章　答案

（1）准备工作→系统参数设置→基础资料设置。

（2）可以。

（3）不用，业务系统可以在账务处理系统使用之后再启用，也可以先启用业务系统，然后再启用业务系统。

（4）以"."（小数点）联接。

（5）使用状态。BOM 档案审核后并不能在"采购建议"和"生产领料"模块中进行 MRP 计算时引用。

第 5 章　答案

（1）初始化准备→系统参数设置→基础资料设置→初始数据录入→结束初始化。

（2）存货初始数据、暂估入库单和未核销出库单三种业务数据。

（3）科目初始数据、固定资产初始数据、现金流量初始数据、应收应付初始数据和出纳系统五种业务数据。

第 6 章　答案

（1）审核人不能与制单人相同。

（2）修改、删除功能是灰色，表示该凭证已审核或已过账，必须先反过账，反审核后才能进行修改、删除。

（3）两种，一种是普通打印，另一种是套打打印，使用套打时建议购买金蝶公司的专用套打纸。

（4）有两种处理方法，一种是直接录入，即是查看相关科目下的余额，用"凭证录入"功能将余额转出；另一种就是自动转账功能，定义好转账公式，在期末只要选中要转账的项目，生成凭证即可，这样即简单又提高效率。

（5）本期所有凭证已经过账。

第 7 章　答案

（1）修改后的数据，一定要单击编辑框前面的"√"，反之，点击"X"。

（2）建议自定义报表在"显示公式"状态下编辑。

第 8 章　答案

（1）当期已进行变动的资产不能清理。

（2）在"卡片管理"窗口中选中清理记录，单击工具栏上的"清理"按钮，系统弹出提示窗口。单击"是"，系统弹出"固定资产清理-编辑"窗口，在窗口可以修改清理内容，单击"删除"按钮,可以取消该固定资产的清理工作。

(3) 在账套中未设置折旧方法为"工作量法"的固定资产,可以不使用。

第 9 章 答案

(1) 每次进入工资系统时都要求选择类别。在不同工资类别切换时使用。

(2) 三种:从其他工资类别中导入部门信息;从"总账"模块中导入部门信息的;从某一个类别下导入部门信息。

第 10 章 答案

(1) 2 种。第 1 种是单击工具栏上"引入"按钮,从总账系统引入现金日记账;第 2 种是单击工具栏上"新增"按钮。

(2) 有 2 种,一种是多行输入,另一种是单张输入。控制点在菜单【编辑】→【多行输入】。

(3) 在"现金收付流水账"中可以生成凭证。

(4) 2 种。一种是根据银行对账单的打印文本手工录入,另一种是从银行取得对账单数据文件(要求必须转化成文本文件,即扩展名为 TXT 的文件),直接引入对账单。

(5) 2 种。有自动对账和手工对账。

(6) 在票据下的"支票管理"中处理。

第 11 章 答案

(2) 1." (查询)"按钮;2."资料"按钮;3. 按 F7 功能键获取。

(3) 不是必录项。

(4) 反审核快捷键 Shift+F4。

第 12 章 答案

(2) 当录入"购货单位"后,单击菜单【查看】→【价格资料查询】项,系统弹出"价格方案"窗口,以供用户选择价格资料,但该价格资料需要在基础资料中设置。

第 13 章 答案

(2) 是核算入库成本的依据。

第 14 章 答案

(2) 选中菜单"查看"下"子件需要展开到最明细级物料"。

第 15 章　答案

（2）仓库调拨单是处理由于仓库变化，而产生的物料转移存储位置的业务。

（3）组装件是由多个物料组成，不在生产环节进行组合，而在仓库进行组装或配套，组装后在仓库又可以拆开成为各相应子件。

（4）可以。

第 16 章　答案

（2）系统提供三种收款类型：收款、预收款和收款退款。

（3）预收冲应收、预付冲应付、应收冲应付和应付冲应收四种业务。

第 17 章　答案

（2）存货核算系统主要是对出入库的存货进行出入库成本计算，对各种出入库单据（采购入库单、成品入单、销售出库单、材料领用单等）进行审核、勾稽后，根据预先定义好的物料成本计价方法（如先进先出、后进先出、加权平均等），系统自动计算材料出库成本。材料成本核算后的单据可生成凭证传递到账务处理系统。